RapidMiner를 활용한 데이터 분석 방법론

토닥토닥 래피드마이너

기초편

RAPID

RapidMiner를 활용한 데이터 분석 방법론

토닥토닥 래피드마이너

기초편

김양석, 이충권 지음

MINER

카오스북
CHAOS BOOK

저자 소개

김양석 ㅣ 계명대학교 경영정보학과 교수
이충권 ㅣ 계명대학교 경영정보학과 교수

기초편

RapidMiner를 활용한 데이터 분석 방법론

토닥토닥 래피드마이너

발행일 2016년 9월 20일 초판 1쇄 발행
지은이 김양석, 이충권
발행인 오성준
발행처 카오스북

주 소 서울특별시 서대문구 연희로 77-12 505호(연희동, 영화빌딩)
전 화 02-3144-3871~2
팩 스 02-3144-3870
등 록 제25100-2015-000038호
웹사이트 www.chaosbook.co.kr

디자인 Moon & Park
인 쇄 이산문화사
ISBN 978-89-98338-04-6 93000
정 가 20,000원

이 저서는 2015년도 계명대학교 신임교원연구기금으로 이루어졌음

토닥토닥 래피드마이너

데이터마이닝은 개념을 이해하는 것도 어렵지만, 소프트웨어를 사용하는 방법도 쉽지 않았습니다. 그러나, 래피드마이너는 마우스 클릭을 몇 번만 하면 분석결과를 얻을 수 있는 새로운 마이닝 소프트웨어입니다. 이 책을 천천히 읽으면서 실습을 따라하면 초보자라도 누구나 쉽게 데이터마이닝이 무엇인지를 이해할 수 있을 것입니다.

이 책을 완성하는 데 많은 시간이 걸렸지만 여전히 부족해 보입니다. 정보기술의 발달속도가 워낙 빨라서 이 책의 내용도 수정 보완되어야 할 것입니다. 독자들과의 지속적인 소통을 통해서 래피드마이너와 관련된 최신의 정보와 지식을 전달하도록 하겠습니다(인터넷 북카페: http://cafe.daum.net/rapidminer).

이 책을 펴내는 데 있어서 큰 도움을 준 대학 동아리 〈결초보은〉 학생들에게 감사의 말을 전합니다. "고맙습니다."

저자 일동

차례

토 닥 토 닥
래 피 드 마 이 너
[기 초 편]

01

서 론

데이터 세상이 되었다. 우리가 생활하는 곳곳에서 데이터가 생성된다. 데이터의 디지털화와 데이터 저장 기술의 비약적인 발전으로 인류는 이전에 갖지 못했던 데이터를 갖게 되었다. 사람들은 이 데이터에 값진 정보와 지식이 숨겨져 있다는 것을 점차 알게 되었고, 어떻게 그것을 획득할 것인가에 관심을 갖게 되었다. 최근 각광을 받고 있는 빅데이터나 데이터 분석 등에 대한 관심은 이러한 사람들의 욕구를 보다 체계적으로 해결하기 위한 시도라고 볼 수 있다.

데이터 분석은 일반인 또는 현장 실무자들이 수행하기에는 너무 어렵다. 데이터 분석에 기초가 되는 지식은 이해하기에 난해한 경우가 많다. 따라서 전문적 훈련을 받지 못한 일반인은 데이터 분석을 수행하는 데 어려움이 있다. 최근 데이터 분석을 지원하기 위한 많은 도구들이 개발되었다. 특히 대규모 데이터 처리 기술, 데이터를 일목요연하게 보여주는 시각화 기술, 데이터로부터 패턴, 정보, 지식을 추출하는 기계학습 기술 등이 최근 비약적으로 발전하고 있다. 현장 실무자들이 이런 도구의 도움을 받아 직접 데이터를 분석한다는 시민 데이터 과학자(Citizen Data Scientist)에 대한 개념이 대두되고 있다.

이 책에서는 이런 시민 데이터 과학자가 많이 이용하는 있는 래피드마이너(RapidMiner)와 그 활용 방법에 대해 소개한다. 래피드마이너는 데이터 분석에서 특별한 기능을 수행하는 수많은 오퍼레이터(operator)를 제공한다. 래피드마이너를 활용하는 분석에서 데이터 분석가는 오퍼레이터를 레고 블록처럼 조합하여 분석 절차를 설계하고 실행할 수 있다.

이 책은 일반인도 쉽게 이해하고 활용할 수 있는 데이터 분석 방법과 도구를 제시하는 것을 목표로 한다. 이 목표를 달성하기 위해 다음의 세 가지에 중점을 두었다. 첫째, 데이터 분석의 기본 개념을 일반인들이 이해할 수 있는 수준으로 가능하면 쉽게 썼다. 데이터 분석 알고리즘은 수학적인 기반을 두고 개발되어 일반인이 이해하기에는 어려운 점이 많다. 따라서 좀 더 쉽게 이해할 수 있게 직관적인 설명을 활용하였다. 둘째, 데이터 분석의 기본적인 틀을 이해할 수 있도록 데이터 분석 방법론을 제시하고 각 단계별로 해야 할 일들을 서술하였다. 책이라는 한정된 공간에서 래피드마이너가 제공하는 분석 오퍼레이터를 모두 설명할 수는 없다. 따라서 사용할 수 있는 방법을 제시하고 학습자가 스스로 지식을 확장해 나갈 수 있도록 구성하였다. 셋째, 사용자 인터페이스의 조작을 글로써 설명하는 데는 한계가 있다. 따라서 실제 분석과정을 그림으로 제공하여 그대로 따라서 할 수 있도록 하였다.

1.1 래피드마이너 소개

1.1.1 개발 이력

래피드마이너는 2001년 도르트문트 대학의 인공지능 연구팀의 랄프 클린캔버그(Ralf Klinkenberg), 잉고 미에스와(Ingo Mierswa), 사이몬 피셔(Simon Fischer) 등에 의해 "Yet Another Learning Environment(YALE)"라는 오픈 소스 프로젝트로 시작됐다. 래피드마이너(RapidMiner) 개발팀은 누구나 쉽게 데이터를 분석할 수 있도록 지원할 수 있는 솔루션 개발을 목표로 했다. 래피드마이너는 곧 많은 사람의 관심을 끌었고, 상용화되었다. 래피드마이너는 최근 가트너와 포레스터의 시장조사에서 가장 매력적인 데이터 분석 도구 중의 하나로 평가받았다.

래피드마이너는 왜 매력적인가? 래피드마이너는 분석 프로세스의 정의가 아주 단순하고 유연하다. 래피드마이너에서 데이터 분석 프로세스는 수많은 오퍼레이터의 조합을 통해 오퍼레이터 그래프로 표현되는데 사용자가 쉽게 인터페이스의 조작을 통해 정의할 수 있다. 분석 프로세스를 설계하는 동안 래피드마이너는 메타 데이터 변환(meta data transformation)이라는 기술을 사용하여 끊임없이 현재 진행되고 있는 분석 설계가 맞는지를 체크하고 문제가 있는 경우 해결 방안을 제공해준다.

래피드마이너는 기본 데이터 분석 업무를 위해 500개 이상의 오퍼레이터를 제공한다. 기본 오퍼레이터 이외에도 웹마이닝(web mining), 텍스트마이닝(text mining), 시계열 데이터 분석(time series analysis) 등 다양한 특화된 오퍼레이터를 제공한다. 또한 래피드마이너는 데이터 시각화를 위한 다양한 방법을 제공한다. 더 나아가 WEKA 데이터 마이닝 도구, Python이나 R같은 데이터 분석 프로그램을 래피드마이너와 통합하여 사용할 수 있도록 지원한다.

최근 래피드마이너는 대규모 데이터를 처리할 수 있도록 획기적으로 데이터 처리 방법을 개선하였다. 빅데이터 처리 프레임워크인 하둡, NoSQL 등과 연계하여 활용할 수 있도록 지원한다. 마지막으로 래피드마이너는 Oracle, IBM DB2, Microsoft SQL Server, MySQL, PostgreSQL, Access 등의 데이터베이스와 CSV, Excel, SPSS 등 다양한 데이터 포맷을 바로 읽어 처리할 수 있도록 지원한다.

래피드마이너를 설치하는 방법은 래피드마이너의 설치 웹사이트를 참조하라(http://docs.rapidminer.com/studio/installation/). 이 책에서는 래피드마이너 스튜디오 7(RapidMiner Studio 7)이 설치되어 있다고 가정하고 설명한다.

1.1.2 사용자 인터페이스

사용자 인터페이스 구조

래피드마이너의 사용자 인터페이스는 다음과 같은 계층적 구조를 갖는다. 최상위 사용

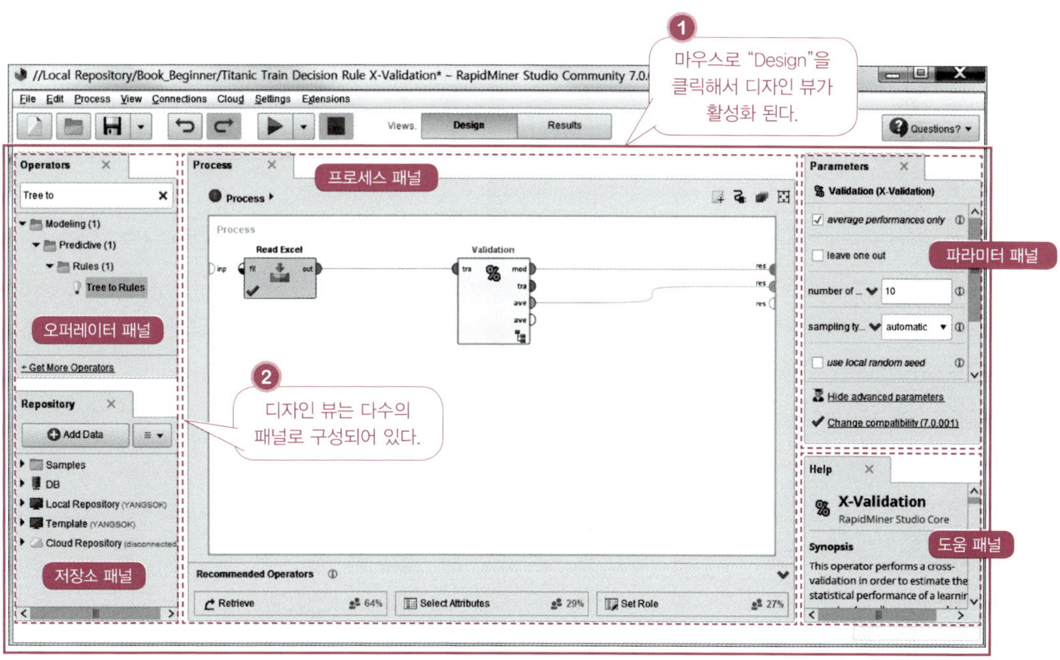

그림 1-1 래피드마이너 사용자 인터페이스 구조

자 인터페이스는 뷰(View)라 불리는데, 다른 사용자 인터페이스 요소들을 담는 역할을 수행한다. 뷰에는 디자인 뷰(Design View)와 결과 뷰(Results View)가 있다. 뷰 사이의 전환은 메뉴 또는 메뉴 바에 있는 아이콘을 사용하여 할 수 있다(그림 1–1의 ①). 각 뷰는 다양한 패널(Panel)로 구성되어 있다(그림 1–1의 ②).

디자인 뷰

기본 디자인 뷰에는 오퍼레이터(Operators), 저장소(Repository), 프로세스(Process), 파라미터(Parameters), 도움말(Help) 등의 패널로 구성되어 있다.

오퍼레이터 패널

오퍼레이터 패널은 래피드마이너에서 사용되는 오퍼레이터를 서로 관련 있는 것끼리 그룹화하여 오퍼레이터 트리(operator tree)라고 하는 트리 형태로 조직하여 제공한다. 이 트리에서 오퍼레이터를 찾는 방법으로는 트리 노드를 단계적으로 펼치며 찾는 **브라우징 방법**과 검색 창에 오퍼레이터 이름을 입력하여 찾는 **검색 방법**이 있다.

그림 1–2는 Read Excel이라는 오퍼레이터를 찾기 위해 이 두 접근 방법이 어떻게 사용

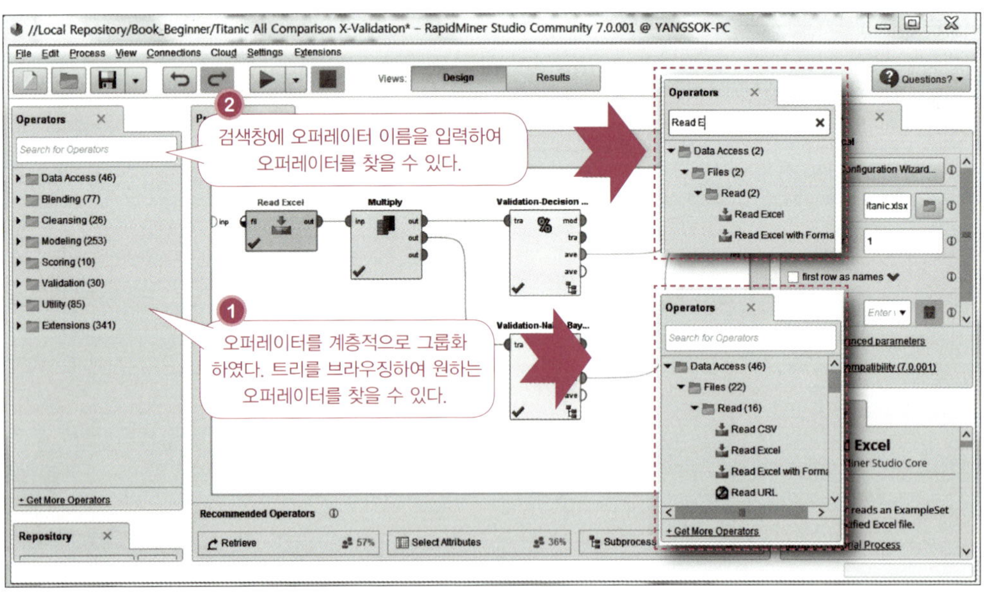

그림 1–2 오퍼레이터 찾기

되는지 보여준다. 그림1-2의 ①에서 사용자는 Data Access > Files > Read 폴더 아래에 있는 Read Excel 오퍼레이터에 접근한다. 이 경우에 사용자는 오퍼레이터가 어디에 있는지 또는 어떤 그룹에 속하는지에 대한 지식을 가지고 있어야 한다.

연습 1-1

오퍼레이터 트리의 구조를 연습장에 그려보고, 각 폴더에 있는 오퍼레이터가 어떤 역할을 수행하는지 오퍼레이터 설명서에서 확인해보자.

만약 오퍼레이터가 트리의 어떤 노드에 있는지 모른다면 어떻게 찾을 수 있을까? 래피드마이너는 검색창을 통해 쉽게 관련 오퍼레이터를 찾도록 지원한다. 그림1-2의 ②처럼 사용자가 검색창에 'Read E'라고 입력하면 래피드마이너가 Read Excel을 찾아 보여준다.

연습 1-2

다음 오퍼레이터를 찾아보고, 어느 위치에 있는지 경로를 적어보라.

예) Read Excel ⇒ Data Access > Files > Read > Read Excel

1) Decision Tree
2) X-Validation
3) Split Data
4) Performance(Classification)
5) Apply Model
6) Tree to Rules
7) Multiply
8) k-NN
9) Naïve Bayes

저장소 패널

이 패널은 데이터, 분석 프로세스, 분석 결과 등을 저장할 수 있는 저장소를 관리하는 인터페이스를 제공한다. 먼저 'Local Repository'에 이 책에서 실행할 프로세스를 저장할 폴더를 생성해 보자. 좌측 하단에 있는 Local Repository를 마우스로 선택한 후 오

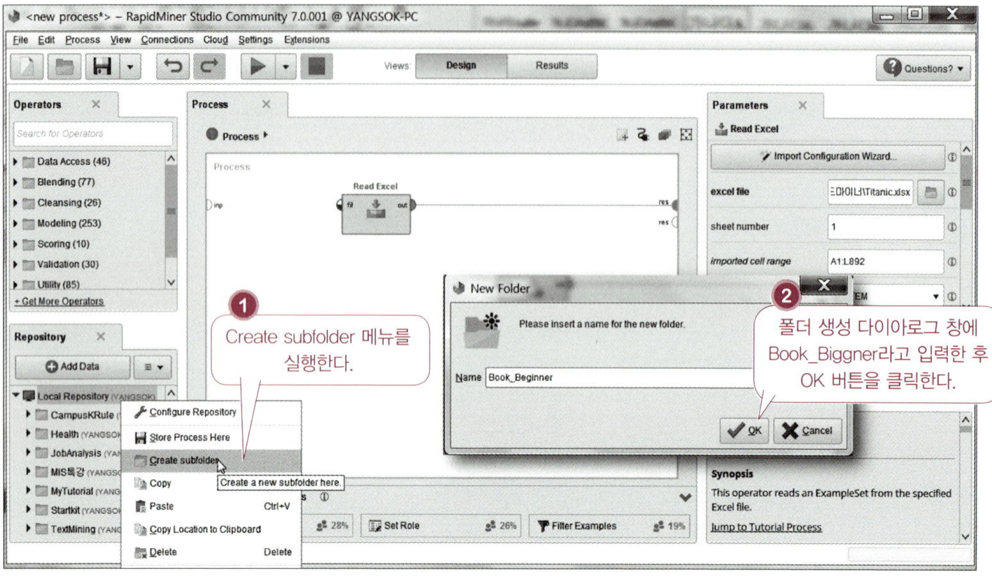

그림 1-3 Local Repository에 Book_Beginner 폴더 생성

른쪽 버튼을 클릭하여 'Create Subfoler' 메뉴를 실행한다(그림 1-3의 ①). 폴더 생성 다이아로그 창에 'Book_Beginner'라고 입력하여 저장을 위한 하위 폴더를 생성한다(그림 1-3의 ②).

연습 1-3

위에서 설명한 방법을 참조하여 Book_Beginner 폴더 아래 데이터 세트를 저장하기 위한 data 폴더와 분석 프로세스를 저장할 process라는 폴더를 생성해 보자.

프로세스 패널

프로세스 패널은 오퍼레이터를 사용하여 분석 절차를 구현하는 작업 공간을 제공한다. 프로세스 설계는 원하는 오퍼레이터를 오퍼레이터 트리에서 찾아 프로세스 패널에 놓고 관련 있는 다른 오퍼레이터와 연결해주면 된다. 오퍼레이터는 래피드마이너의 분석에 있어 중요한 역할을 수행한다. 오퍼레이터에 대해 좀 더 자세히 알아보자.

그림 1-4 오퍼레이터

■ **오퍼레이터 형태**

오퍼레이터를 나타내는 박스는 오퍼레이터 이름(그림 1-4의 ①), 입력포트(그림 1-4의 ②), 출력포트(그림 1-4의 ③)를 가지고 있다. 어떤 오퍼레이터는 하위 프로세스를 구성해 주어야 하는 경우가 있다. 그런 경우 그림 1-4의 ④와 같은 아이콘이 있다.

■ **오퍼레이터 추가, 삭제, 위치 변경**

분석을 위해서 오퍼레이터를 프로세스 패널에 추가해야 하는데, 세 가지 방법이 있

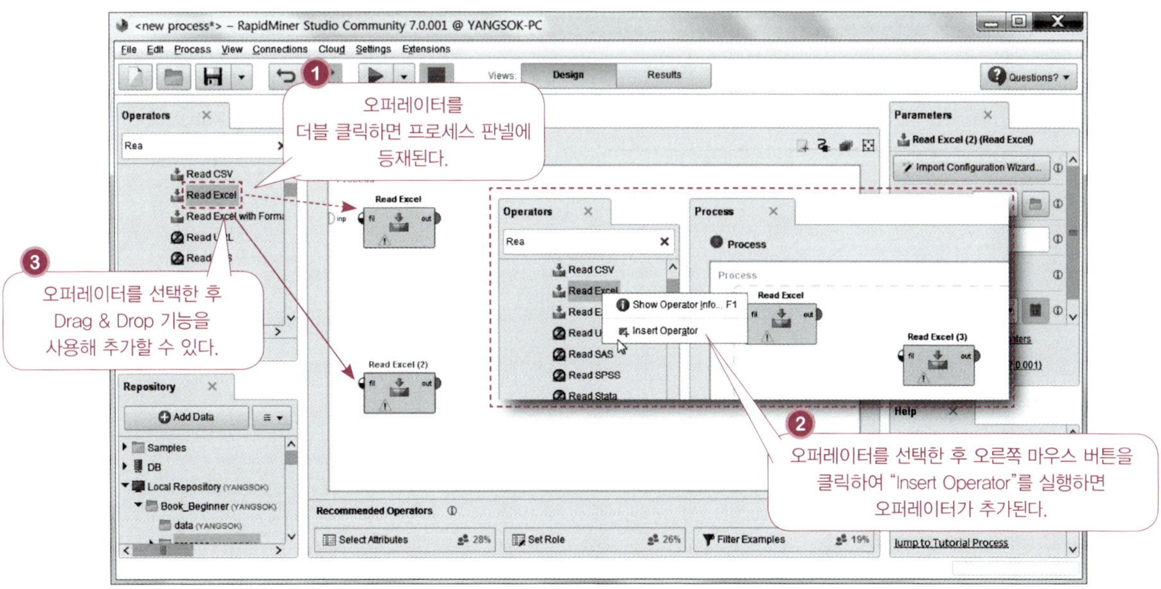

그림 1-5 오퍼레이터 추가

다. 첫 번째 방법은 찾은 오퍼레이터를 더블 클릭하는 방법이다. 가장 쉬운 방법이지만, 오퍼레이터가 놓이는 위치는 시스템이 정한다(그림 1-5의 ①). 두 번째 방법은 오퍼레이터 트리에서 찾은 오퍼레이터를 마우스로 선택한 후 오른쪽 단축 버튼을 눌러 "Insert Operator"란 명령을 실행하면 된다. 더블 클릭하는 방법과 마찬가지로 오퍼레이터의 위치는 시스템이 정한다(그림 1-5의 ②). 마지막으로 오퍼레이터를 선택하여 끌어다 놓는 방법(Drag and Drop)이 있다. 사용자가 오퍼레이터의 위치를 정할 수 있어 가장 많이 사용한다(그림 1-5의 ③). 오퍼레이터를 선택하면 오퍼레이터 박스의 테두리가 하이라이트되고, 오퍼레이터 이름이 주황색으로 변경된다. 오퍼레이터를 선택한 후에 삭제, 위치 변경, 파라미터 설정 등을 수행할 수 있다. 오퍼레이터를 삭제할 때는 오퍼레이터 선택 후 키보드의 삭제 버튼(Delete)을 클릭하거나 오른쪽 마우스 버튼을 클릭하여 삭제(Delete) 단축 메뉴를 실행하면 된다.

오퍼레이터를 선택하여 원하는 위치에 끌어다 놓으면 오퍼레이터의 위치를 변경할 수 있다. 마지막으로 오퍼레이터를 선택하면 파라미터 패널에 관련 파라미터들이 활성화된다. 파라미터 설정에 대해서는 파라미터 패널 파트에서 설명한다.

■ 오퍼레이터로 수행할 수 있는 기타 작업

오퍼레이터를 선택한 후 오른 쪽 버튼을 클릭하면(그림 1-6의 ①), 오퍼레이터를 가지고 수행할 수 있는 작업이 표 1-1의 단축 메뉴로 보인다. 주요한 작업에는 다음과 같은 것이 있다.

- "Enable Operator(오퍼레이터 활성화)" 메뉴는 선택된 오퍼레이터의 활성화 또는 비활성화를 지정할 수 있다.
- 선택된 오퍼레이터를 변경하는 경우 "Replace Operator"를 클릭한 후 오퍼레이터 트리를 탐색하여 원하는 오퍼레이터를 찾아 교체할 수 있다(그림 1-7).
- "Breakpoint Before"는 선택된 오퍼레이터가 실행되기 전의 중간 결과를 보기 위해 사용되며, Breakpoint After"는 선택된 오퍼레이터를 실행 후 중간 결과를 보기 위해 사용한다.

■ 오퍼레이터 연결과 삭제

래피드마이너는 오퍼레이터를 연결하여 데이터 분석 프로세스를 설계할 수 있도록 지

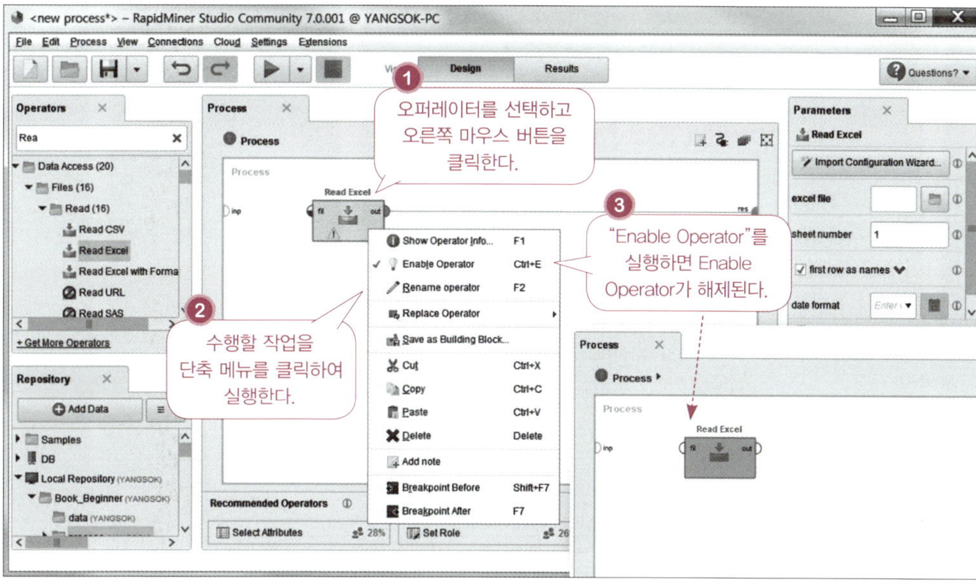

그림 1-6 오퍼레이터 단축 메뉴

표 1-1 오퍼레이터 명령 리스트

명령	단축키	기능 설명
Show Operator Info···	F1	오퍼레이터 정보를 보여준다.
Enable Operator	Ctrl+E	오퍼레이터를 사용할지 여부를 설정한다. 여러 개의 오퍼레이터를 함께 선택하여 변경할 수 있다.
Rename operator	F2	오퍼레이터의 이름을 변경한다.
Replace operator		선택된 오퍼레이터를 다른 오퍼레이터로 변경한다(그림 1-6 ③).
Save as Building Block		선택된 오퍼레이터를 하나의 단위로 저장한다.
Cut	Ctrl+X	선택된 오퍼레이터를 잘라낸다.
Copy	Ctrl+C	선택된 오퍼레이터를 복사한다.
Paste	Ctrl+P	선택된 오퍼레이터를 복사하여 붙여 넣는다.
Delete	Ctrl+D	선택된 오퍼레이터를 삭제한다.
Add note		노트를 추가한다.
Breakpoint Before	Shift+F7	프로젝트 실행 중 이 오퍼레이터 앞에서 실행을 정지하고, 결과를 출력한다.
Breakpoint After	F7	프로젝트 실행 중 이 오퍼레이터를 실행한 후 결과를 출력하고 정지한다.

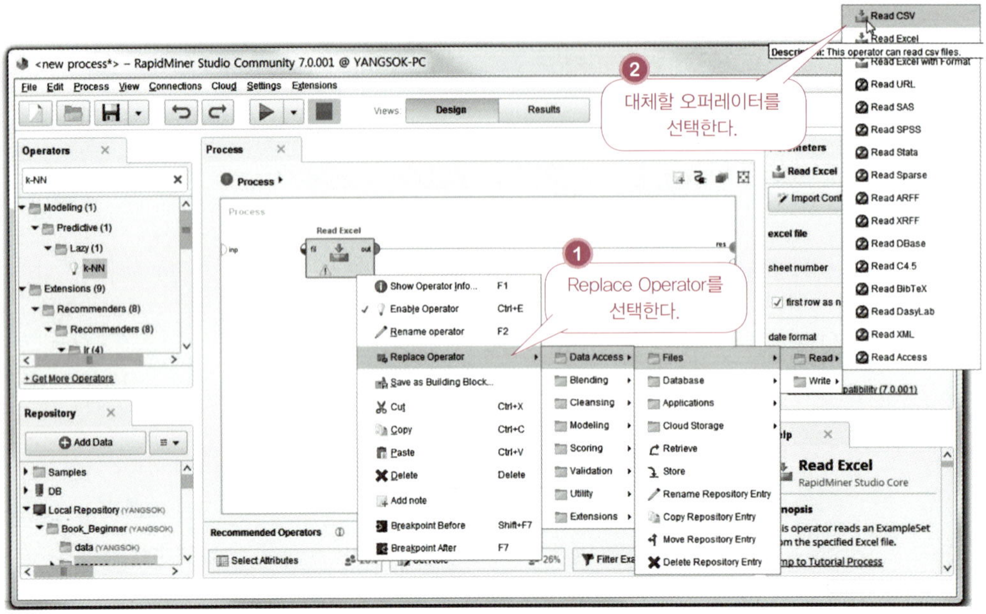

그림 1-7 오퍼레이터 변경(Read Excel을 Read CSV로 변경)

원한다. 한 오퍼레이터의 출력포트는 다른 오퍼레이터의 입력포트에 연결할 수 있다. 그림 1-8은 오퍼레이터를 어떻게 연결하는지 보여준다. 먼저 Read Excel과 Decision Tree를 추가하자(그림 1-8의 ①). Read Excel의 out 포트와 Decision Tree의 tra 포트를 연결한다고 하자. 이 연결을 수행하려면, 마우스 왼쪽 버튼을 눌러 out 포트를 선택한 후 마우스 버튼 상태에서 tra 포트로 끌어가 클릭하면 연결된다(그림 1-8의 ②). 마찬가지 방법으로 Decision Tree의 mod 포트와 프로세스 패널의 res를 연결해 보도록 하라(그림 1-8의 ③). 연결의 또 다른 방법은 두 오퍼레이터의 연결 선 위에 새롭게 추가할 오퍼레이터를 끌어다 놓으면 된다. 예를 들어 Read Excel(2)의 out 포트는 프로세스 패널의 res와 이미 연결되어 있는데, 이 사이에 k-NN을 놓으면 자동으로 Read Excel(2) out 포트는 k-NN의 tra 포트에 연결되고 k-NN의 모델은 프로세스 패널의 res에 연결된다(그림 1-8의 ④). 연결선의 삭제는 연결선을 선택한 후 키보드의 삭제 버튼(Delete)을 클릭하거나 마우스의 오른쪽 버튼을 클릭하여 연결 제거(Remove Connection) 메뉴를 실행하면 된다.

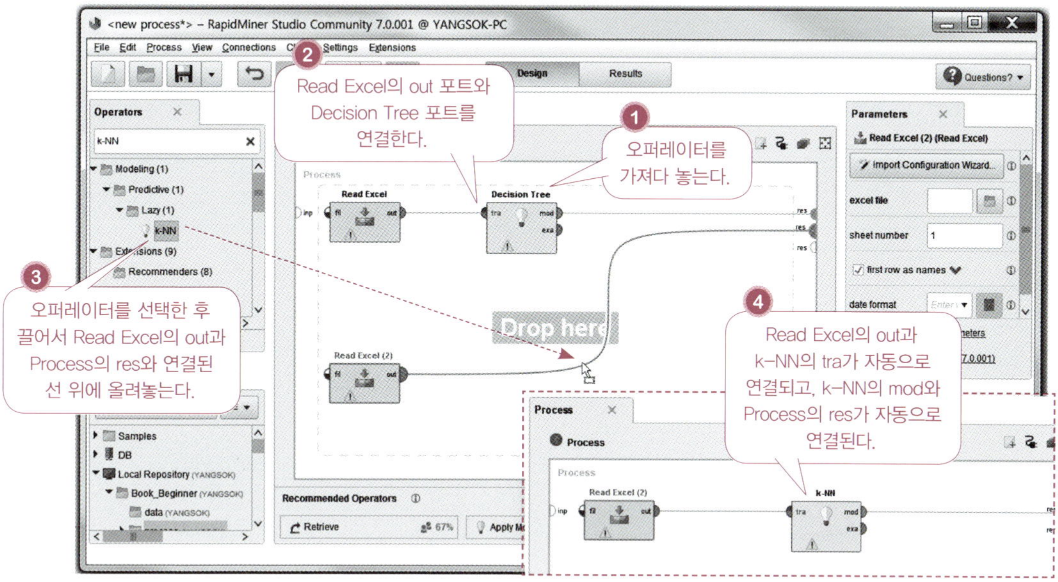

그림 1-8 오퍼레이터 연결

파라미터 패널

오퍼레이터를 선택하면 오퍼레이터의 작동을 위해 설정해주어야 할 파라미터들이 파라미터 패널에 활성화된다. 파라미터에는 일반 사용자가 설정할 수 있는 일반 파라미터와 전문가가 설정해주어야 할 고급 파라미터가 있다. 고급 파라미터를 보기 위해서는 "Show advanced parameters(고급 파라미터 보기)"라는 링크를 클릭하면 된다. 파라미터의 설정에는 다양한 방법이 있다. 대표적인 파라미터 입력 유형이 표 1-2에 정리되어 있다.

표 1-2 파라미터 유형

유형	설명	사례 (Read Excel)
체크 박스	사용할 경우 체크	first row as name
텍스트 박스	사용자가 값을 입력하는 경우	sheet number
리스트	리스트 아이템에서 선택	date format
버튼	새로운 입력 다이아로그를 활성화하는 경우	Import Configuration Wizard …

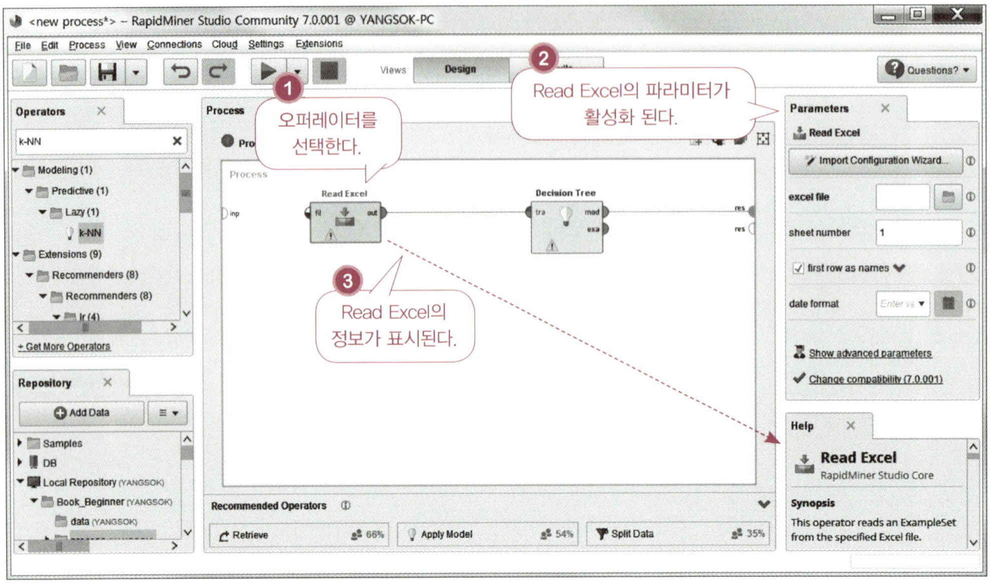

그림 1-9 파라미터 패널과 도움말 패널

도움말 패널

오퍼레이터를 선택하면, 도움말 패널에 오퍼레이터에 대한 설명을 제공한다.

기타 패널

기본 패널 이외에도 다양한 패널이 있다. 활성화되어 있는 패널은 체크 표시가 되어 있고, 그렇지 않은 경우에는 아무 표시가 없다. 새로운 패널(예, Problems)을 추가하려면 View>Show Panel 메뉴를 실행하여 패널 리스트에서 추가하려는 패널을 선택하면 된다(그림 1-10 참조).

패널의 구성은 끌어다 놓기 기능을 활용하여 뷰 안에서 자유롭게 배치할 수 있다. 예를 들어 많이 쓰이는 패널 중에 문제 패널(Problems Panel)이 있다. Show Panel> Problems을 선택해서 이것을 활성화해보자(그림 1-11의 ①). 원래 패널 위치는 저장소 패널 아래 추가된다(그림 1-11의 ②). 이것을 끌어서 도움말 패널로 이동하여 배치해 보자(그림 1-11의 ③). 패널의 위치는 이와 같이 관리할 수 있다.

가끔 기본 사용자 인터페이스로 복귀하고 싶을 때가 있다. 이런 경우에는 “View>

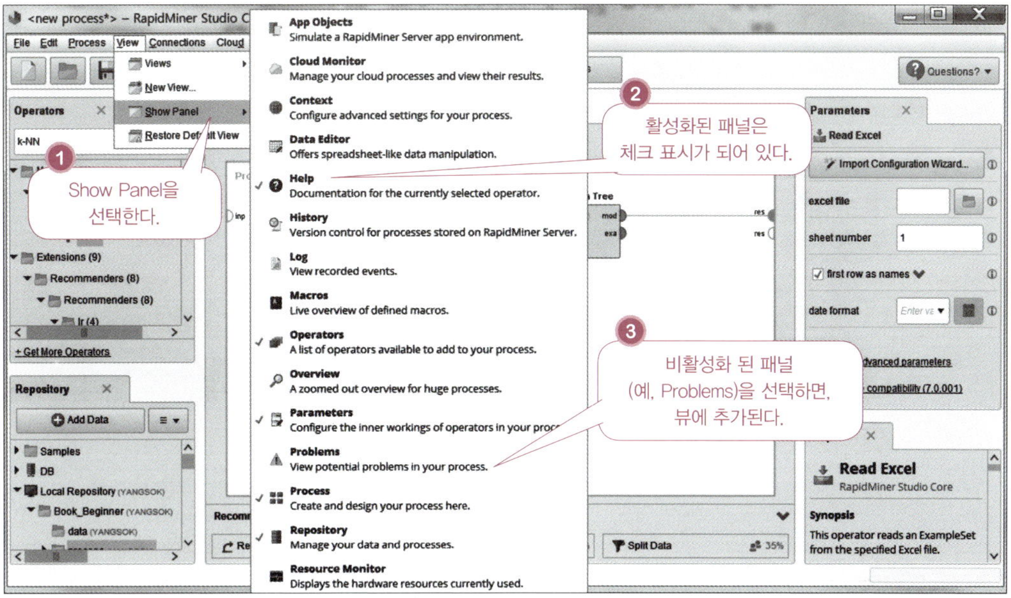

그림 1-10 패널 관리

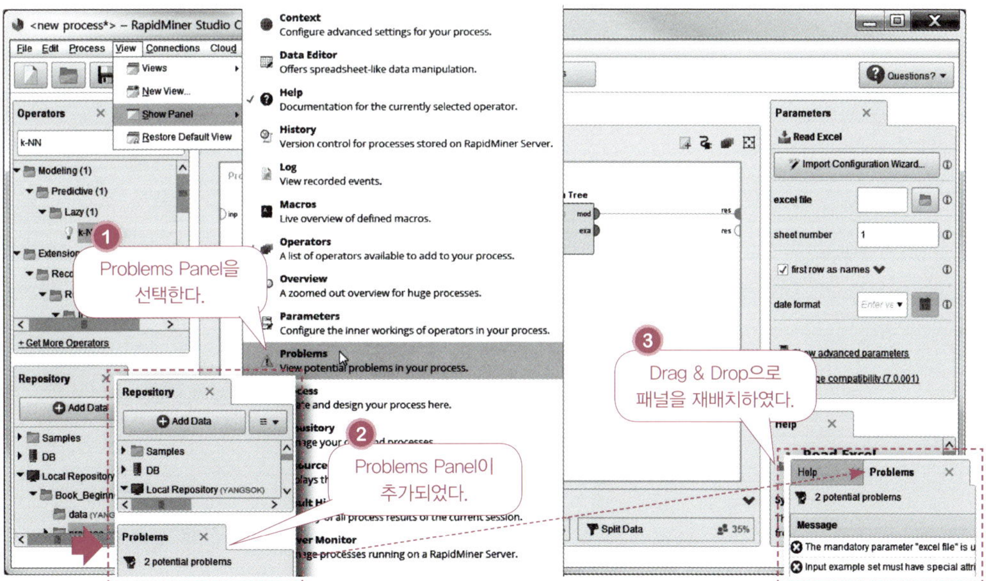

그림 1-11 패널 구성 관리

Restore Default View"라는 메뉴를 실행하면 된다. 참고로 이 책에서는 오퍼레이터 패널을 상단에 두고, 저장소 패널을 하단에 두고 사용한다.

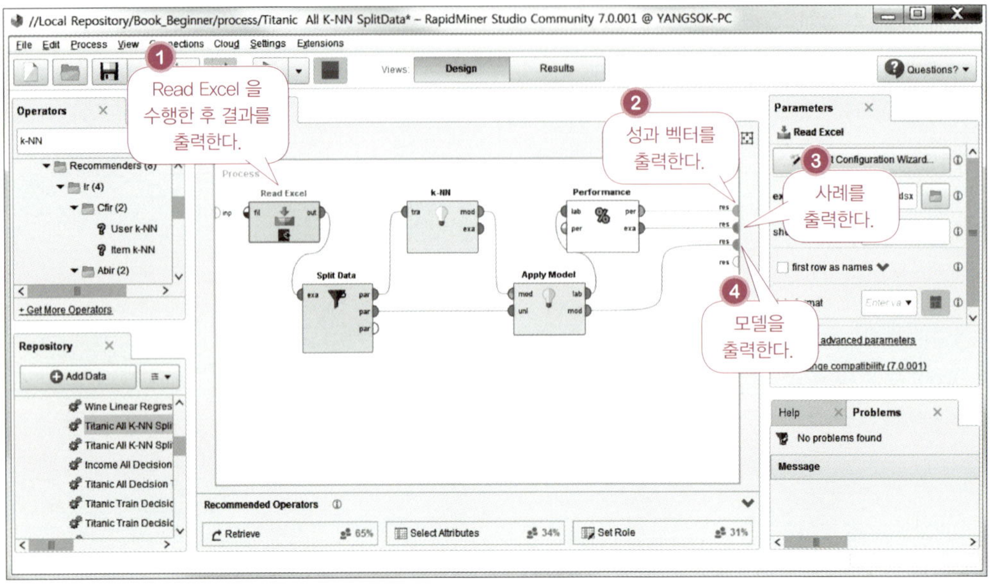

그림 1-12 결과 출력

결과 뷰

결과 뷰는 프로세스가 실행된 후 결과를 보여주는 뷰이다. 결과 뷰에 어떤 것이 보일지는 프로세스 패널의 res 포트에 무엇이 연결되어 있는지, 또는 어떤 오퍼레이터에 멈춤(Breakpoint Before 또는 Breakpoint After)을 설정하였는지에 따라 달라진다. 그림 1-12에서 ①은 멈춤 설정에 의해 결과가 출력되는 경우를 ②, ③, ④는 프로세스 실행 종료 시 결과가 출력되는 경우를 보여준다. 구체적인 출력은 다양하지만, 사례를 출력하는 경우(그림 1-13 ①), 모델을 출력하는 경우(그림 1-13 ②), 성과 벡터를 출력하는 경우(그림 1-13 ③) 등이 있다. 결과 출력의 상세한 내용은 데이터 분석 사례에서 좀 더 자세히 논의할 것이다.

1.2 데이터 분석 방법론

데이터 분석을 수행할 수 있는 절차와 산출물을 정의한 것을 데이터 분석 방법론이라고 한다. 데이터 분석 방법론에는 SAS가 제안한 SEMMA(Sample, Explore, Modify, Model, Assess) 방법론, 대표적인 데이터 분석 업체들의 컨소시엄이 제안한 CRISP-DM(Cross Industry Standard Process for Data Mining) 방법론, 학계에서 많이 쓰이는

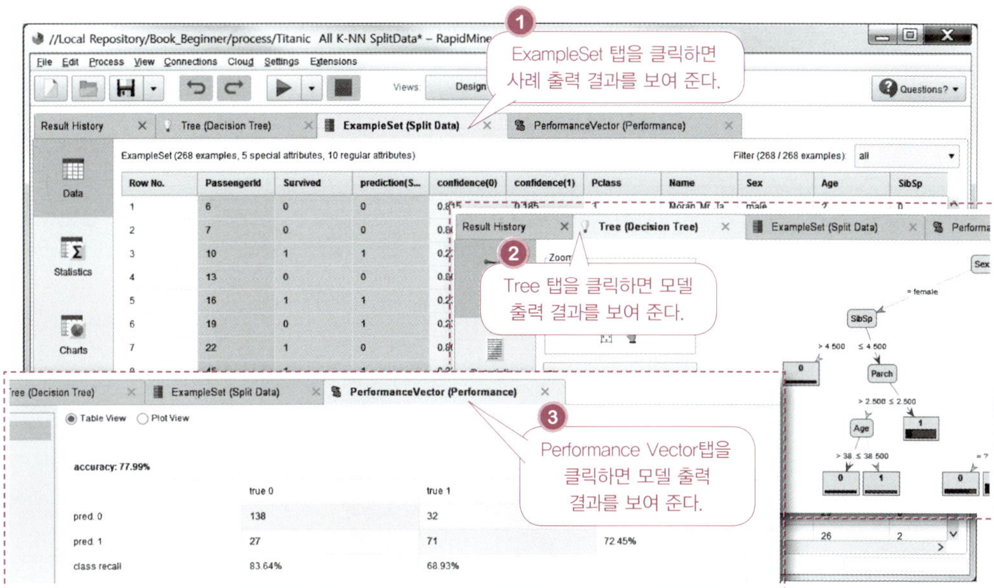

그림 1-13 사례 출력

KDD-Process 등이 있다.

CRISP-DM은 1996년에 SPSS, 테라 데이터, 다이믈러 AG, NCR, OHRA 등에 의해 시작되었다. 2014년 KDNuggests가 실시한 설문에서 CRISP-DM이 방법론 중에 선두 주

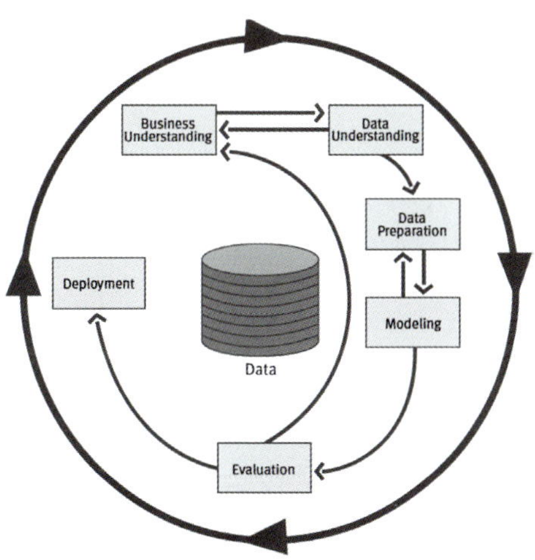

그림 1-14 CRISP-DM reference model의 실행 단계

자라는 것을 확신시켜 주었다. CRISP-DM은 그림 1-14와 같이 여섯 단계로 구성되어 있다. 이 단계의 대부분은 한 번 이상 반복적으로 수행되고, 가장 빈번하게 일어나는 전환은 화살표로 표기되어 있다.

1.3 이 책의 구성

이 책은 일반 전문가들이 래피드마이너의 모델링 오퍼레이터를 활용하여 현실 데이터를 분석할 수 있는 방법의 학습을 돕는 것을 목표로 한다. CRISP-DM의 단계별 수행작업을 어떻게 래피드마이너로 수행할 수 있을 것인가 집중적으로 논의한다.

1.4 일러두기

이 책에서 예제로 사용될 6가지의 알고리즘에 대한 분석 프로세스 실습을 진행하기 위해서는 미리 각각의 데이터 세트가 준비되어야 한다. 이 책에서는 데이터 분석 경연대회 주관 회사인 '케글(Kaggle)'이 제공하는 타이타닉 데이터 세트, 미국 센서스 데이터베이스에서 얻을 수 있는 소득 예측 데이터 세트, 패트리시아 프로에스 저메인(Patricia Froese-Germain)의 고객 이탈률 예측 데이터 세트, 모로(Sérgio Moro)의 다이렉트 마케팅 성공 예측 데이터 세트, 파울로 코르테즈(Paulo Cortez)의 와인 품질 예측 데이터 세트, 로날드 피셔(Ronald Fisher)가 제공하는 붓꽃 데이터 세트 등이 필요하다.

이 책에 사용된 데이터 세트는 저자들이 개설한 다음카페(http://cafe.daum.net/rapidminer)에 게시하였다. 공부를 시작하기 전에 위의 카페에 회원 가입한 후 'Rapidminer 사용법 공유' 게시판에 게시되어 있는 '실습용 DataSet'을 열어 첨부되어 있는 rapidminer_data.zip을 다운로드한다. 이 파일을 임의의 폴더에서 압축을 풀면 이 책에서 사용되는 데이터 세트를 볼 수 있을 것이다.

자, 이제 시작하도록 하자!

토 닥 토 닥
래피드마이너
[기 초 편]

02

프로젝트 이해 단계

2.1 서론

데이터 분석 프로젝트를 수행할 때, 가장 먼저 해야 할 일은 프로젝트를 수행해야 할 것인지 면밀히 검토하는 것이다. 데이터 분석 프로젝트는 다른 모든 일들이 그렇듯이 많은 자원을 필요로 하는 일이다. 만약 데이터 분석 프로젝트를 수행할 이유가 충분히 없다면 데이터 분석 프로젝트를 하지 않는 것이 더 나을 수 있다. 이런 의사결정을 위해 다음과 같은 점을 고려해야 한다.

첫째, 문제가 무엇인지 정의해 보자(problem).

정확히 문제를 표현하는 것은 정확한 답을 얻는 첫 걸음이다. 예측적 데이터 분석에서 기본적 문제는 "현재 가용한 데이터로 미래를 예측"하는 것이다. 예측은 예측하려는 변수(클래스)의 유형에 따라 분류할 수 있다. 예측하려는 변수가 범주 유형인 경우에 범주 분류 문제(nominal classification problem)라고 하는 반면, 예측하려는 변수가 수치 유형인 경우에는 수치 예측 문제(numeric prediction problem)라고 한다. 때때로 예측하려는 변수가 알려져 있지 않은 경우도 있다. 이런 경우에 가용한 데이터를 유사한 집단으로 분류하는 군집화 문제(clustering problem)라고 한다. 주어진 데이터 분석 문제를 검토하며 개략적으로 어떤 문제에 해당이 되는지 파악해야 한다.

둘째, 프로젝트의 수행으로 어떤 이익을 얻을 수 있을지 면밀히 검토해야 한다(benefits).

기업의 예를 들면 프로젝트 수행을 통해 매출이 증가할까? 이익이 증가할까? 비용 측면은 어떤가? 더 많은 고객을 유치할 수 있을까? 기대되는 이익이 없다면 데이터 분석을 수행한다는 것은 의미 없다. 이것은 다른 한편으로 프로젝트 수행에 따른 이익을 정량화할 수 있는 방법에 대해 신중히 고려해야 한다는 것을 의미한다.

셋째, 프로젝트 수행이 진정 가능한가 여부에 대해 고려해야 한다(feasibility).

가능성 여부는 기술적인 측면과 법/제도적 측면 등 다양한 각도에서 생각해야 한다. 아무리 좋은 데이터 분석 프로젝트라도 기술적으로 불가능하다면 의미가 없을 수 있다

(예, 사용자의 마음을 읽어 추천하는 시스템). 또한 법으로 금지된 정보를 사용하여 데이터 분석을 할 수도 없다(예, 개인 의료 정보를 활용한 추천 시스템).

프로젝트 이해 단계에서는 대부분의 모든 프로젝트에서 확정적인 답을 제공할 수 없다. 왜냐하면 데이터에 대한 이해가 없이는 위의 질문에 대한 답을 정확히 알 수 없기 때문이다.

2.2 데이터 세트

이 책에서는 아래의 여섯 가지 프로젝트를 고려할 것이다. 각 사례는 데이터 분석 기법이 해결해야 할 문제가 있다. 위에서 논의한 세 가지 관점에서 아래 프로젝트를 검토해보도록 하자.

프로젝트 1: 타이타닉 생존자 예측 문제

이 사람은 생존했을까?

타이타닉호의 침몰은 역사상 가장 악명 높은 파선 사고 중 하나다. 1912년 4월 15일의 처녀항해에서 타이타닉호는 빙하와 충돌 후 가라앉았다. 2,224명의 승객과 승무원 중 1,502명이 죽었다. 이 비극은 국제 사회에 충격을 주었고, 배에 대한 보다 안전한 규칙을 정하도록 하였다. 충돌에서 생존한 사람은 운이 좋아서 그럴 수도 있지만, 특별한 이유가 있지 않을까? 모든 탑승객의 생존 또는 사망 여부에 대한 데이터는 알려져 있다. 이 데이터 분석 문제는 탑승객의 속성(성별, 승객 등급 등)을 기반으로 생존 여부(생존 또는 사망)를 예측하고자 하는 **범주 분류 문제**이다.

프로젝트 2: 소득 수준 예측 문제

이 사람은 고소득자일까?

사람들의 인구통계학적 속성(성별, 나이, 결혼 여부 등)과 사회경제적 속성(직업, 교육 수준 등)을 기반으로 개인의 소득 수준을 예측할 수 있을까? 이 데이터 분석에서는 개인의 속성과 소득 수준을 나타내는 사례를 가지고 있다. 이 데이터 분석의 문제는 개인의 속성을 기반으로 그들의 소득이 미화 5만 불 이상인지 또는 미화 5만 불보다 작거나 같은지 예측하고자 하는 **범주 분류 문제**다.

프로젝트 3: 고객이탈 문제

이 사람은 우리 서비스 이용을 중단할까?

고객이탈(Churn)은 고객들이 제품이나 서비스 이용을 중단하는 것을 묘사하는 비즈니스 용어이다. 새로운 고객을 확보하는 일은 기존 고객을 유지하는 일보다 훨씬 더 어렵다. 따라서 어떤 고객이 이탈할 것인지 예측할 수 있다면 회사에 많은 도움이 될 것이다. 이 데이터 분석에서는 통신 서비스를 이용하는 고객 데이터를 활용하여 고객이 이탈할지 여부를 예측하는 범주 분류 문제를 다룰 것이다.

프로젝트 4: 다이렉트 마케팅 문제

이 사람은 우리 제품에 관심을 가질까?

기업은 제품 또는 서비스를 홍보하기 위해 일반 대중을 목표로 하는 대량 캠페인(mass campaigns) 또는 특별히 접촉할 수 있는 사람을 목표로 하는 다이렉트 마케팅을 수행할 수 있다. 전 세계적으로 경쟁이 심화되어 대량 캠페인에 대한 긍정적인 응답은 1% 이하다. 반면에 다이렉트 마케팅은 특정한 제품 또는 서비스에 더 관심을 가질 것 같은 목표에 초점을 맞추기 때문에 더 효율적으로 간주된다. 그럼에도 불구하고 다이렉트 마케팅은 프라이버시 침해 등의 이유로 광고주에 대해 부정적인 태도를 촉발할 수 있다는 단점이 있다. 이 데이터 분석 문제에서는 개인의 속성을 활용하여 다이렉트 마케팅의 성공 또는 실패를 예측하는 범주 분류 문제를 다룰 것이다.

프로젝트 5: 와인 품질 예측 문제

이 와인은 좋은 것일까?

최근 한국에서도 와인을 즐기는 인구가 증가하고 있어 세계 각국으로부터 다양한 품종이 수입되고 있다. 다양한 와인 중에 어떻게 좋은 것을 고를 수 있을까? 포도주의 품질을 평가할 수 있는 소믈리에를 옆에 둘 수도 없고, 좀 더 좋은 방법이 없을까? 포도주 품질 인증은 물리화학적 시험(physicochemical test)과 관능시험(sensory test)에 의해 평가된다. 포도주를 특성화하는 데 일반적으로 사용되는 물리화학적 특성은 밀도(density), 알코올(alcohol), 산도(pH values) 등을 포함하는 반면, 관능검사는 주로 전문가에 의해 실행된다. 이 데이터 분석에서는 물리화학적 특성을 활용하여 품질 등급을 예측하는 문제를 다룰 것이다. 이 문제는 사례를 9개의 등급 중에 어느 등급에 속하는지 예측하는 범주 분류 문제로 볼 수 있지만, 다른 한편 1에서 9 사이의 수치 값을 예측하는 **수치 예측 문제**로도 볼 수 있다.

프로젝트 6: 붓꽃 문제

이 붓꽃은 어떤 유형의 꽃인가?

식물 분류는 이를 전문으로 하는 전문가에 의해 분류되는데, 식물의 속성을 사용하여 자동으로 분류할 수 있는 방법은 없을까? 이것이 이번 프로젝트에서 학습하고자 하는 문제다. 이 문제가 이전에 우리가 다루었던 문제와 다른 것은 어떤 식물들을 한 종류로 봐야 하는지에 대한 사전 지식이 없다는 점이다. 즉, 각 사례의 클래스가 정의되어 있지 않다는 특징이 있다. 이 데이터 분석 문제에서는 각 사례에 대해 어떤 집단으로 분류할지 정하는 **군집화 문제**로 다룰 것이다.

2.3 결론

위의 프로젝트들을 검토해 보고 데이터 분석에 적절한 문제라는 생각이 드는가? 이제까지 프로젝트에 대해 논의된 내용을 표 2-1과 같이 정리하였다. 주의할 점은 프로젝트 이해 단계에서는 어떤 유형의 문제인가에 대해서만 논의하였지, 아직까지 구체적으로 어떤 방법을 써서 문제를 해결할 것인지에 대해서는 논의하지 않았다는 점이다. 이런 방법의 구체화는 데이터 이해와 준비를 거쳐 모델링 단계에서 구체화된다.

표 2-1 데이터 분석 프로젝트

데이터 세트	범주 분류	수치 예측	군집화
타이타닉 생존자 문제	○		
소득 수준 예측 문제	○		
와인 품질 예측 문제		○	
고객 이탈 문제	○		
다이렉트 마케팅 문제	○		
붓꽃 문제			○

토 닥 토 닥
래 피 드 마 이 너
[기 초 편]

03

데 이 터
이해 단계

3.1 서론

데이터 이해(data understanding) 단계는 데이터 분석을 위한 충분한 데이터가 있는지를 명확히 하는 단계이다. 데이터는 다양한 형태로 존재할 수 있다. 텍스트 파일에 저장되어 있을 수도 있고, 엑셀 스프레드시트에 저장되어 있을 수도 있다. 데이터는 웹에 존재할 수도 있고, 네트워크를 통해 접근할 수 있는 상용 데이터베이스 안에 있을 수도 있다. 많은 비즈니스 환경에서 데이터는 주로 조직이 운영하는 데이터베이스에 저장되어 있다. 따라서 데이터가 어디 있는지를 아는 것이 데이터 이해 단계의 시작이다.

데이터의 위치가 확인되면 이를 어떻게 수집할 것인지, 수집한 이후에는 어떻게 저장할 것인지에 대해 고려해야 한다. 데이터가 실제로 충분한지 여부는 사실 프로젝트가 끝날 때까지 확실하게 알 수 없지만, 분석 프로젝트를 시작하려면 분석에 필요한 충분한 데이터가 있어야 한다. 데이터 이해 단계에서는 가용한 데이터를 검토하여 어떤 속성들이 있는지를 찾아내야 한다. 데이터 이해 단계의 주요 산출물 중 하나는 사례에 사용될 속성을 정의하는 것이다. 이번 장에서는 2장에서 논의한 각 프로젝트에 사용될 사례가 어떤 속성이 있는지, 각 속성은 어떤 값을 가질 수 있는지에 대해 논의한다.

3.2 데이터 세트의 메타 데이터

데이터 세트에 대한 데이터를 데이터 세트 메타 데이터(dataset metadata)라고 한다. 데이터 세트 메타 데이터는 데이터 세트 이름, 생성한 사람, 생성 일자, 속성 정의 등을 포함한다. 속성 정의는 데이터 세트 메타 데이터의 필수적인 요소로 속성 이름(attribute name), 속성 값 유형(attribute value type), 속성 역할(attribute role) 등이 정의되어야 한다.

■ **속성 이름**

한 데이터 세트 안에 속성 이름은 중복되면 안 된다. 속성 이름이 중복된 경우 분석 도구는 이 오류 때문에 작동하지 않을 것이다.

■ **속성 값 유형**

속성 값은 크게 나누어 범주 유형(nominal type), 숫자 유형(numeric type), 텍스트 유형(text type), 날짜–시간 유형(date time type) 등으로 구분할 수 있다. 래피드마이너가 지원하는 속성 유형이 표 3–1에 정리되어 있다.

- 범주 유형은 숫자 값이 아닌 분류 값으로 유한한 서로 다른 특성을 갖는 값을 말한다. 예를 들어 타이타닉 데이터의 "Survived" 속성은 생존(1) 또는 사망(0) 등의 값을 가진다. 래피드마이너에서는 nominal로 쓰인다. 범주 유형은 두 가지 값만을 갖는 이항 범주 유형(binominal value)과 여러 명목 값을 갖는 다항 범주 유형(polynomial type)으로 구분한다. 속성 값이 범주형인 경우 사례가 가질 수 있는 값은 이미 정의되어 있고, 사례는 그중 하나의 값을 가진다.
- 숫자 유형은 일반적인 숫자 값을 말한다. 래피드마이너에서는 숫자 유형을 좀 더 자

표 3–1 속성 값 유형

유형	래피드마이너
범주 유형	nominal
숫자 유형	numeric
정수 유형	integer
실수 유형	real
텍스트 유형	text
이항 범주 유형	binominal
다항 범주 유형	polynomial
날짜 시간 유형	data time
날짜 유형	date
시간 유형	time

세하게 정수 유형(integer type)과 실수 유형(real type)으로 구분하였다. 숫자 값은 양수와 음수를 가진다.

- 텍스트 유형은 구조를 갖지 않는 자유 텍스트(free text)를 말한다. 텍스트 데이터 분석은 일반적으로 텍스트에 포함된 단어를 추출하여 분석을 수행한다.
- 날짜 시간 유형은 날짜와 시간을 동시에 표현하는 값이다(예, 2015/05/02 12:46 AM). 날짜와 시간을 별도로 표현하는 값은 날짜 유형(date type)과 시간 유형(time type)이 있다.

■ **속성의 역할**

속성의 역할에는 일반 속성(attribute), 레이블(label), 식별자(id), 가중치(weight), 배치(batch), 군집(cluster), 예측(prediction), 아웃라이어(outlier), 비용(cost), 기본 값(base value) 등이 있다.

이 중 가장 일반적으로 사용되는 일반 속성, 레이블, 식별자 등에 대해서만 설명한다.

- 일반 속성은 사례를 설명하는 일반적 속성을 말한다. 래피드마이너가 데이터를 읽어들이면 모든 속성을 일반 속성으로 간주한다.
- 식별자 속성은 사례를 식별하기 위해 사용하는 속성 유형이다.
- 레이블 속성은 모델에 의해 예측되어야 할 속성을 말한다. 분류 또는 회귀 문제인 경우, 학습과 시험 데이터 세트는 반드시 레이블 속성을 포함하고 있어야 한다.

3.3 데이터 세트

3.3.1 타이타닉 데이터 세트

타이타닉호의 탑승자들은 어떤 속성을 가지고 있을까? 표 3-2에 이번 데이터 분석을 위해 파악된 탑승자의 속성을 정리하였다. 이 데이터는 타이타닉 데이터 세트라고 한다. 이 데이터 세트는 데이터 분석 경연 대회 주관 회사인 '케글(Kaggle)'이 데이터 분석 참가자에게 모델 개발을 위해 사용할 수 있도록 제공한 타이타닉 탑승자 데이터이다. 각 사례마다 독특한 식별자로 PassengerId가 부여되어 있다. 예측할 레이블 속성은 생존(Survived)인데, 0(사망) 또는 1(생존)의 값을 갖는다. 0과 1은 수치 값처럼 보이나 사망 또는 생존을 나타내는 범주 값으로 사용되었다. 탑승객의 일반 속성으로는 고

표 3-2 타이타닉 데이터 세트 메타 데이터

이름: 타이타닉 데이터 세트/**생성**: 케글/**생성 일자**: 2015

속성 정의

이름	값 유형	역할	설명	값
PassengerId	integer	id	사례 아이디	
Survival	binominal	label	생존	1(생존)/0(사망)
Pclass	polynomial	attribute	고객 등급	1(상)/2(중)/3(하)
Name	Text	attribute	이름	
Sex	binominal	attribute	성별	남/여
Age	Real	attribute	나이	수치 값
Sibsp	integer	attribute	함께 탑승한 형제/배우자 수	수치 값
Parch	integer	attribute	함께 탑승한 부모/자녀의 수	수치 값
Ticket	polynomial	attribute	티켓 번호	
Fare	Real	attribute	요금	수치 값
Cabin	polynomial	attribute	캐빈 유형	
Embarked	polynomial	attribute	탑승지	C = Cherbourg Q = Queenstown S = Southampton

객 등급(Pclass), 이름(Name), 성별(Sex), 나이(Age), 함께 탑승한 형제 또는 배우자 수(Sibsp), 함께 탑승한 부모/자녀의 수(Parch), 티켓 번호(Ticket), 요금(Fare), 캐빈 유형(Cabin), 승선지(Embarked) 등이 있다. 이름 또는 승선지 등은 생존에 별 영향을 미치지 않았을 것이다. 고객의 등급, 성별, 나이, 요금 등은 탑승자의 사회경제적 지위를 나타낸다고 볼 수 있어 생존에 영향을 미칠 수 있다. 실제로 어떤 변수가 중요한 변수가 될지는 분석을 통해 알 수 있을 것이다.

3.3.2 소득 데이터 세트

소득 수준을 파악하는 데 도움이 될 수 있는 속성에는 무엇이 있을까? 사람의 나이, 학

표 3-3 소득 데이터 세트 메타 데이터

이름: 소득 데이터 세트/생성: Barry Becker/생성일자: 1994

속성 정의

이름	값 유형	역할	설명	값
age	integer	attribute	나이	수치 값
workclass	polynomial	attribute	직업 구분	Private, Self-emp-not-inc, Self-emp-inc, Federal-gov, Local-gov, State-gov, Without-pay, Never-worked
education	polynomial	attribute	교육	Bachelors, Some-college, 11th, HS-grad, Prof-school, Assoc-acdm, Assoc-voc, 9th, 7th-8th, 12th, Masters, 1st-4th, 10th, Doctorate, 5th-6th, Preschool
education-num	integer	attribute	교육 기간	수치 값
marital-status	polynomial	attribute	결혼 상태	Married-civ-spouse, Divorced, Never-married, Separated, Widowed, Married-spouse-absent, Married-AF-spouse
occupation	polynomial	attribute	직업	Tech-support, Craft-repair, Other-service, Sales, Exec-managerial, Prof-specialty, Handlers-cleaners, Machine-op-inspct, Adm-clerical, Farming-fishing, Transport-moving, Priv-house-serv, Protective-serv, Armed-Forces
relationship	polynomial	attribute	가족 관계	Wife, Own-child, Husband, Not-in-family, Other-relative, Unmarried
race	polynomial	attribute	인종	White, Asian-Pac-Islander, Amer-Indian-Eskimo, Other, Black
sex	binominal	attribute	성별	Female, Male
capital-gain	integer	attribute	자본이득	수치 값
capital-loss	integer	attribute	자본손실	수치 값
hours-per-week	integer	attribute	주당 근로시간	수치 값
native-country	polynomial	attribute	출신 국가	국가 명
income	binominal	label	소득	>50K, <=50K

력, 직업 등을 가지고 소득을 추정하는 것은 다양한 분야에 활용될 수 있다. 배리 베커(Barry Becker)는 1994년 미국 센서스 데이터베이스에서 추출한 개인의 정보를 가지고 소득이 5만 불 이상인지 여부를 예측하는 데이터 세트를 생성하였다.

데이터 세트에서 각 개인은 나이(age), 직업 구분(workclass), 교육(education), 교육 기간(age: continuous), 결혼 상태(marital-status), 직업(occupation), 가족 관계(relationship), 인종(race), 성별(sex), 자본이득(capital-gain), 자본손실(capital-loss), 주당 근로시간(hours-per-week), 출신 국가(native-country) 등의 속성을 가진다. 소득 수준 예측을 위한 데이터 분석을 위해 파악된 개인별 속성이 표 3-3에 정리되어 있다.

3.3.3 통신회사 데이터 세트

패트리샤 프로에스 저메인(Patricia Froese-Germain)은 통신회사의 고객이탈 여부를 예측하기 위한 데이터 세트를 제공한다. 사례에서 통신회사는 자신들의 지상 회선 비즈니스를 떠나 케이블 경쟁자로 가는 수많은 고객들 때문에 걱정한다. 따라서 그들은 누가 떠나는지 이해해야 하고, 궁극적으로 어떤 고객이 이탈할 가능성이 높은지 예측하기 위한 데이터 분석을 실행하여, 이를 바탕으로 고객 유지 프로그램을 개발하여야 한다. 이 데이터 세트는 아래와 같은 속성을 가진다.

- 지난달에 이탈한 고객: 이탈 여부
- 고객이 가입한 서비스: 전화, 다중 회선, 인터넷, 온라인 보안, 온라인 백업, 장치 보호, 기술 지원, TV 스트리밍, 영화 스트리밍
- 고객 계정 정보: 가입 기간, 계약, 지불 방법, 종이 없는 요금 청구, 월별 요금, 전체 요금
- 고객에 관한 인구통계적 정보: 성별, 연령대, 배우자 유무, 부양가족 유무

이 프로젝트 수행을 위해 정의된 속성은 표 3-4에 정리하였다.

3.3.4 은행 데이터 세트

모로(Sérgio Moro)는 포르투갈 은행의 전화를 통해 실행한 다이렉트 마케팅 데이터를 제공한다. 수집된 데이터 세트는 2008년 5월부터 2010년 10월까지 발생한 17개의 캠

표 3-4 통신회사 데이터 세트 메타 데이터

이름: 통신회사 데이터 세트/생성: Patricia Froese-Germain/생성 일자: 2015

속성 정의

이름	값 유형	역할	설명	값
customerID		attribute	고객 아이디	수치 값
Gender	binominal	attribute	성별	Male, Female
SeniorCitizen		attribute	노인 여부	0(노인 아님), 1(노인)
Partner	binominal	attribute	배우자 존재 여부	Yes, No
Dependents	binominal	attribute	부양가족	Yes, No
Tenure	real	attribute	가입 기간	수치 값
PhoneService	binominal	attribute	전화 서비스	Yes, No
MultipleLines	polynomial	attribute	다중 회선 여부	Yes, No, No phone service
InternetService	polynomial	attribute	인터넷 서비스	Fiber optic, DSL, No
OnlineSecureity	polynomial	attribute	온라인 보안	Yes, No, No phone service
OnlineBackup	polynomial	attribute	온라인 백업	Yes, No, No phone service
DeviceProtection	polynomial	attribute	장치 보호	Yes, No, No phone service
TechSupport	polynomial	attribute	기술지원	Yes, No, No phone service
StreamingTV	polynomial	attribute	스트리밍 TV 구독 여부	Yes, No, No phone service
StreamingMovie	polynomial	attribute	스트리밍 영화 구독 여부	Yes, No, No phone service
Contract	polynomial	attribute	계약 유형	Month-to-month, Two year, One year
PaperlessBilling	binominal	attribute	종이 없는 요금 청구	Yes, No
PaymentMethod	polynomial	attribute	지불 방법	Electronic check, Mailed check, Bank transfer(automatic), Credit card (automatic)
MonthlyCharges	real	attribute	월별 요금	수치 값
TotalCharges	real	attribute	전체 요금	수치 값
Churn	binominal	label	고객이탈 여부	Yes, No

표 3-5 다이렉트 마케팅 데이터 세트 메타 데이터

이름: 다이렉트 마케팅 데이터 세트/생성: Sérgio Moro/생성 일자: 2010

속성 정의

이름	값 유형	역할	설명	값
age	numeric	attribute	고객 나이	수치 값
job	polynomial	attribute	고객 직업	admin., blue-collar, entrepreneur, housemaid, management, retired, self-employed, services, student, technician, unemployed, unknown
marital	polynomial	attribute	결혼 여부	divorced, married, single, unknown
education	polynomial	attribute	교육	basic.4y, basic.6y, basic.9y, high.school, illiterate, professional. course, university.degree, unknown
default	polynomial	attribute	신용불량 여부	no, yes, unknown
balance	numeric	attribute	잔고	수치 값
housing	polynomial	attribute	주택 대출 여부	no, yes, unknown
loan	polynomial	attribute	개인 대출 여부	no, yes, unknown
contact	binominal	attribute	통신 방법	cellular, telephone
day_of_week	polynomial	attribute	마지막 접촉 요일	mon, tue, wed, thu,fri
month	polynomial	attribute	마지막 접촉 월	jan, feb, mar … nov, dec
duration	numeric	attribute	마지막 전화 통화 기간(초)	수치 값
campaign	numeric	attribute	캠페인 횟수	수치 값
pdays	numeric	attribute	마지막 접촉 후 경과 일	수치 값
previous	numeric	attribute	이 캠페인 전에 수행된 접촉 수	수치 값
poutcome	polynomial	attribute	이전 마케팅 캠페인 성공 여부	failure, nonexistent, success
y	binominal	label	계약 성공 여부	yes, no

페인과 관련되어 있다. 이 전화 캠페인을 시행하는 동안 높은 이자율을 제공하는 장기 저축에 대한 캠페인이 실행되었다. 각각의 대상자에 대해 16개 예측변수와 성공 여부(종속변수)를 저장하였다. 데이터 세트에 사용된 속성 이름, 의미, 가능한 속성 값 등을 표 3-5에 정리하였다.

3.3.5 와인 데이터 세트

파울로 코르테즈(Paulo Cortez)는 포르투갈 민호(Minho) 지역에서 생산된 비뇨 베르디(Vinho Verde)라는 와인의 품질 측정 데이터를 제공한다. 그는 물리화학적 속성을 활용하여, 전문 감정가들이 예측한 관능적 평점을 예측할 수 있는가라는 문제에 도전하였다. 데이터는 공식 인증기관에서 테스트된 2004년 5월부터 2007년 2월까지의 분석적 또는 관능적 데이터로 구성되어 있다. 물리화학적 속성은 표 3-6에 나와 있는 것

표 3-6 와인 데이터 세트 메타 데이터

이름: 와인 데이터 세트/생성: Paulo Cortez/생성 일자: 2007

속성 정의

이름	값 유형	역할	설명	값
quality	integer	label	품질(클래스)	수치 값
fixed acidity	real	attribute	고정 산성도	수치 값
volatile acidity	real	attribute	휘발성 산성도	수치 값
citric acid	real	attribute	구연산	수치 값
residual sugar	real	attribute	잔여 설탕	수치 값
chlorides	real	attribute	염화물	수치 값
free sulfur dioxide	real	attribute	자유 이산화황	수치 값
total sulfur dioxide	real	attribute	총 이산화황	수치 값
density	real	attribute	밀도	수치 값
pH	real	attribute	산도	수치 값
sulphates	real	attribute	황산염	수치 값
alcohol	real	attribute	알코올	수치 값

처럼 고정 산성도(fixed acidity), 휘발성 산성도(volatile acidity), 구연산(citric acid), 잔여 설탕(residual sugar), 염화물(chlorides), 자유 이산화황(free sulfur dioxide), 총 이산화황(total sulfur dioxide), 밀도(density), 산도(pH), 황산염(sulphates), 알코올(alcohol) 등 11가지 항목을 측정하였다. 와인의 등급을 결정하기 위해 적어도 3명 이상의 관능 평가자(sensory assessor)가 블라인드 테스트를 사용하여 평가하였다. 점수는 0(매우 좋지 않음)에서 10(매우 우수함)까지 주었다. 마지막 관능 점수는 이 평가의 중위 수(median)로 결정되었다.

3.3.6 붓꽃 데이터 세트

로날드 피셔(Ronald Fisher)는 꽃잎과 꽃받침의 특성을 가지고 붓꽃의 유형을 예측하는 데이터를 제공한다. 붓꽃 데이터 속성은 표 3-7에 정의되어 있다. 원래 이 데이터는 붓꽃의 꽃잎의 길이와 너비, 꽃받침의 길이와 너비 등으로 주어진 사례가 세 가지 유형의 붓꽃 중 어떤 꽃인지를 예측하는 데이터로 이미 판별된 꽃 유형이 있는 문제다. 즉, 클래스가 있다. 그러나 이번 과제에서는 이 클래스가 없는 것으로 가정하여 데이터 분석을 진행한다.

표 3-7 붓꽃 데이터 세트 속성 메타 데이터

이름: 붓꽃 데이터 세트/생성: Ronald Fisher/생성 일자: 1936

속성 정의

이름	값 유형	역할	설명	값
class	polynomial	label	꽃 유형	Iris-setosa, Iris-versicolor, Iris-virginica
sepal_length	numeric	attribute	꽃 받침 잎 길이	수치 값
sepal_width	numeric	attribute	꽃 받침 잎 너비	수치 값
petal_length	numeric	attribute	꽃잎 길이	수치 값
petal_width	numeric	attribute	꽃잎 너비	수치 값

3.4 결론

이번 장에서는 이 책에서 사용될 데이터의 특성에 대해 논의하였다. 데이터를 얻을 수 있는 방법에 대한 고려가 끝나면, 데이터에 사용되는 사례의 속성과 속성 값 유형을 정의해야 한다. 이 단계가 끝나면 이제 데이터를 생성할 수 있다.

04

데 이 터 준비 단계

4.1 서론

데이터 분석가는 도메인 전문가와의 상호작용을 통해 어떤 데이터를 사용해야 할지, IT 전문가와 함께 어떻게 데이터를 추출할지 등에 대한 논의를 거쳐 데이터 세트를 준비할 수 있다. 데이터는 다양한 방법으로 저장될 수 있다. 예를 들어 데이터는 파일(예, CSV 파일), 엑셀, 데이터베이스 등에 저장될 수 있다. 이 책에서는 엑셀에 데이터를 저장한다고 가정하고 논의를 진행한다. 이번 장에서는 타이타닉 데이터를 가지고 설명할 것이다.

4.2 데이터 세트 생성

래피드마이너에 사용될 데이터는 그림 4-1과 같이 준비하여야 한다. 먼저 엑셀을 시작한 후 "새 통합문서"를 생성한다. 엑셀의 "Sheet 1" 시트 이름을 "Titanic All"이라고 변경하자. 첫 행은 위에서 정의한 타이타닉 데이터의 속성 이름을 입력하였다. 두 번째 행부터 각 행은 사례(탑승객)를 나타내고 각 셀은 속성 값을 의미한다. 예를 들어 2행에는 탑승객 아이디가 1번(PassengerId=1)이고, 생존하지 못했고(Survived=0), 탑승 등급은 3등급(Pclass=3), 이름은 Braund, Mr. Owen Harris, 성별은 남자(Sex=male), 나이는 22세(Age=22), 함께 탑승한 형제 또는 배우자 수는 1명(Sibsp=1), 부모와 자녀는 없고(Parch=0), 티켓은 A/5 21171(Ticket), 요금으로 7.25파운드를 지불했고(Fare=7.25), 사우스햄프턴(Southampton)에서 탑승(Embarked=S)하였다는 정보를 입력하였다. 같은 방식으로 다른 사례들을 입력하여 데이터 생성을 완료한다. 이런 데이터를 수작업으로 생성하는 것은 번거롭다. 따라서 프로그램 또는 데이터베이스 도구 등을 활용하여 자동으로 생성할 수 있다.

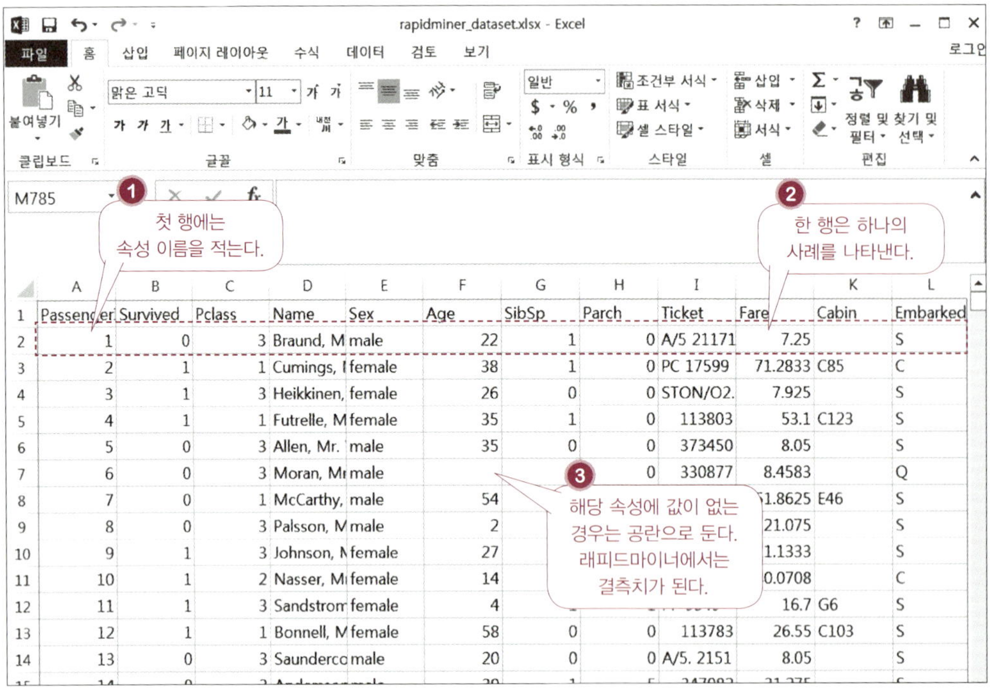

그림 4-1 Excel을 활용한 데이터 준비

4.3 데이터 구성

데이터마이닝을 활용한 데이터 분석에서는 일반적으로 학습 데이터 세트와 테스트 데이터 세트가 있어야 한다. 학습 데이터 세트는 레이블 속성을 예측하는 모델을 생성하기 위해 사용하는 반면, 테스트 데이터 세트는 모델의 성과를 측정하기 위해 사용하는 데이터 세트를 말한다.

독립된 학습과 테스트 데이터 세트로 구성하는 방법

데이터 세트를 구성하는 쉬운 방법은 학습 데이터 세트와 테스트 데이터 세트를 독립적으로 만드는 방법이다. 예를 들어 타이타닉 데이터에서 전체 891개의 사례를 802개의 학습 데이터 세트와 89개의 테스트 데이터 세트로 별도의 데이터 세트를 만들 수 있다.

어떻게 분할할까? 가장 쉬운 방법은 데이터를 순차적으로 선별하는 것이다. 즉 처음부터 90%는 학습 데이터 세트로 하고, 나머지 10%는 테스트 데이터 세트로 생성할 수 있다. 이런 방법을 선형 표본화(linear sampling)라고 한다. 그렇지만 이런 경우 학습 데이터와 테스트 데이터 세트가 일관성이 없을 수 있다. 예를 들어 학습 데이터 세트에는 긍정과 부정 레이블이 50%씩 고르게 분포하는 반면, 테스트 데이터 세트에서는 70%대 30%일 수 있다. 이런 것을 방지하기 위해 좀 더 기술적인 방법을 사용할 수 있다. 먼저 생각할 수 있는 방법은 학습 데이터 세트와 테스트 데이터 세트를 무작위로 구성하는 것이다. 이 방법을 무작위 표본화(random sampling)라고 한다. 또 다른 방법으로 레이블이 데이터 세트에 고르게 분포할 수 있도록 각각의 레이블을 갖는 하위 데이터 세트에서 무작위로 추출하는 방법을 쓸 수 있다. 이런 방법을 층화 표본화(stratified sampling)라고 한다.

단일 데이터 세트로 구성하는 방법

경우에 따라 데이터 세트가 하나로만 주어지는 경우가 있다. 이런 경우 단일 데이터 세트는 검증 프레임워크를 사용하여, 학습 데이터 세트와 테스트 데이터 세트로 분할하여 사용할 수 있다. 래피드마이너는 다양한 검증 프레임워크를 제공하는데 이를 활용하면 보다 공정한 데이터 분석이 가능하다. 이에 대해서는 6장 평가 단계에서 자세히 설명할 것이다.

4.4 데이터 세트 준비

실제 데이터 분석에서 사용하는 데이터 세트는 데이터 분석가가 직접 준비하거나 고객이 데이터를 준비하여 제공할 수 있다. 고객이 제공한 데이터는 실제 사용하기 전에 반드시 검증해야 하고, 검증의 목적 또는 사용 방법에 맞게 준비하여야 한다. 이 책에서는 이미 정리된 데이터 세트를 제공한다. 따라서 독자들이 데이터 준비하는 것이 쉽다고 오해할 수 있다. 그러나 대부분의 데이터 분석 프로젝트에서 데이터를 수집하고 정리하기 위해 많은 시간을 소요한다. "시작이 반이다"라는 말이 있는데, 데이터 분석에서는 "데이터 준비가 반이다"라고 하더라도 전혀 과장된 말이 아니다.

이 책에서 제공하는 데이터 세트가 표 4-1에 정리되어 있다. 모든 데이터 세트는 엑셀로 저장되어 있고, 데이터 세트는 전체 데이터 세트(파일명 All), 학습 데이터 세트(파일명 Train), 테스트 데이터 세트(파일명 Test) 등의 시트로 구성되어 있다. 괄호 안은 엑셀 시트 이름이다. 학습 데이터 세트와 테스트 데이터 세트는 90%:10%로 하였다.

표 4-1 데이터 세트 리스트

데이터 세트	엑셀 파일	전체	학습	테스트
타이타닉	Titanic.xlsx	891	802	89
소득	Income.xlsx	16,281	14,653	1,628
와인	Wine.xlsx	4,898	4,408	490
통신회사	Telco.xlsx	7,043	6,339	704
은행	Bank.xlsx	45,211	40,690	4,521
붓꽃	Iris.xlsx	150	135	15

4.5 결측치 처리

데이터 세트를 수집하다 보면 속성 값이 없는 경우가 있다. 이런 경우를 결측치(missing value)라고 한다. 예를 들어보자. 붓꽃 데이터는 모든 사례가 정의된 속성 값을 가지고 있지만, 소득 데이터의 경우에는 그렇지 못하다. 그림 4-2의 소득 데이터를 자세히 살펴보면 "?"로 되어 있는 곳을 볼 수 있는데 이것이 결측치를 나타내는 표시

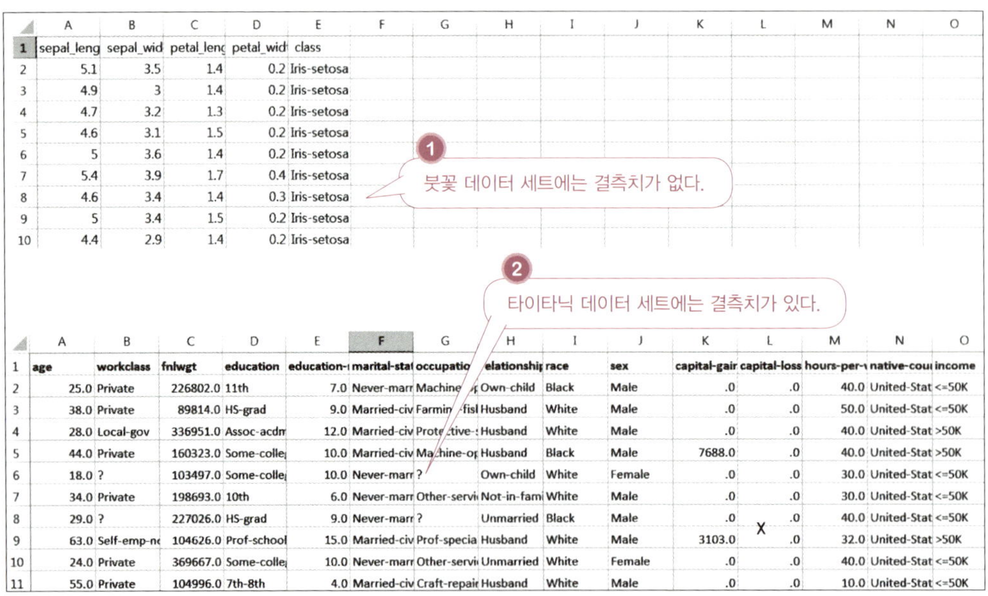

그림 4-2 결측치 처리

이다. 결측치는 적절한 방법으로 모델링 기법에 따라 처리되어야 한다. 우선 결측치가 너무 많다면, 속성으로 쓸지 여부를 다시 고려해야 한다. 어떤 모델링 방법은 결측치가 있으면 쓸 수 없는 경우가 있는데 이럴 경우 결측치를 가지고 있는 사례를 제거하고 모델링하거나, 수치 값인 경우 결측치를 예측하여 사용하거나 0으로 변경하기도 한다. 상황에 따라 적절한 처리 방법을 적용하여야 한다. 래피드마이너는 다양한 결측치 처리 방법을 제공하지만, 이는 고급 과정에서 배우도록 하자.

4.6 결론

이번 장에서는 데이터 이해 단계에서 정의된 속성에 대해 값을 갖는 사례를 모아 데이터 세트를 준비하는 방법에 대해 논의하였다. 다음 장에서는 이제 이 데이터 세트를 사용하여 체계적인 분석을 수행할 수 있는 모델링 방법에 대해 논의한다.

토 닥 토 닥
래 피 드 마 이 너
[기 초 편]

05

모델링 단계

5.1 서론

일단 데이터가 준비되면 데이터로부터 다양한 모델(model)로 표현되는 지식(knowledge)을 추출할 모델링 도구(modelling tools)를 선택하고 적용하여야 한다. 데이터 분석에서 지식의 역할은 임의의 사례가 주어질 경우 문제에 대한 레이블을 예측하는 것이다.

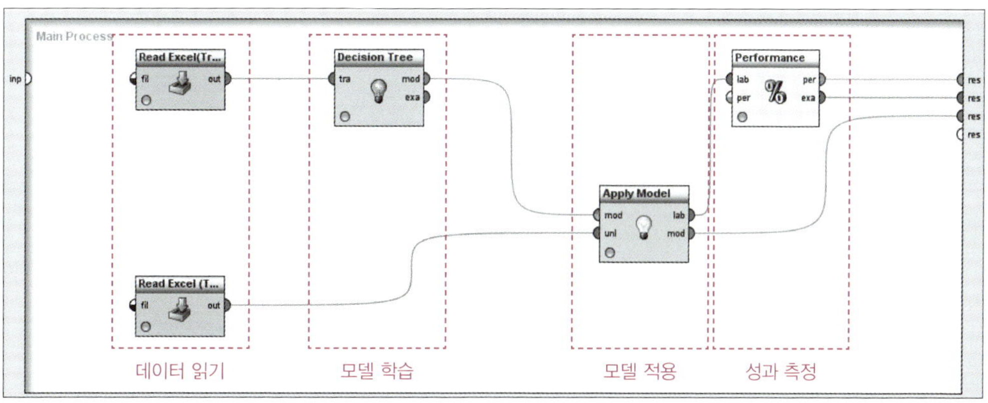

그림 5-1 래피드마이너의 모델링 단계

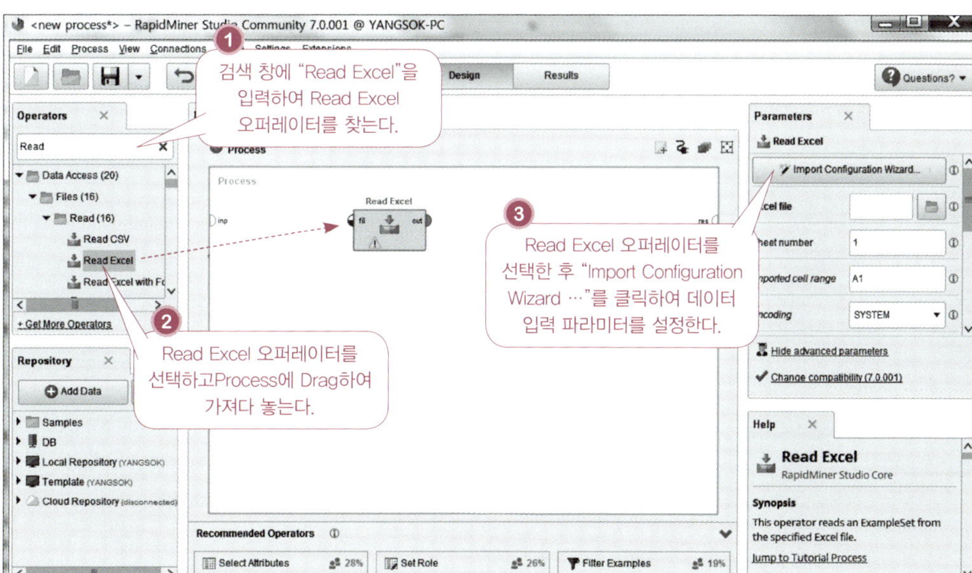

그림 5-2 Read Excel 오퍼레이터 추가

래피드마이너에서 모델링 단계는 오퍼레이터를 사용하여 분석 절차를 설계하는 것이다. 분석 절차는 데이터를 읽는 단계, 읽은 데이터로부터 모델을 학습하는 단계, 모델을 적용하는 단계, 성과를 측정하는 단계 등으로 구성된다(그림 5-1).

5.2 데이터 읽기

데이터 모델링을 위해 우선은 저장된 매체로부터 데이터를 읽어야 한다. 래피드마이너는 다양한 읽기 오퍼레이터를 제공하는데, 이 책에서는 기본적으로 엑셀 파일에 데이터가 저장되어 있다고 가정하기 때문에 이를 중심으로 설명한다. 다양한 데이터 읽기 오퍼레이터는 고급 과정에서 배우도록 하자.

5.2.1 Read Excel 오퍼레이터 활용

Read Excel 오퍼레이터

엑셀 데이터를 읽기 위해 Read Excel을 사용한다. 이 책에서 사용하는 데이터는 Titanic.xlsx에 저장되어 있다. 엑셀 파일은 아래와 같은 단계를 통해 수행하여 데이터 세트를 읽어 들일 수 있다. 먼저 오퍼레이터 패널의 검색 창에서 "Read Excel"을 입력하여 Read Excel을 찾는다. Read Excel을 선택하고 끌어서 프로세스 패널에 추가한다. Read Excel을 선택하고 이 오퍼레이터가 데이터를 읽어 들일 수 있도록 파라미터를 설정하기 위해, 파라미터 뷰에 있는 Import Configuration Wizard 버튼을 클릭하여 실행한다(그림 5-2).

읽어오기 설정 1단계: 엑셀 파일 읽기

실행 1단계에서는 파일 브라우저를 사용하여 데이터가 저장된 엑셀 파일을 지정한 후 "Next" 버튼을 클릭한다(그림 5-3).

읽어오기 설정 2단계: 엑셀 시트 선택하기

엑셀 파일은 다수의 데이터 세트를 여러 시트에 저장할 수 있기 때문에 2단계에서는 읽어올 데이터 세트가 저장되어 있는 엑셀 시트를 지정한다. "Titanic All" 시트를 선택한 후 Next 버튼을 클릭한다(그림 5-4).

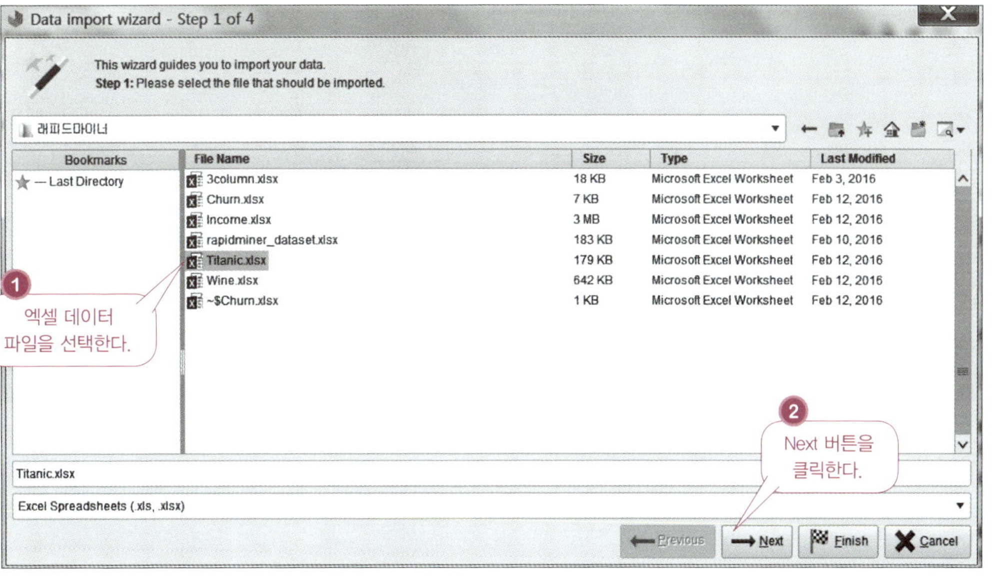

그림 5-3 마법사 1단계: 엑셀 파일 선택하기

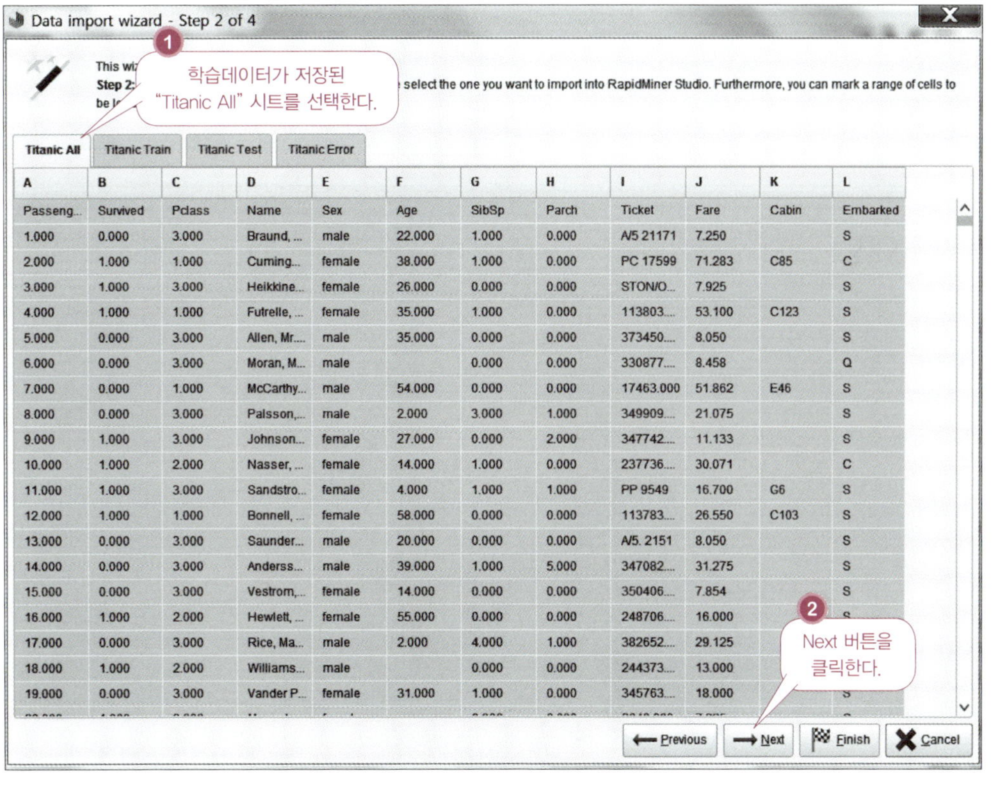

그림 5-4 마법사 2단계: 엑셀 시트 선택하기

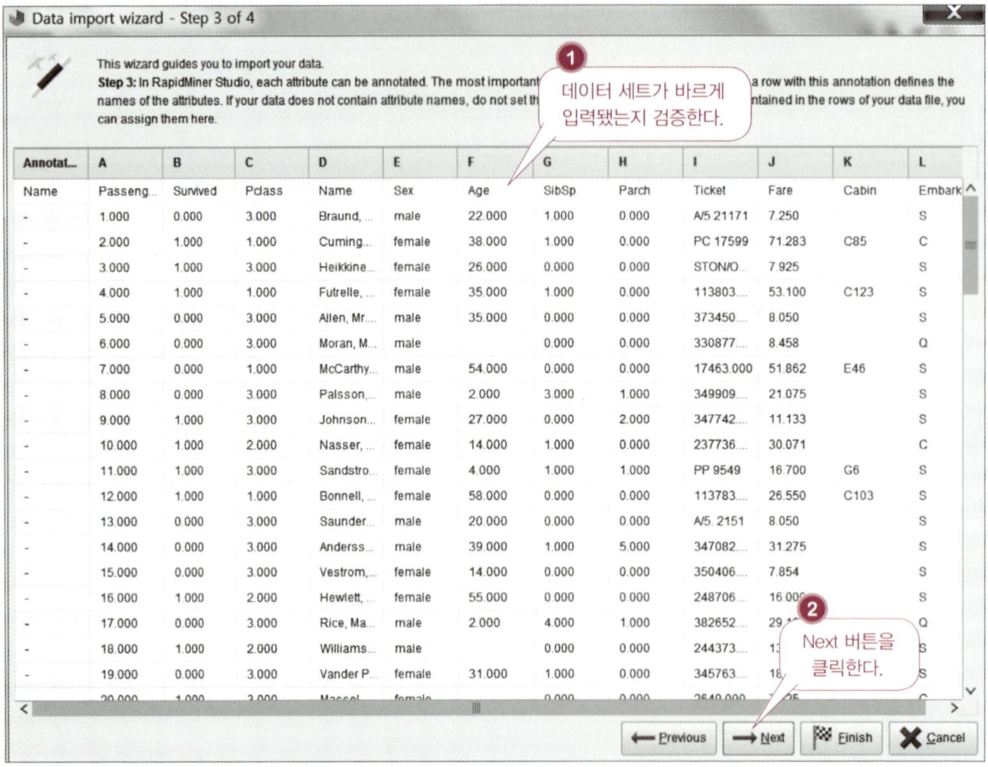

그림 5-5 마법사 3단계: 데이터 검증하기

읽어오기 설정 3단계: 데이터 오류 검토

이번 단계에서는 데이터가 바르게 읽혀졌는지 검증을 한다. 문제가 없으면 Next 버튼을 클릭하여 다음 단계로 진행한다(그림 5-5).

읽어오기 설정 4단계: 데이터 오류 검토

마법사의 4단계에서는 데이터 분석에 사용할 데이터 세트의 메타데이터를 지정해 주어야 한다. 테이블 데이터 헤더의 첫 번째 행 체크박스를 선택 또는 해제해서 모델링에 사용될 속성을 지정하거나 해제할 수 있다. 테이블 헤더의 두 번째 행은 속성의 이름을 보여준다. PassengerId, Survived, Pclass, Name, Sex, Age, SibSp, Parch, Ticket 등이 표시되어 있다. 이 중에서 Name 속성은 모델 생성에 도움이 되지 않을 것으로 예상되므로, 첫 번째 행의 체크박스를 해제하여 사용하지 않은 것으로 설정하자(그림 5-6의 ①). 테이블 헤더의 세 번째 행은 속성의 유형을 선택할 수 있도록 한다. 데

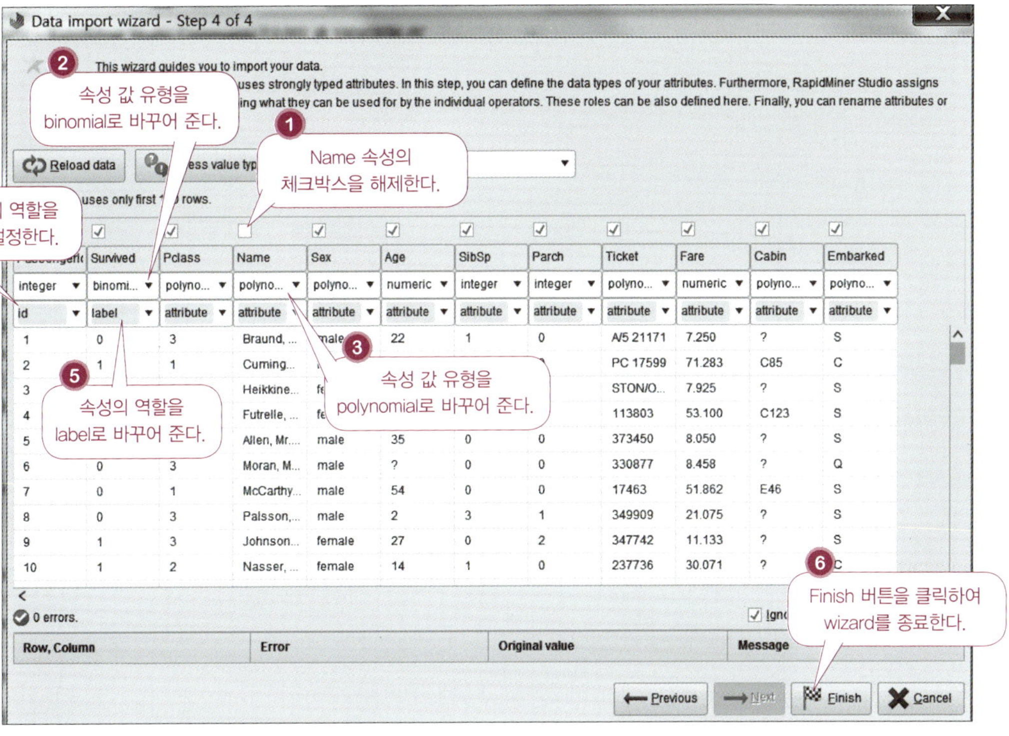

그림 5-6 마법사 4단계: 사용 속성, 속성 값 유형, 속성 역할 설정하기

이터 세트를 읽어 들이면 래피드마이너는 자동으로 속성 유형을 추정하여 정한다. 그러나 어떤 경우에는 속성의 값 유형을 바꿔주어야 한다. 예를 들어 타이타닉 데이터 세트를 읽어 들이면, 'Survived'가 0과 1의 값을 갖기 때문에 래피드마이너는 기본 속성 유형을 정수 유형(integer)으로 설정한다. 그런데 0은 "생존하지 못한 승객"을 1은 "생존한 승객"을 나타낸다. 따라서 이항 범주형(binominal)으로 값의 유형을 바꿔주어야 한다(그림 5-6의 ②). "PClass"도 마찬가지로 기본 값인 정수 유형에서 다항 범주 유형(polynomial)으로 바꿔주어야 한다(그림 5-6의 ③). 네 번째 테이블 헤더는 속성의 역할(Role)을 설정하도록 지원한다. 타이타닉 데이터의 경우, PassengerId가 식별자로 사용되었다. 따라서 속성 유형을 식별자로 설정해 주어야 한다(그림 5-6의 ④). 타이타닉 데이터 세트의 경우 생존(Survived)이 레이블 속성이다. 래피드마이너가 추정한 속성은 정수(integer)이지만, 두 개의 범주 유형 속성 값을 나타내는 이진 범주(binominal)로 변경해야 한다(그림 5-6의 ⑤). 속성의 필터링, 값 유형, 역할 선택이 완료되면 종료(Finish) 버튼을 눌러 데이터 읽어오기를 종료한다.

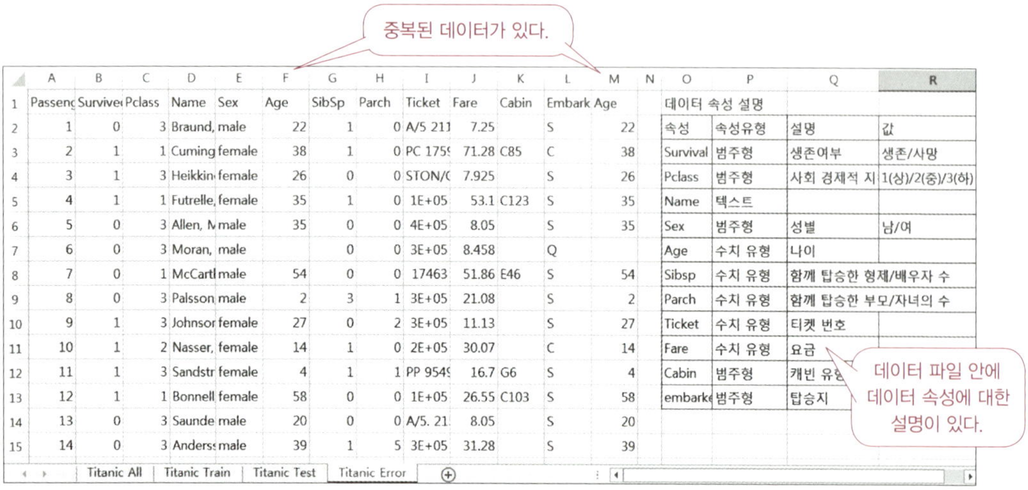

	A	B	C	D	E	F	G	H	I	J	K	L	M	N	O	P	Q	R
1	Passeng	Survive	Pclass	Name	Sex	Age	SibSp	Parch	Ticket	Fare	Cabin	Embark	Age		데이터 속성 설명			
2	1	0	3	Braund,	male	22	1	0	A/5 211	7.25		S	22		속성	속성유형	설명	값
3	2	1	1	Cuming	female	38	1	0	PC 175	71.28	C85	C	38		Survival	범주형	생존여부	생존/사망
4	3	1	3	Heikkin	female	26	0	0	STON/	7.925		S	26		Pclass	범주형	사회 경제적 지	1(상)/2(중)/3(하)
5	4	1	1	Futrelle,	female	35	1	0	1E+05	53.1	C123	S	35		Name	텍스트		
6	5	0	3	Allen, M	male	35	0	0	4E+05	8.05		S	35		Sex	범주형	성별	남/여
7	6	0	3	Moran,	male		0	0	3E+05	8.458		Q			Age	수치 유형	나이	
8	7	0	1	McCartl	male	54	0	0	17463	51.86	E46	S	54		Sibsp	수치 유형	함께 탑승한 형제/배우자 수	
9	8	0	3	Palsson	male	2	3	1	3E+05	21.08		S	2		Parch	수치 유형	함께 탑승한 부모/자녀의 수	
10	9	1	3	Johnsor	female	27	0	2	3E+05	11.13		S	27		Ticket	수치 유형	티켓 번호	
11	10	1	2	Nasser,	female	14	1	0	2E+05	30.07		C	14		Fare	수치 유형	요금	
12	11	1	3	Sandstr	female	4	1	1	PP 954	16.7	G6	S	4		Cabin	범주형	캐빈 유형	
13	12	1	1	Bonnell	female	58	0	0	1E+05	26.55	C103	S	58		embarke	범주형	탑승지	
14	13	0	3	Saunde	male	20	0	0	A/5. 21	8.05		S	20					
15	14	0	3	Anders	male	39	1	5	3E+05	31.28		S	39					

Titanic All | Titanic Train | Titanic Test | Titanic Error

그림 5-7 엑셀 데이터 읽기 오류

5.2.2 데이터 읽기 오류

간혹 엑셀 데이터를 읽어 들일 때 문제가 생기는 경우가 있다. 먼저 중복된 속성 이름이 쓰이는 경우에 데이터 읽기에 문제가 발생한다. 중복된 이름은 실제로 데이터가 같은 경우(그림 5-7에서 M열의 경우)도 있고, 이름만 같은 경우도 있다. 전자의 경우 같은 데이터를 갖고 있는 열을 제거하면 되고, 후자의 경우에는 이름을 바꿔주어야 한다. 다음으로 데이터 파일에 데이터 세트에 필요한 정보 이외에 다른 정보를 기재했을 경우 문제가 발생한다. 그림 5-7에서 데이터 속성에 대한 설명이 데이터 시트에 같이 포함되어 있다. 이 경우 래피드마이너는 이 부분도 데이터로 오인한다.

마법사 2단계: 데이터 시트 설정(오류가 있는 경우)

위에서 오류가 있는 데이터 세트를 읽을 경우 발생하는 문제를 확인하기 위해 마법사를 다시 실행하여 "Titanic Error"를 읽어 들이자. 마법사 1단계는 위에서 설명한 것과 같다. 마법사 2단계에서 "Titanic All" 대신에 "Titanic Error"를 선택한다(그림 5-8).

마법사 3단계: 데이터 검증(오류가 있는 경우)

읽어 들인 데이터에 데이터가 아닌 부분도 같이 데이터로 읽어 왔다. 이 부분이 포함되어 있는 것을 무시하고 다음 단계로 넘어가 보자(그림 5-9).

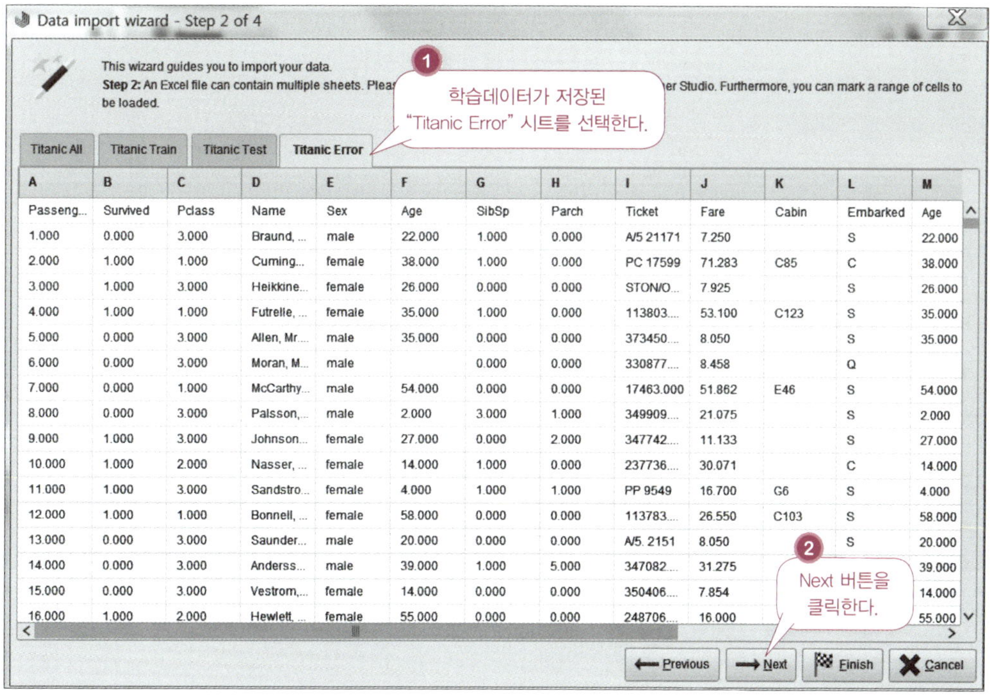

그림 5-8 마법사 2단계: 데이터 시트 설정(오류가 있는 경우)

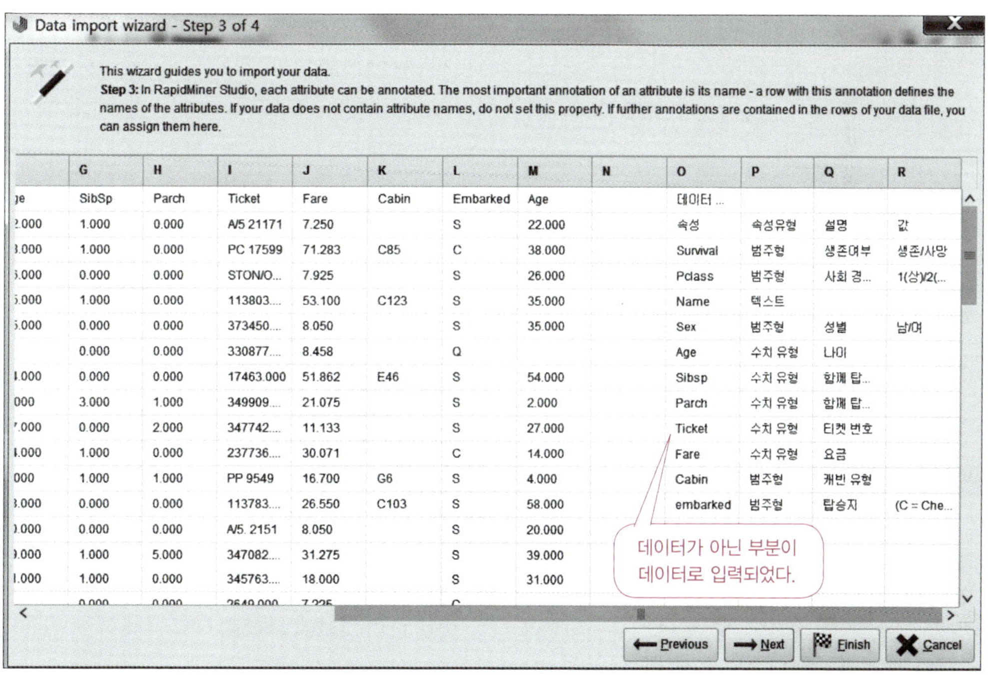

그림 5-9 마법사 3단계: 데이터 검증(오류가 있는 경우)

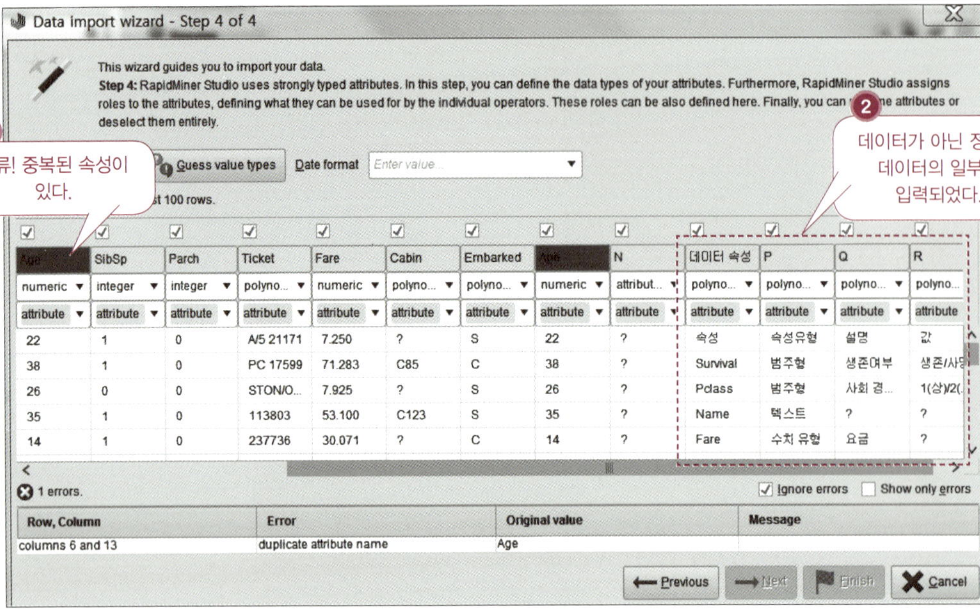

그림 5-10 마법사 4단계: 속성 설정 단계(오류가 있는 경우)

읽어오기 설정 4단계: 속성 수정 단계

이전 단계에서 우리는 데이터가 가질 수 있는 두 가지 오류에 대해서 이야기했다. 먼저 중복된 속성이 있는 경우, 속성 이름이 빨간 색으로 표시되고, 아래 부분에 오류 내용이 표기된다(그림 5-10의 ①). 데이터 이외의 정보는 속성으로 입력된다(그림 5-10의 ②). 엑셀 데이터 파일에서 이런 오류를 찾아 수정하자. 만일 데이터가 의미 있는 경우 중복된 속성의 이름을 변경한다. 데이터가 중복된 경우에는 중복된 데이터를 삭제한다. 마지막으로 데이터가 아닌 정보는 삭제하도록 한다.

데이터 세트 메타 데이터 설정 오류

마법사의 4단계에서는 사용할 속성, 속성 값 유형, 속성의 역할(래피드마이너에서는 이것을 데이터 세트의 메타데이터라고 함) 등을 지정해야 한다. 그런데 그림 5-11과 같이 아무런 설정을 하지 않고 마법사를 종료했다. 어떻게 해야 할까? 물론 처음부터 마법사를 다시 실행하여 설정을 바로 잡을 수 있겠지만 좀 번거로울 수 있다.

래피드마이너는 이런 상황을 쉽게 수정할 수 있도록 데이터 세트 메타데이터(data set

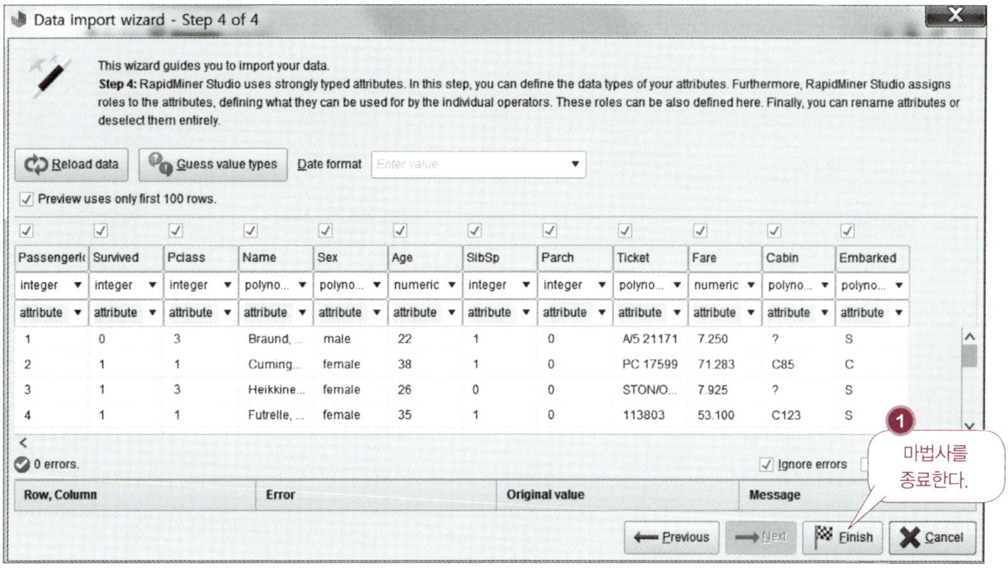

그림 5-11 마법사 4단계: 속성 설정 없이 마법사를 종료한 경우

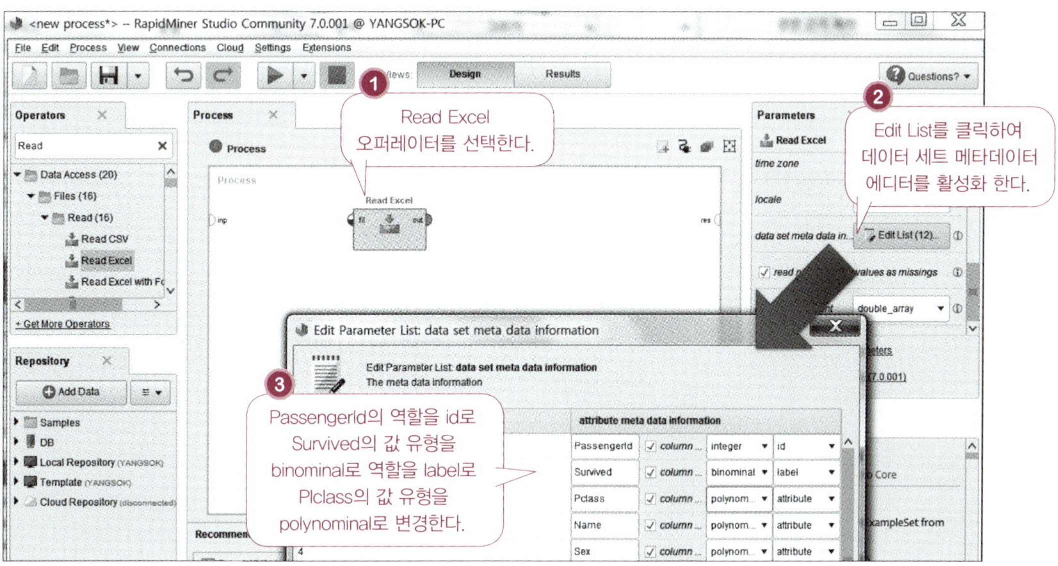

그림 5-12 데이터 세트 메타 정보 수정

meta data) 에디터를 제공한다. 이것을 사용하려면 고급 파라미터를 활성화해야 한다. 따라서 Read Excel을 선택하고, 파라미터 패널에 있는 "Show advanced parameters" 링크를 클릭하여 고급 파라미터를 활성화한다. 오른쪽 파라미터 패널에 관련 파라미터들

이 보이는데(그림 5-12의 ①), 파라미터 패널의 스크롤바를 내리면 "data set meta data information"이란 파라미터와 Edit List라는 버튼을 볼 수 있다. Edit List 버튼을 클릭하면 데이터 세트 메타데이터 에디터가 활성화된다(그림 5-12의 ②). 이 에디터에서 PassengerId, Survived, PClass 등의 속성 값 유형과 속성 역할을 맞게 변경한 후, 에디터의 하단에 있는 Apply 버튼을 클릭하면 수정된 내용이 적용된다(그림 5-12의 ③).

5.2.3 읽은 데이터 결과 보기

Read Excel 오퍼레이터 실행

Read Excel 오퍼레이터의 출력포트 out을 프로세스 패널의 res 포트에 직접 연결한 후 래피드마이너를 실행하자.

실행 결과–결과 뷰

실행하면 그림 5-13과 같이 결과 뷰에 Data 메뉴가 활성화되어, Read Excel 오퍼레이터로 읽은 사례를 볼 수 있다. 결과 뷰는 왼쪽에 Data, Statistics, Charts, Advanced

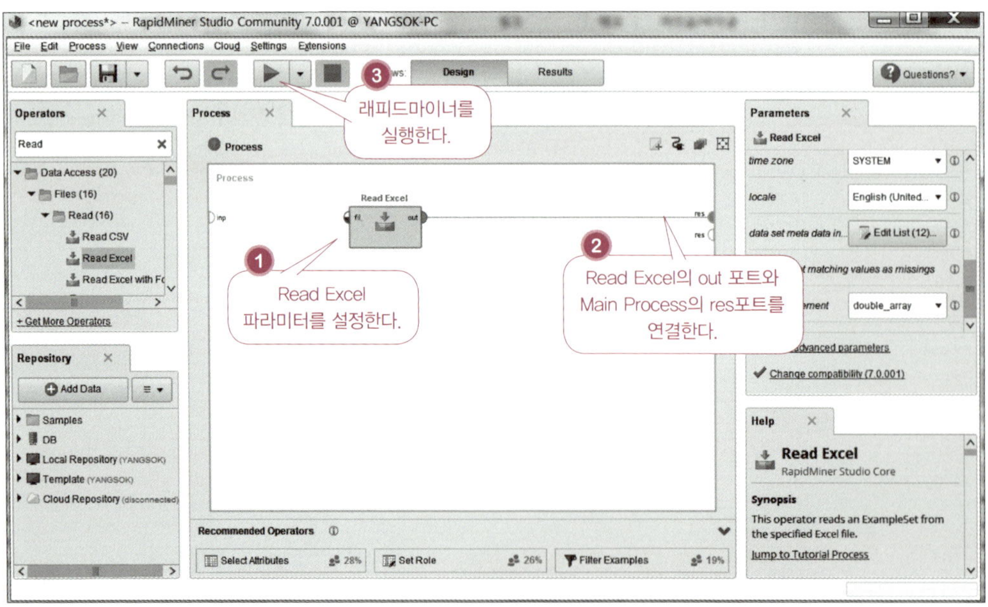

그림 5-13 데이터 읽기 실행

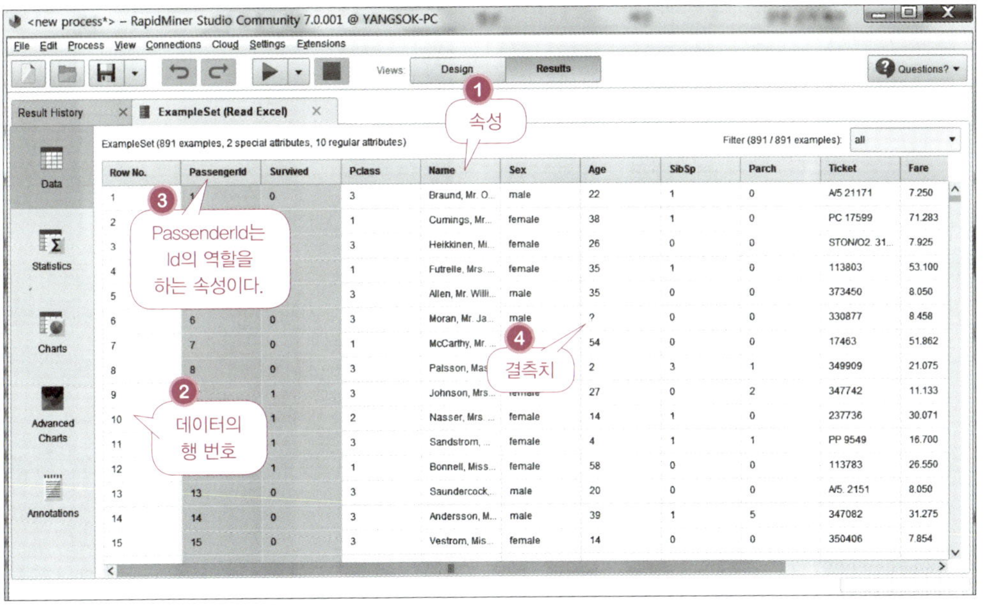

그림 5-14 결과 뷰-Data

Charts, Annotation 등의 메뉴를 갖는다. Example Set(Read Excel)를 클릭하면 읽어 들인 사례 테이블을 보여준다. 테이블 제목에 데이터 세트의 요약 정보를 보여준다(ExampleSet(891 examples, 2 special attributes, 10 regular attributes)). 이것은 사례 집합이 891개의 사례와 2개의 특별 속성, 10개의 정규 속성으로 구성되어 있다는 요약 정보이다. 테이블 헤더는 속성을 나타내고(그림 5-14의 ①), 첫 번째 열(Row No.)은 사례의 행 번호를 나타내고(그림 5-14의 ②), PassingerId의 속성은 데이터 세트에서 제공하는 식별자(indentifier)를 나타낸다(그림 5-14의 ③). 마지막으로 결측치였던 데이터는 값이 '?'로 표기되어 있다(그림 5-14의 ④).

기술 통계량

결과 뷰의 Statistics 메뉴를 실행하면 기본 통계량을 볼 수 있다. 래피드마이너는 수치 값인 경우 최솟값(Min), 최댓값(Max), 평균(Average), 분산(Deviation)을 범주 유형 값이 가장 적게 나온 값(Least), 가장 많이 나온 값(Most), 속성 값 별로 빈도(Values)를 보여준다(그림 5-15). 속성이 나와 있는 행을 클릭하면, 범주 유형의 경우 막대그래프를, 수치 유형인 경우에는 히스토그램을 같이 보여준다.

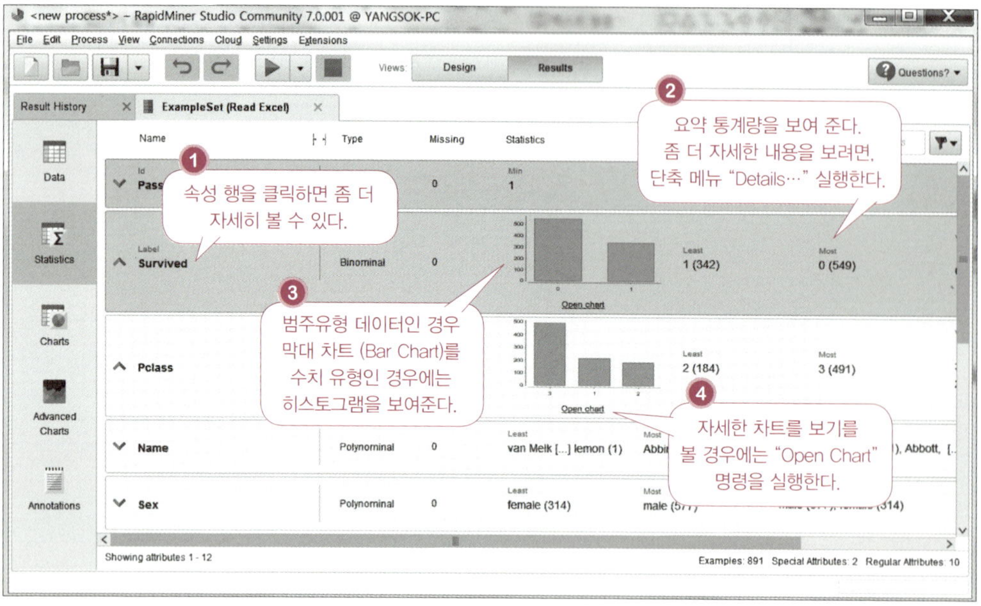

그림 5-15 결과 뷰-Statistics

예를 들어 탑승자의 승차권 등급을 나타내는 Pclass 속성(범주 속성)은 1등급이 216명, 2등급이 184명, 3등급이 491명으로 3등급 탑승자의 수가 다른 등급에 비해 훨씬 많은 것을 알 수 있다. 나이를 나타내는 Age 속성(수치 속성)을 보면, 최솟값은 0.420이고 최댓값은 80이다. 평균 연령은 29.699이고 분산은 14.626이다(그림 5-16).

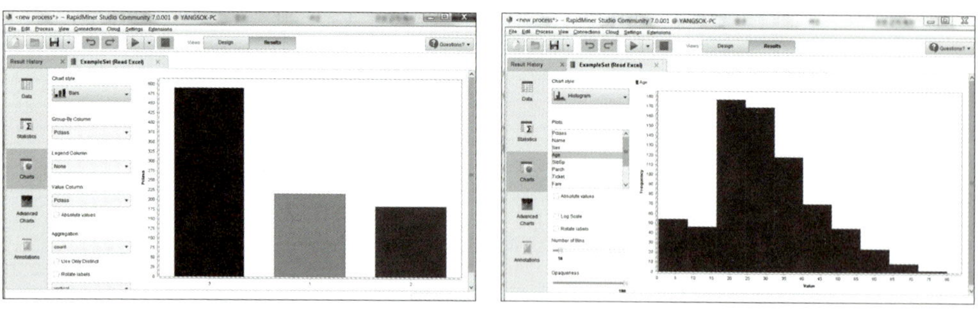

a) Pclass 막대 그래프　　　(b) Age 히스토그램

그림 5-16 결과 뷰 - Chart

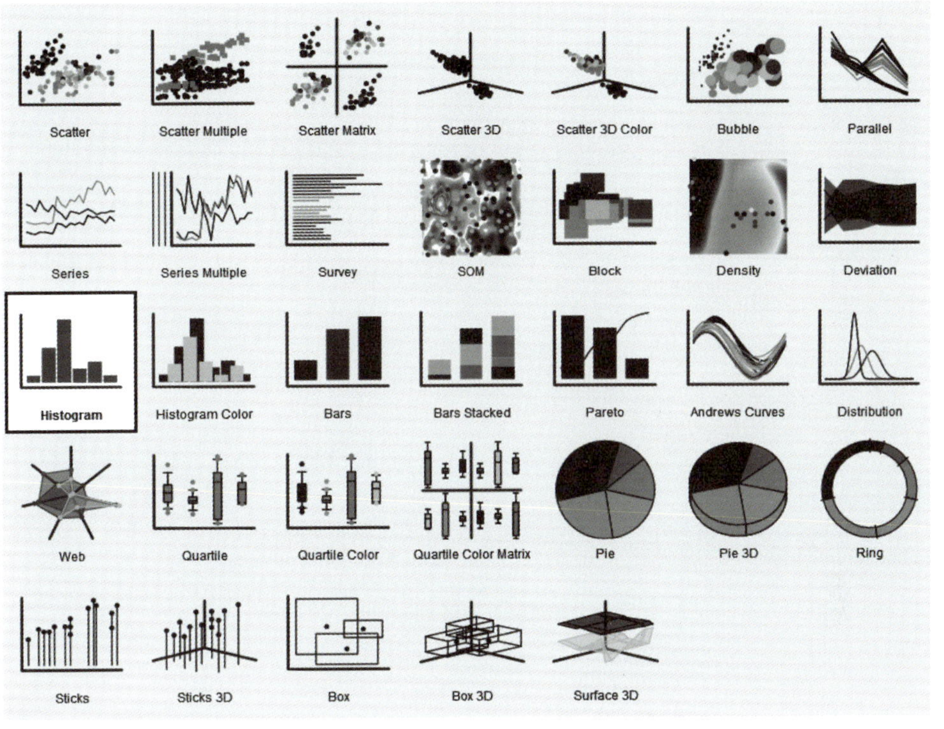

그림 5-17 제공되는 다양한 결과 뷰-Chart

차트를 활용한 데이터 시각화

래피드마이너는 다양한 데이터 시각화를 위한 다양한 그래프를 제공한다(그림 5-17). 이 책에서는 차트 사용에 대한 자세한 설명은 제공하지 않지만, 다양한 차트 활용 기법에 익숙하도록 연습을 하라.

5.3 분석 프로세스 저장하기

래피드마이너는 분석 프로세스를 설계한 후 저장하는 방법을 제공한다. 데이터 읽기를 설계한 후 분석 프로세스를 저장해보자. 프로세스를 저장하기 위해, File>Save Process를 실행하면, 'Repository Browser'가 활성화된다. Local Repository>Book_Beginner> process 폴더를 선택한 후 하단에 프로젝트 이름을 입력하는 텍스트 필드에 'Titanic Training Read Excel'이라고 입력하고, 'OK' 버튼을 클릭하여 저장한다. 현재 프로젝트가 Local Repository> Book_Beginner>process 폴더에 'Titanic Training Read Excel' 프

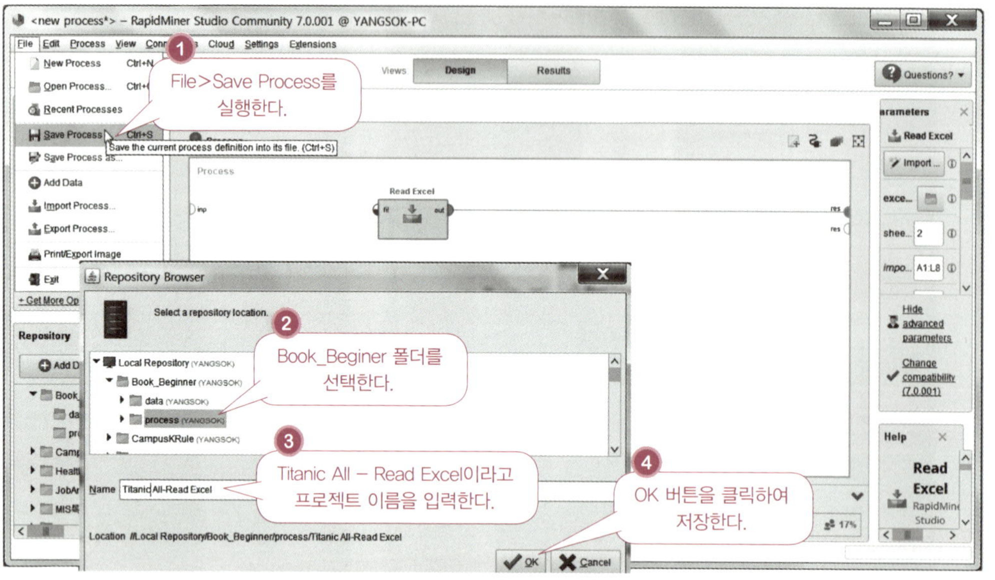

그림 5-18 프로세스 저장

로젝트로 저장되어 있는지 확인도록 하라!(그림 5-18)

저장 프로세스 읽어오기

저장된 프로세스를 읽어 들여 보자. 먼저 아이콘 바의 '새 프로젝트' 아이콘을 클릭하여 새 프로세스를 시작한다. 좌측 하단의 Local Repository>Book_Beginner 폴더를 클릭하면, 'Titanic'으로 저장된 프로젝트가 보인다. 이것을 클릭하면 위에서 저장한 프로젝트가 열린다(그림 5-19).

연습 5-1

데이터 세트 파일에는 4장에서 논의한 6개의 데이터 세트가 있다. 이번 장에서는 Titanic 데이터 세트를 읽는 프로세스를 설계하고 Local Repository에 저장하였다. 나머지 5개의 데이터 세트도 읽어 들여 아래와 같이 프로젝트로 저장하도록 하라.

① 소득 ⇒ Income
② 와인 ⇒ Wine
③ 고객 이탈 ⇒ Telco
④ 다이렉트 마케팅 ⇒ Bank
⑤ 붓꽃 ⇒ Iris

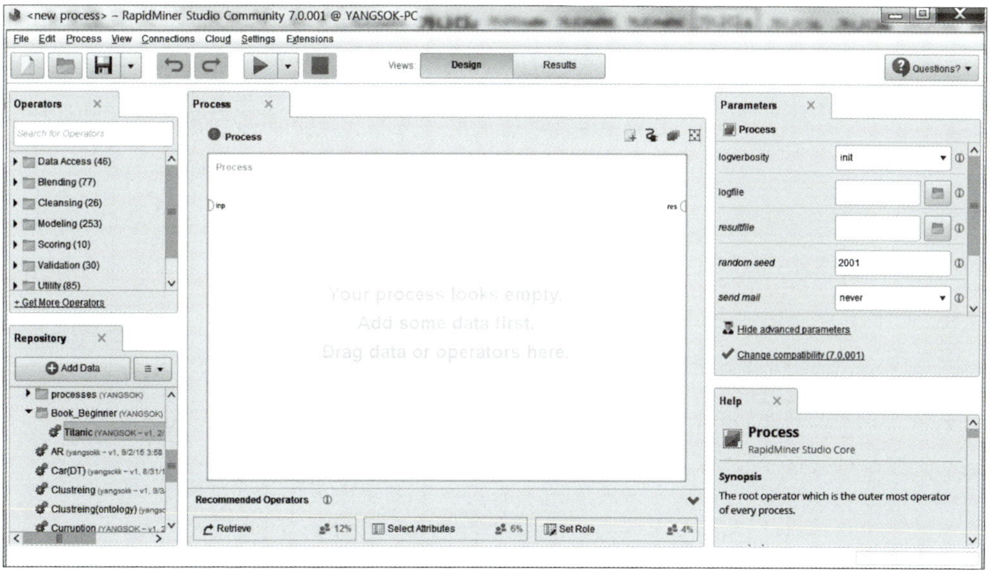

그림 5-19 저장 프로세스 읽어오기

5.4 모델 선택

모델 선택은 데이터 분석에서 문제해결을 위한 핵심 단계다. 래피드마이너는 다양한 모델 구축 방법을 지원한다. 모델은 지식을 표현하는 방법을 기준으로 보면 다음의 다섯 가지 유형의 모델이 있다.

사례 유사도 기반 모델

이 유형의 모델은 사례의 유사도(similarity)를 사용하여 지식을 표현한다. 예를 들어, 어떤 중고차 A의 등급이 알려져 있지 않은 경우, 등급이 정해져 있는 3대의 중고차 B, C, D 중 이것과 가장 유사한 중고차가 어떤 등급인지를 보고 A의 등급을 결정할 수 있다. 다른 사례에서는 붓꽃의 특성을 기준으로 유사도가 가장 가까운 몇 개의 그룹으로 나눌 수 있다. 첫 번째 예제는 k-NN이라고 알려진 분류 방법이고, 두 번째 예제는 k-Means라 알려진 군집화 방법이다.

규칙 기반 모델

이 유형의 모델은 일정한 조건(condition)이 만족되면 결론(conclusion)이 활성화되는 규칙(rule) 형태로 지식을 표현한다. 예를 들어 "만일 Contract=Month-to-month이고,

Internet Service=DSL이고, Total Charges<=310.47이고 Total Charges>109.100이면, 서비스를 지속적으로 사용할 것이다"라는 표현은 규칙으로 표현된 지식이다. Decision Tree, Decision Rule, Association Rule 등이 이런 유형의 모델에 속한다.

함수 형태 모델

이 유형의 모델은 지식을 함수(function) 형태로 표현한다. 대표적인 것이 선형회귀함수로 표현되는 모델이다. 예를 들어 대출의 신용 위험도가 현재 소득 수준에 반비례한다는 지식은 R이 신용 위험이고 X가 소득 수준이라고 할 때, R=0.3 – 0.2X라는 함수로 표현할 수 있다. Linear Regression, Logistic Regression, SVM 등이 이런 유형의 모델로 볼 수 있다.

확률 형태 모델

이 모델에서 지식은 확률(probability)로 표현된다. 특별히 어떤 사건 X가 일어났을 때 다른 사건 Y가 얼마나 발생할 것인지 여부를 나타내는 조건부 확률이 많이 사용된다. Naïve Bayes는 이런 모델에 속한다.

연결 형태 모델

이 지식은 속성과 다른 속성의 연결(connection) 모델로 표현될 수 있다. 각 속성의 값은 산출과 연관 관계가 있지만, 연결의 가중치는 속성에 따라 다르다. Neural Network는 대표적인 연결 모델이다.

위에서 제시한 모델 중에서 Logistic Regression, SVM, Neural Network 등은 좀 더 어려운 개념을 포함하고 있어 제외하였고, 기초적인 지식을 습득한다는 목적에 충실하기 위해 이 책에서는 Decision Tree, Decision Rule, Linear Regression, Naïve Bayes, k–NN 등에 대해서만 소개한다.

5.4.1 k–NN: 사례 유사도 기반 모델

기본 개념

k–근접 이웃 기법(k-Nearest Neighbors; 이하 k–NN)은 다른 모델링 기법과 달리 클래스 레이블과 예측 변수들 간의 관계에 대한 모델을 만들지 않는다. k–NN에서는 새로

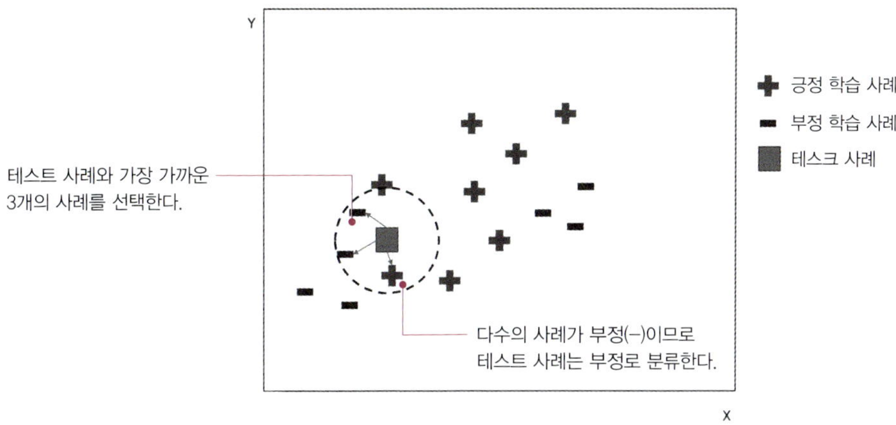

그림 5-20 k-NN에 의한 사례 분류

운 사례를 분류하거나 예측할 때, 학습 데이터 세트 내에 있는 k개의 가장 유사한 사례를 찾아 그들이 갖고 있는 레이블 값의 투표(voting) 또는 평균(averaging) 기법을 사용하여 예측에 사용한다. 그림 5-20은 k값이 3이라고 할 때, 테스트 사례에 가장 가까운 학습 사례 3개를 찾아 의사결정을 하는 과정을 보여 준다. 가장 가까운 사례가 하나의 부정 학습 사례와 두 개의 부정 사례로 구성되기 때문에, 테스트 사례는 부정 사례라고 예측하게 된다.

따라서 k-NN에서 중요한 문제는 1) 어떻게 유사한 사례를 찾을 것인가?, 2) 얼마나 많은 유사 사례(k)를 찾을 것인가?, 3) 어떻게 클래스 레이블에 대한 집계를 수행할 것인가? 등이다.

유사도 지표 선택

유사 사례를 찾기 위해 사례 간의 유사도(similarity) 또는 거리(distance)를 측정한다. 사례를 측정하는 문제는 처음에는 쉬워 보이지만, 조금만 생각하면 그리 쉽지 않은 문제라는 것을 알 수 있다.

사례의 유사도 측정을 위해서는 먼저 비교하고자 하는 사례의 속성 값이 무엇으로 구성되어 있는지를 알아야 한다. 속성은 순수하게 수치 유형 값으로 구성된 경우, 순수하게 범주 유형 값으로 구성되어 있는 경우, 마지막으로 혼합 형태로 구성되어 있는 경우 등이 있다. 일반적으로 속성이 순수하게 수치 유형인 경우에는 Euclidean

Distance와 Cosign Similarity 등이 많이 쓰이고, 순수하게 범주 유형인 경우 Jaccard Similarity가 많이 쓰인다.

유클리디안 거리(Euclidean Distance)는 수학자 유클리드가 제안한 것으로 두 점 간의 거리를 계산하는 방법으로 아래와 같은 수식을 사용한다.

$$E_d = \sqrt{\sum_{i}^{n}(p_i - q_i)^2} \qquad \text{식 (5.1)}$$

여기서 p_i와 q_i는 n차원 공간상에 두 점 P와 Q가 P=(p_1, p_2, ⋯, p_n)과 Q=(q_1, q_2, ⋯, q_n)이라는 벡터로 표현할 때 i번째 요소를 나타낸다. 즉 유클리디안 거리는 두 요소 간 차이의 제곱의 합의 제곱근으로 거리를 계산하는 것이다.

코사인 유사도(Cosign Similarity)는 내적 공간의 두 벡터 간 각도의 코사인 값을 이용하여 측정된 벡터 간의 유사한 정도를 의미한다. 각도가 0°일 때의 코사인 값은 1이며, 다른 모든 각도의 코사인 값은 1보다 작다. 따라서 이 값은 벡터의 크기가 아닌 방향의 유사도가 어느 정도인지를 판단하는 목적으로 사용되며, 두 벡터의 방향이 완전히 같을 경우 1, 90°의 각을 이룰 경우 0, 180°로 완전히 반대 방향인 경우 −1의 값을 갖는다. 이때 벡터의 크기는 값에 아무런 영향을 미치지 않는다. 코사인 유사도는 특히 결과 값이 [0,1]의 범위로 떨어지는 양수 공간에서 사용된다.

n차원 공간상에 두 점 P와 Q가 P=(p_1, p_2, ⋯, p_n)과 Q=(q_1, q_2, ⋯, q_n)이라고 하고 p_i와 q_i가 i번째 요소라고 할 때 코사인 유사도는 아래와 같이 정의된다.

$$C_s = \frac{P \cdot Q}{||A||\ ||B||} = \frac{\sum_i^n p_i \times q_i}{\sqrt{\sum_i^n (p_i)^2} \times \sqrt{\sum_i^n (q_i)^2}} \qquad \text{식 (5.2)}$$

이렇게 계산된 유사도는 −1에서 1까지의 값을 가지며, −1은 서로 완전히 반대되는 경우, 0은 서로 독립적인 경우, 1은 서로 완전히 같은 경우를 의미한다.

자카드 유사도(Jaccard Similarity)는 두 데이터 세트 간의 공통 원소들의 개수를 두 데이터 세트의 합집합의 원소 개수로 나눈 것으로 다음 식으로 정의된다.

$$J_s = \frac{|P \cap Q|}{|P \cup Q|} \qquad \text{식 (5.3)}$$

자카드 유사도는 0과 1 사이의 값을 가지는데, 값이 1이라는 것은 두 데이터 세트가 서로 동일하다는 것을 의미하며, 반대로 0일 때는 두 데이터 세트는 공통된 요소를 전혀 가지지 않는다는 것을 뜻한다.

최소 근접 이웃 k 설정

유사도 측정 지표가 결정되면 많은 유사한 집합을 예측에 사용할 것인지 결정해야 한다. 즉 k의 크기를 설정해야 한다. k값이 커질수록 학습 데이터 세트에 존재하는 잡음으로 인해 발생하는 과적합(overfitting) 문제를 제거할 수 있다. 반면에 k가 너무 크면 알고리즘의 장점 중 하나인 데이터의 세밀한 패턴을 놓치게 될 위험이 커진다. 극단적으로 k값이 전체 사례 집합라면 어떻게 될까? 이 경우에는 속성의 값과 관계없이 모든 사례를 학습 데이터 세트에서 가장 큰 비중을 차지하는 클래스 레이블로 분류하게 된다.

그러면 어떻게 k값을 결정할 것인가? 이에 대한 답은 "가장 분류 성과가 좋은 k를 구하면 된다"일 것이다. 즉 시험 데이터 세트를 사용하여 최적화할 수 있다. 그렇지만 사전에 알 수 있는 방법이 없을까? 많은 연구가 진행되고 있지만, 아직까지 모든 사람이 받아들이는 그런 기준은 없는 것 같다.

의사결정 방법

이제 k개의 유사한 사례를 학습 데이터 세트에서 찾았다고 하자. 그럼 어떻게 발견된 사례의 레이블을 분류나 예측을 위해 사용할 수 있을까? 가장 쉬운 방법은 다수결 방법(majority voting)을 사용하여 레이블이 많은 것을 제시하거나, 수치 데이터인 경우 레이블 값의 평균을 사용하는 방법이 일반적이다. 최신 연구에서는 단순한 투표 또는 평균이 아닌 중요도를 고려한 가중치 방법이 많이 제안되고 있다.

k-NN은 오늘날 가장 성능이 좋은 분류 알고리즘 중 하나다. 그것은 선형적으로 분리될 카테고리를 필요로 하지 않는다는 점에서 좋다. 단점은 데이터 세트의 크기가 커지면 분류의 계산 비용이 비교적 높다는 점이다. 즉, 각 사례에 대해 모든 사례에 대한 유사도가 계산되어야만 한다. 이 문제를 해결하기 위해 1) 주성분 분석과 같은 차원 감소 축소 방법으로 차원을 감소시키는 방법, 2) 근접 이웃의 검색을 단축시킬 수 있는

검색 트리(search tree) 같은 정교한 데이터 구조를 사용하는 방법, 3) 중복된 데이터를 제거하는 방법 등이 제안되었다. 최근 빅데이터 처리 기반인 맵리듀스(MapReduce)를 활용하여 계산의 효율을 높이려는 시도가 있다.

다른 한편으로 속성이 많아지면 잘 작동하지 않는다는 '차원의 저주(curse of dimensionality)'의 문제를 피할 수 없다. 데이터의 차원(dimensionality)이 증가할수록 해당 공간의 크기가 기하급수적으로 증가하기 때문에 동일한 속성을 갖는 사례는 차원이 증가할수록 급속도로 희박(sparse)해진다. 따라서 차원이 증가할수록 데이터의 분포 분석 또는 모델 추정에 필요한 사례가 기하급수적으로 증가하게 되는데 이러한 어려움을 표현한 용어가 '차원의 저주'이다.

k-NN을 활용한 분석 사례

■ k-NN 오퍼레이터

래피드마이너는 주어진 사례 집합으로부터 k-NN 모델을 생성하는 k-NN 오퍼레이터를 제공한다. 입력포트에는 학습 데이터 세트 입력포트 tra가 있고, 출력포트에는 모델 출력포트 mod와 사례 출력포트 exa가 있다(그림 5-21).

이 오퍼레이터의 주요 파라미터에는 k(인접 사례 수), weighted vote(가중된 투표), measure types(측정치 유형), measures(측정치) 등이 있다(그림 5-22).

- k 파라미터는 얼마나 많은 인접한 사례를 선택할 것인지 지정하는 파라미터로 양수이고 대부분 홀수 값이다.
- weighted vote(가중치 투표) 파라미터는 체크되면 분류 예측 시 사례의 가중치를 고

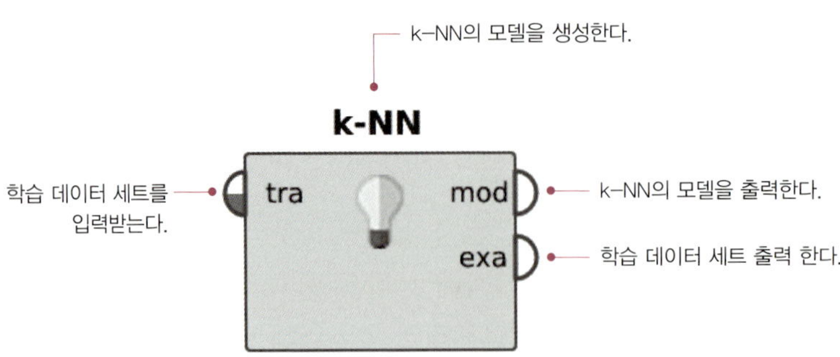

그림 5-21 k-NN 오퍼레이터

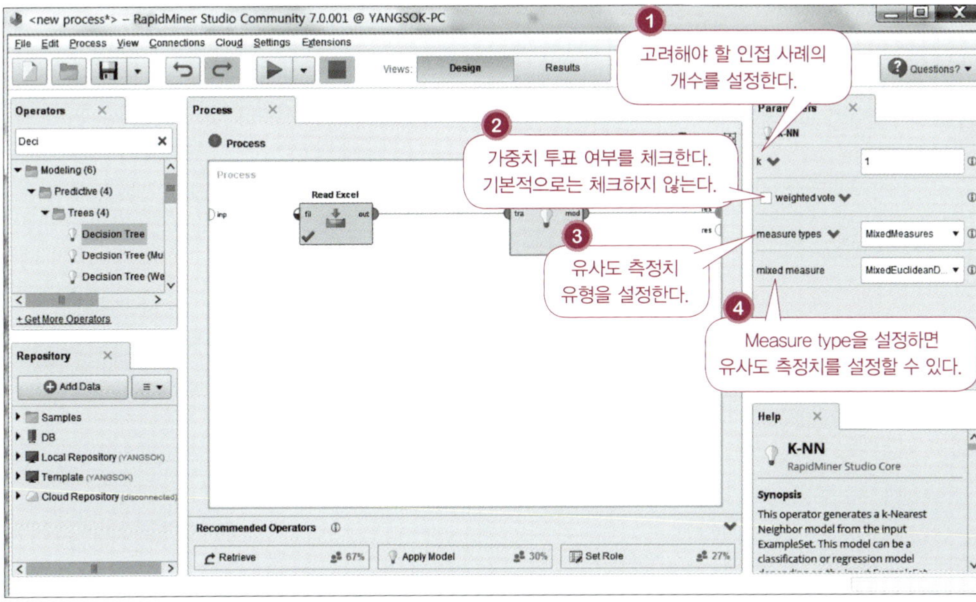

그림 5-22 k-NN 오퍼레이터의 파라미터 설정

려한다.

- measure types(유사도 측정치 유형) 파라미터는 유사도 측정의 속성 유형을 선택하는 데 사용된다. 속성 유형에는 혼합형(mixed measures), 범주 유형(nominal measures), 수치 유형(numeric measures), Bregman divergences 등의 유형이 있다.
- measures 파라미터는 measure types 파라미터를 설정하면 관련 측정 방법을 선택할 수 있도록 측정치 선택 리스트로 바뀐다. 예를 들어, 이번 예제에서 measure types은 mixed measures로 설정되었고, measures는 Mixed Euclidean Distance로 설정되었다. 각 measure types별 가용한 measures는 표 5-1에 정리되어 있다.

표 5-1 래피드마이너가 지원하는 유사도 지표

속성	유사도 측정 방법
수치 유형	Euclidean Distance, Camberra Distance, Chebychev Distance, Correlation Similarity, Cosign Similarity, Dice Similarity, Dynamic Time Warping Distance, Inner Product Similarity
범주 유형	Nominal Distance, Dice Similarity, Jaccard Similarity, Kulczynski Similarity Rogers Tanimoto Similarity, Russell Rao Similarity, Simple Matching Similarity
혼합형	Mixed Euclidean Distance

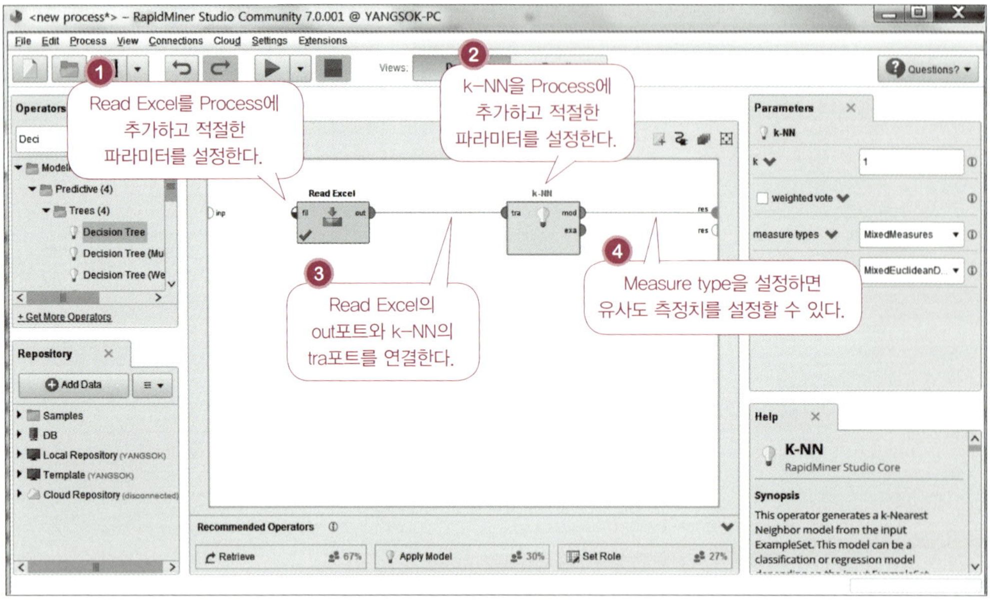

그림 5-23 k-NN 분석 프로세스

■ k-NN 분석 프로세스

타이타닉 데이터 집합을 k-NN을 이용하여 분석 프로세스를 설계해 보자. 저장소 패널에 저장되어 있는 Titanic 프로젝트를 열어보자. Read Excel과 Process의 res 포트 사이에 k-NN을 끌어다 놓고 그림 5-23과 같이 연결한다. k-NN 오퍼레이터의 파라미터는 표 5-2와 같이 설정한다. K-NN의 전체 분석 프로세스는 부록의 k-NN 분석 알고리즘 프로세스를 참조하라.

위에서 설명한 것처럼 k-NN은 실제로 모델을 생성하지 않고, 학습 사례와 검증 사례

표 5-2 k-NN오퍼레이터의 파라미터 설정

파라미터	설명	예시
K	고려할 인접한 사례 설정	5
weighted vote	사례의 가중치를 고려할지 여부 설정	체크하지 않음.
measure types	유사도 측정의 속성 유형 설정	Mixed Measures 선택
measures	유사도 측정 방법을 선택	Mixed Euclidean Distance 선택

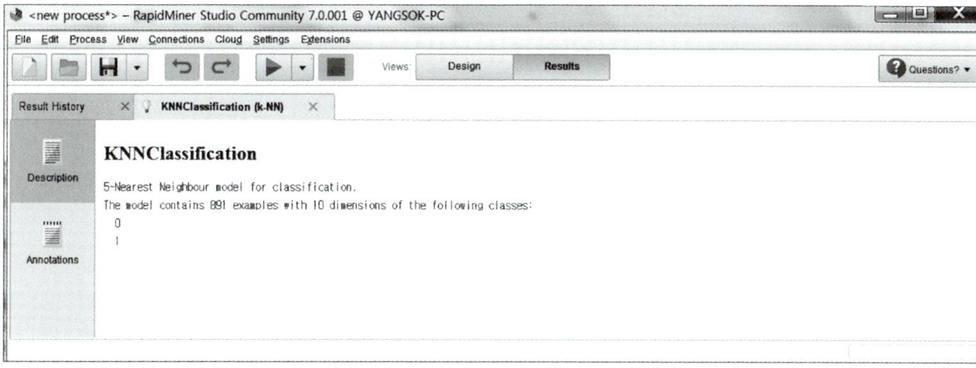

그림 5-24 k-NN 분석 프로세스 결과

를 비교하여 가장 가까운 사례를 찾기 때문에 프로세스를 실행하면 그림 5-24와 같은 결과를 생성한다. 아직까지는 k-NN을 어떻게 사용하는지에 대한 설명을 할 수 없다. k-NN을 활용하여 예측하려면 5.4절에서 설명할 모델 적용 오퍼레이터(Apply Model)를 사용하여야 한다.

■ k-NN 분석 프로세스 저장

이번에 분석한 k-NN의 분석 프로세스를 "File > Save Process as…" 메뉴를 활용해

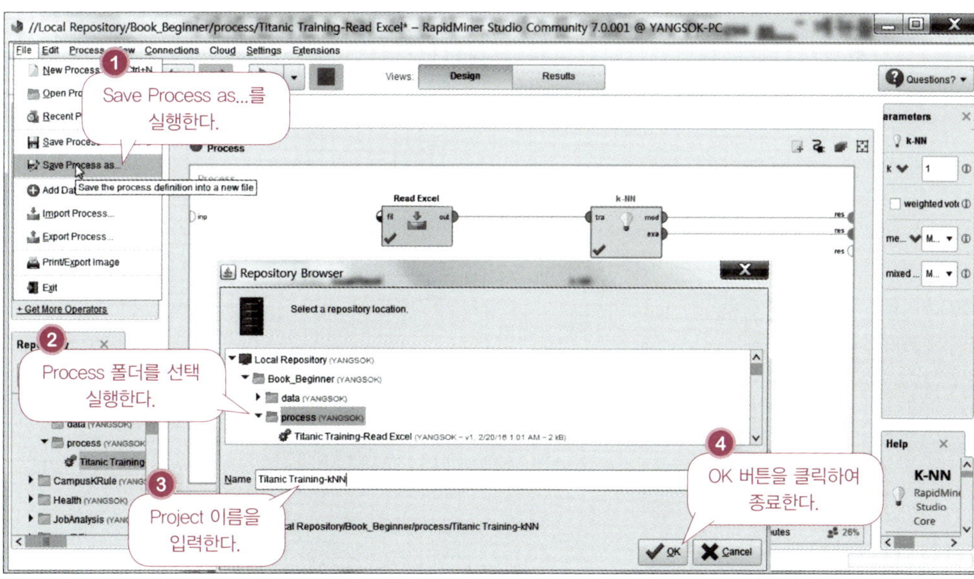

그림 5-25 k-NN 분석 프로세스 저장

"Local Repository > Book_Bigginer > process" 폴더에 "Titanic Train k-NN"이란 프로젝트로 저장하라(그림 5-25 참조).

5.4.2 Decision Tree: 규칙 기반 모델

기본 개념

Decision Tree 모델은 그림 5-26의 예제처럼 트리 형태로 의사결정규칙(decision rule)을 조직화한다. 이 예제에서 Decision Tree는 속성 X와 Y에 따라 사례를 긍정 또는 부정으로 분류하기 위해 사용한다. Decision Tree에서 각 노드는 의사결정에 사용되는 속성을 나타내고, 가지(branch)는 의사결정에 적용되는 조건을 나타낸다. 트리의 가장 끝에 있는 리프 노드(leaf node)는 결론으로 주어지는 의사결정을 나타낸다(예, 긍정 또는 부정). 예를 들어, 첫 번째 노드는 속성 X가 의사결정에 사용되는데, X_0이 사례를 분할하는 조건으로 정해진다. 즉, 사례를 X가 X_0보다 큰 경우($X>X_0$)와 X가 X_0보다 작거나 같은 경우($X \leq X_0$)로 분할할 수 있다. 우측 가지인 경우($X \leq X_0$)에는 모든 사례가 부정 사례이기 때문에 부정이 리프 노드가 된다. 좌측 가지의 경우($X>X_0$), 긍정과 부정이 섞여 있기 때문에 다시 분할해야 한다. 이번에는 X가 X_1보다 큰 경우($X>X_1$)와 X가 X_1보다 작거나 같은 경우($X \leq X_1$)로 분할할 수 있다. 우측 가지인 경우($X \leq X_1$)에는 모든 사례가 긍정 사례이기 때문에 긍정이 리프 노드가 된다. 좌측 가지의 경우($X> X_0$), 긍정과 부정이 섞여 있기 때문에 다시 분할해야 한다. 이번에는 Y가 Y_0보다 큰 경

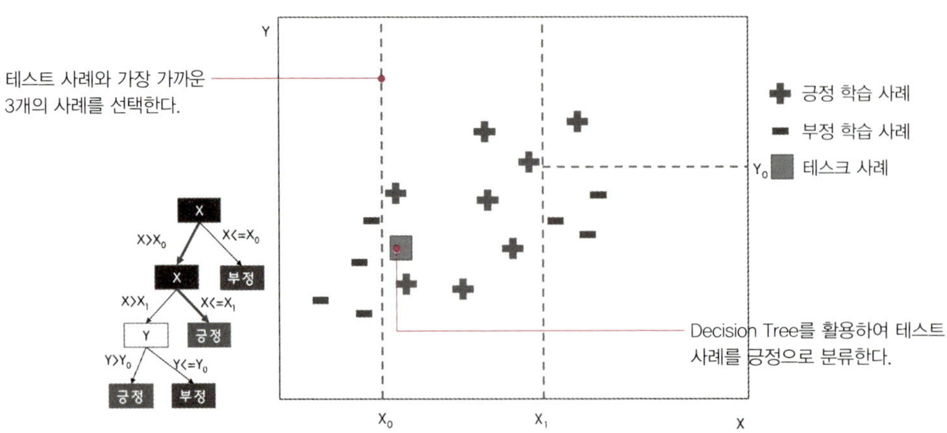

그림 5-26 Decision Tree에 의한 사례 분류

우($Y > Y_0$)와 Y가 Y_0보다 작거나 같은 경우($Y \le Y_0$)로 분할할 수 있다. 이렇게 분할하면 모든 리프 노드가 단일 클래스 사례를 갖는 노드가 되고 각 노드는 긍정($Y > Y_0$)과 부정($Y \le Y_0$) 노드가 된다.

알고리즘

일반적으로 의사결정트리는 성장(growing)과 가지치기(pruning)라는 두 과정으로 구성된다. 성장(growing) 단계에서는 분석의 목적과 자료구조에 따라서 적절한 분리 기준(split criterion)과 정지규칙(stopping rule)을 지정하여 의사결정트리를 얻는다. 반면 가지치기(pruning) 단계에서는 분류 오류를 크게 할 위험이 높거나 부적절한 규칙을 가지고 있는 가지(branch)를 제거하는 단계이다.

의사결정트리 성장 단계

의사결정트리 성장에 있어 가장 중요한 부분은 의사결정을 위한 속성을 선택하는 부분이다. 잘 알려진 최적의 속성을 찾는 방법에는 정보 획득량(information gain), 정보 획득량 비율(information gain ratio), 지니계수(Gini index), 분류 오류(classification error) 등이 있다.

■ 정보 획득량

정보 획득량(Information Gain)을 이해하려면 먼저 엔트로피라는 개념을 이해해야 한다. 사례 집합의 엔트로피(entropy)는 불순도(impurity) 또는 혼잡도(disorder)라고 한다. 이항 분류 문제에서 사례 집합 S가 긍정 사례(positive examples)를 p_t비율(긍정 사례/전체 사례)만큼, 부정 사례(negative examples)를 p_f비율(부정 사례/전체 사례)만큼 가지고 있다고 할 때, 엔트로피는 다음과 같이 정의된다.

$$\text{Entropy}(S) = -p_t log_2(p_t) - p_f log_2(p_f) \qquad \text{식 (5.4)}$$

만약 모든 사례가 하나의 클래스 레이블에 속하면, $0log_2(0)$의 값은 0이기 때문에 엔트로피는 0이 된다. 또한 사례가 균등하게 긍정과 부정 클래스 레이블에 분산되어 있으면, 엔트로피는 0.5가 된다($-0.5log_2(0.5) - 0.5log_2(0.5)$). 엔트로피는 S에 있는 사례의 클래스를 인코딩하기 위해 평균적으로 요구되는 비트 수로 볼 수 있고, 짧은 코드가 더 바람직한 경우로 볼 수 있다. n의 레이블을 가진 클래스가 있는 경우에 엔트로피는 다음과 같이 일반화된다.

$$\text{Entropy(S)} = \sum_{i=1}^{n} -p_i log_2(p_i) \qquad \text{식 (5.5)}$$

정보 획득량은 속성 F가 사례를 분류하기 위해 사용되었을 때 엔트로피가 얼마나 줄어들지를 보여주는 측정치이다. 정보 획득량은 로스 퀸란의 ID3 알고리즘에 사용되는데 다음과 같이 정의된다. 현재 노드에서의 엔트로피를 *Entropy*(*S*)에 어떤 속성 F를 선택하여 사례 집합을 분할한 후, 각 분할된 노드의 엔트로피의 합을 $Entropy(S_F)$라고 할 때 아래와 같이 정의된다.

$$IG_F = Entropy(S) - Entropy(S_F) \qquad \text{식 (5.6)}$$

$Entropy(S_F)$는 다음과 같이 계산된다.

$$Entropy(\mathrm{S}_F) = \sum_{v_i \in Values(F)} \frac{|S_{v_i}|}{|S|} Entropy(\mathrm{S}_{v_i}) \qquad \text{식 (5.7)}$$

여기에서 v_i는 속성 F의 한 속성 값을, S_{vi}는 속성 F의 한 속성인 v_i를 값으로 하위 집합, $Entropy(S_{vi})$는 S_{vi}의 엔트로피를 나타내며, $|S_{vi}|/|S|$는 속성 F로 분할되기 전의 전체 사례 집합 대비 S_{vi} 비율이다.

■ 정보 획득량 비율

정보 획득량 비율(Information Gain Ratio)을 이해하기 위해서는 본질적 가치(intrinsic value)를 먼저 알아야 한다. 본질적 가치는 정보 획득량의 특정한 속성 값에 속하는 사례의 개수에 의해 영향을 받는다는 사실에 근거를 두며, 다음과 같이 정의된다.

$$IV_F = \sum_{v_i \in Values(F)} \frac{|S_{v_i}|}{|S|} log_2(\frac{|S_{v_i}|}{|S|}) \qquad \text{식 (5.8)}$$

정보 획득량 비율은 정보 획득량을 본질적 가치로 나누어서 얻을 수 있다.

$$IGR_F = IG_F / IV_F \qquad \text{식 (5.9)}$$

정보 획득량은 속성 값이 많은 속성으로 의사결정트리를 학습하는 경향이 있는데 정보 획득량 비율은 이 문제를 해결할 수 있게 한다. 예를 들어 비즈니스 고객을 기술하는 데이터를 가지고 의사결정트리를 생성한다고 하자. 정보 획득량은 어떤 속성이 가장 관련성이 있는지를 결정하기 위해 사용된다. 고객의 신용카드 숫자가 있을 수 있는데, 이 속성은 각 고객을 독특하게 식별하기 때문에 높은 정보량을 가진다. 그러나 우리는 그것을 의사결정트리에 포함하지는 않을 것이다. 왜냐하면, 신용카드 번호로는 일반화된 모델을 생성할 수 없기 때문이다.

정보 획득량 비율은 ID3을 개선하여 로스 퀸란이 제안한 C4.5 의사결정트리 알고리즘에 사용되었다. C4.5는 의사결정트리의 대표적인 알고리즘으로 연구와 비즈니스에 많이 사용되고 있다.

■ 지니계수

지니계수(Gini Index)는 브리만(Bruce Berman)의 CART(Classification and Regression Trees) 알고리즘에서 범주형 종속변수인 경우에 사용되었다. 지니 계수는 각 마디에서의 불순도 또는 다양도(diversity)를 측정하는 측정치로 아래와 같이 정의된다.

$$\text{Gini Index(S)} = 1 - \sum_{i=1}^{n} {p_j}^2 \qquad \text{식 (5.10)}$$

여기에서 p_j는 전체 사례 중 j번째 클래스 레이블일 확률이다.

■ 분류 오류 지수

마지막으로 살펴볼 분기 속성 선택 측정치에는 분류 오류라는 지표가 있다. 분류 오류 지표수(Classification Error Index)는 다음과 같이 정의된다.

$$\text{Classification Error Index(S)} = 1 - \max\{p_j\} \qquad \text{식 (5.11)}$$

트리 생성 정지 조건

Decision Tree의 생성은 트리를 생성하는 함수를 재귀적으로 호출하여 데이터 세트를 재귀적으로 분할(recursive partitioning)하며 생성된다. 이런 재귀적 반복은 알고리즘의 일정 조건을 멈출 수 있다. 정지 조건에는 다음과 같은 것이 있다.

- **최소 분할 크기**: 현재 하위 트리에 속하는 사례의 숫자가 일정 개수 이하가 되면 멈춘

다. 최소 분할 크기 파라미터를 사용하여 조정할 수 있다.

- **임계치:** 속성 중에 어떤 것도 일정한 임계치에 도달하지 못하면 멈춘다. 이것은 최소 정보 획득량 파라미터(gain)를 사용하여 조정할 수 있다.
- **최대 트리 깊이에 도달 시:** 트리 최대 깊이(maximal depth)에 도달하면 멈춘다. 최대 깊이 파라미터에 의해 조정될 수 있다.

과적합과 가지치기

이제 최적의 속성 선택 기준을 적용해 위에서 설명한 알고리즘으로 의사결정트리 생성을 완료했다고 하자. 남은 과정은 의사결정트리의 과적합 문제를 해결하기 위해 가지치기를 해야 한다. 과적합은 학습된 모델이 너무 과도하게 학습된 데이터에만 적합화되어 모델의 일반화 속성을 잃게 된 것을 말한다. 과적합된 모델을 테스트 데이터에 적용하면 오류 발생 확률이 크게 증가한다. 의사결정트리 방법에서는 이런 문제를 해결하기 위해 가지치기(pruning)를 한다.

가지치기 방법에는 사전 가지치기(pre-pruning)와 사후 가지치기(post-pruning) 방법이 있다. 사전 가지치기는 일정한 조건이 만족되면 더 이상 트리를 구축하지 못하게 하는 반면에, 사후 가지치기는 일단 가지치기 없이 의사결정트리를 생성한 후에 일정한 조건에 따라 하위 트리를 제거한다. Reduced-Error Pruning, Pessimistic Pruning, Cost-Complexity Pruning, Rule Post-Pruning 등 다양한 가지치기 방법이 개발되었다.

의사결정트리의 장점은 의사결정 과정을 사용자가 좀 더 쉽게 이해할 수 있다는 점이다. 또 다른 장점은 이론적으로 어떤 사례이든지 분류될 수 있다는 점이다. 의사결정트리 모델은 분할 후 정복(divide & conquer) 전략으로 수행된다. 즉, 문제 공간이 속성의 연속적인 선택에 따라 하위 공간으로 연속적으로 분할된다. 따라서 모든 사례는 그것이 맞든 틀리든 적어도 하나의 분류에 속할 것이다.

Decision Tree를 활용한 데이터 분석 사례

■ Decision Tree 오퍼레이터

이 오퍼레이터는 범주형 또는 수치형 데이터의 분할을 위한 의사결정트리 모델을 생성하기 위해 사용한다. 이 오퍼레이터는 검증 사례 집합 입력포트 tra와 의사결정트리 모델 출력포트 mod와 사례 집합 출력포트 exa가 있다(그림 5-27).

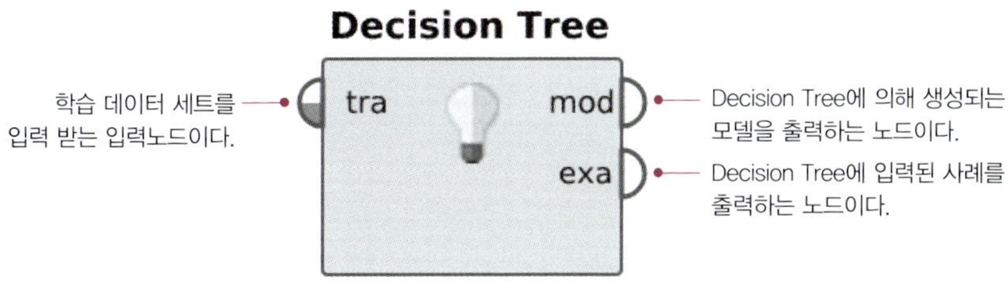

그림 5-27 Decision Tree오퍼레이터

Decision Tree에는 설정해 주어야 할 파라미터로 criterion(기준치), maximal depth(최대 깊이), applying pruning(가지치기 적용), apply prepruning(사후 가지치기 적용) 등이 있다. 또한 applying pruning 파라미터를 체크하면 confidence(신뢰도) 파라미터, apply prepruning 파라미터를 체크하면 minimal gain(최소 정보 획득), minimal leaf size(최소 리프 크기) 등의 파라미터들이 활성화된다.

- criterion 파라미터는 Decision Tree의 의사결정 노드를 선택하기 위해 어떤 기준을 채택할지 지정하기 위해 사용한다. 정보 획득량(Information gain), 정보 획득량 비율(Gain ratio), 지니 계수(Gini index)에 대해서는 앞의 설명을 참조하라. 정확도(Accuracy)는 전체 트리의 정확성을 최대화하는 분할을 위한 속성을 선택한다.
- 최대 트리 깊이(maximal depth) 파라미터는 Decision Tree를 얼마나 깊이 생성할 것인가에 대한 설정을 위해 사용한다. 트리의 깊이는 사례 집합의 크기와 특성에 의존한다. 이 파라미터는 트리의 크기를 제한하기 위해 사용된다. 트리 생성 절차는 트리 깊이가 최대 트리 깊이에 도달하면 학습을 중단한다. 이 값이 −1로 설정되면 트리의 깊이에 제한을 두지 않고 최대 깊이의 트리가 생성된다. 만약 이 파라미터 값이 1로 설정되면 단일 노드만 생성된다.
- 가지치기에는 사전과 사후 가지치기가 있다. 가지치기 적용(applying pruning) 파라미터는 사후 가지치기를 할 것인지에 대한 설정을 하는 파라미터이다. 기본은 파라미터가 체크되어 있으며, 체크가 해제되면 가지치기가 실행이 안 된다. Decision Tree 오퍼레이터는 비관적 에러 계산(pessimistic error calculation of pruning)에 기반을 둔 가지치기를 수행한다. 신뢰수준(confidence) 오퍼레이터는 가지치기 적용 파라미터가 체크될 때만 활성화되며, 사용되는 신뢰도 수준을 정하기 위해 사용한다.
- 사후 가지치기 적용(apply prepruning) 파라미터는 사전 가지치기를 적용할지 여부

를 설정하기 위해 사용된다. 기본적으로는 사전 가지치기가 적용되도록 되어 있고, 이를 해제하면 사전 가지치기가 적용되지 않은 트리가 생성된다.

■ Decision Tree 분석 프로세스

소득 데이터 집합을 Decision Tree를 이용하여 분석 프로세스를 설계해 보자. 먼저 Income 프로젝트를 열고 Decision Tree를 그림 5-28과 같이 끌어다 놓고, tra 포트

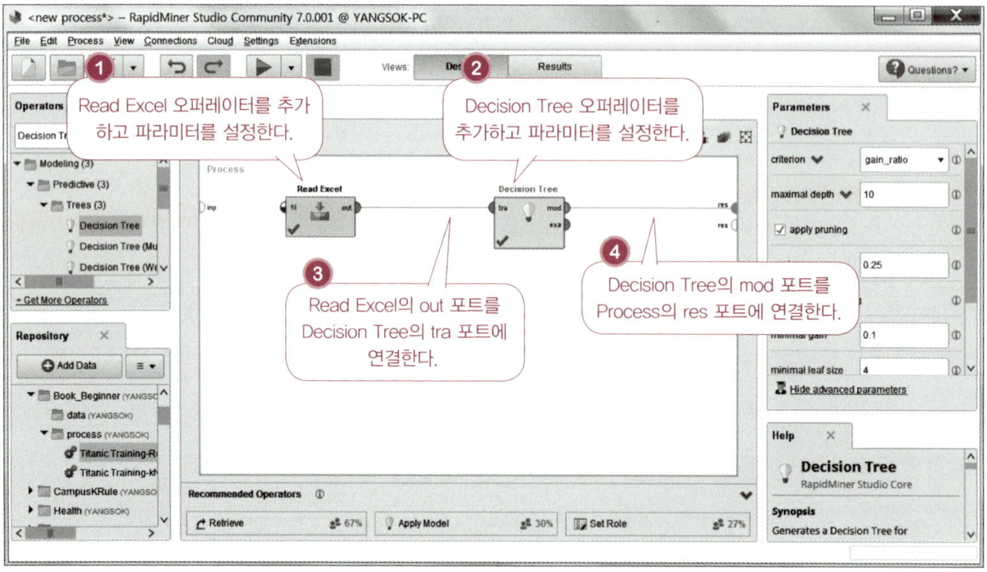

그림 5-28 Decision Tree 오퍼레이터 분석 프로세스

표 5-3 Decision Tree 파라미터 설정

파라미터	하위 파라미터	설정 예시
criterion		gain_ratio
maximal depth		8
apply pruning		체크함
	confidence	0.25
apply prepruning		체크함
	minimal gain	0.1
	minimal leaf size	2

와 mod 포트를 Read Excel의 out 포트와 Process의 res에 연결한다. Decision Tree의 파라미터는 표 5-3과 같이 설정한다. Decision Tree의 전체 분석 프로세스는 부록의 Decision Tree 알고리즘 분석 프로세스를 참조하면 된다.

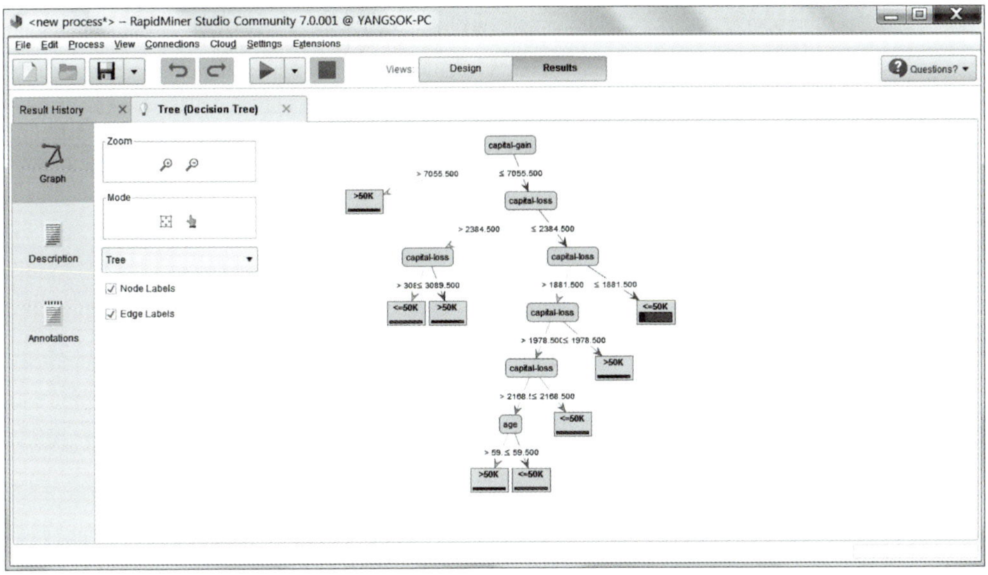

그림 5-29 Decision Tree 분석 결과 - Graph

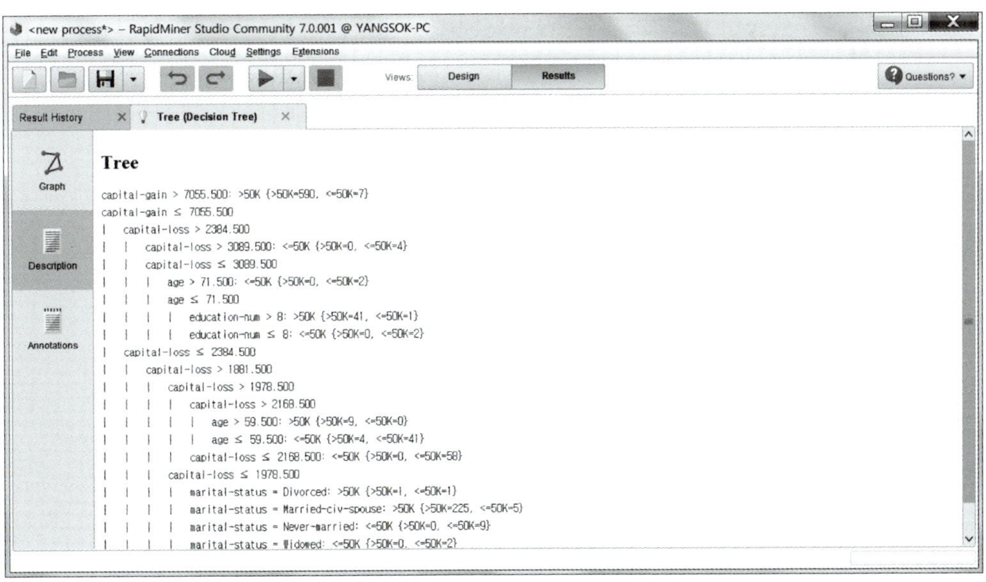

그림 5-30 Decision Tree 분석 결과 - Description

Decision Tree 분석 프로세스 저장

소득 데이터 분석을 위해 수행한 분석 프로세스를 "File>Save Process as…" 를 실행하여 "Local Repository>Book_Bigginer>process"에 "Income Training Decision Tree"로 저장하자.

Decision Tree 활용

아래 사례를 살펴보자. 이 사람의 소득은 5만 불이 넘을까 아니면 5만 불이 안될까? 이 질문에 어떻게 Decision Tree를 사용할까?

> age=25.0, workclass=Private, Eeducation=11th, education-num=7.0, marital-status=Never-married, occupation=Machine-op-inspct, relationship=Own-child, race=Black sex=Male, capital-gain=.0, capital-loss=.0, hours-per-week=40.0, native-country=United-States

Decision Tree를 통한 의사결정 방법이 그림 5-31에 설명되어 있다. 첫 의사결정 노드는 자본이득(capital-gain)이다. 이 사람은 자본이득이 0이기 때문에 capital-gain <=7055.50 가지를 타고 내려간다. 이번 결정 노드는 자본손실(capital-loss)이다. 이 사

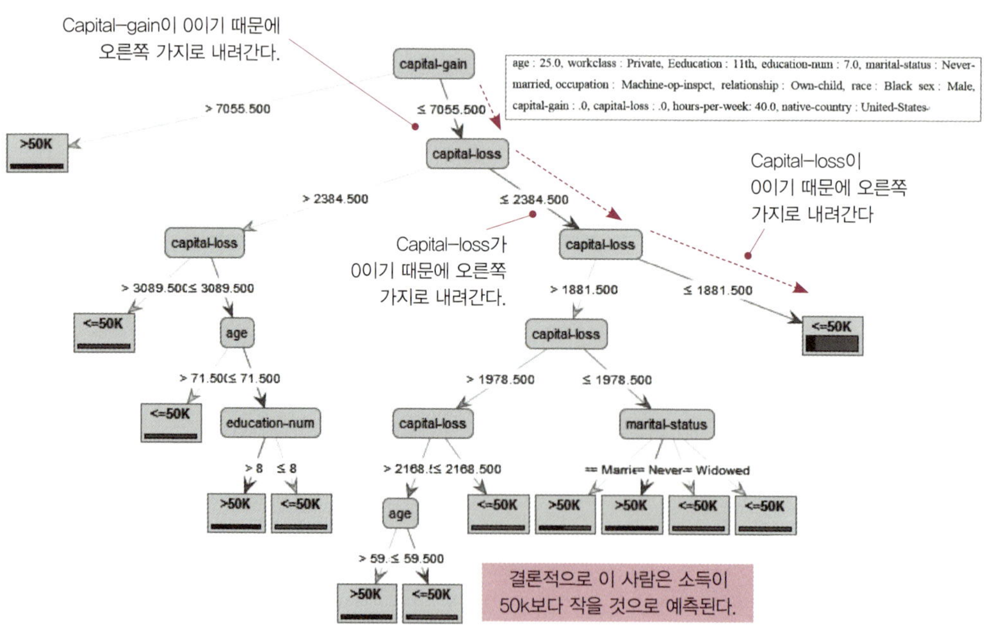

그림 5-31 Decision Tree를 활용한 의사결정 사례

람은 자본손실이 0이기 때문에 capital-loss<=2384.50 가지를 타고 내려간다. 다음 의사결정 노드는 다시 자본손실이 되며 capital-loss<=1881.50 가지를 타고 내려가며, Income<=50K라는 마지막 의사결정 노드에 이르게 된다. 이 결론은 얼마나 믿을 만할까? 의사결정 노드에 그려져 있는 박스가 이에 대한 정보를 제공한다. 박스의 크기는 얼마나 많은 학습 사례가 해당 의사결정 노드에 분류되었는지를 설명한다. 빨간색과 파란색으로 구성된 박스는 얼마나 많은 학습 사례가 이 의사결정을 지원하는지 설명해 준다. 박스가 모두 파란색으로 된 경우는 그 노드에 분류된 학습 사례가 모두 50K보다 크다(>50K)는 의미이고, 모두 빨간색인 경우에는 학습 사례가 모두 50K보다 작거나 같다(<=50K)는 의미이다. 결론에 도달한 의사결정 노드는 파란색과 빨간색이 섞여 있는데 이는 이 노드에 분류된 사례가 모두 하나의 클래스 레이블을 갖지는 않는다는 의미이다. 빨간색 부분이 압도적으로 크기 때문에 이 사람이 5만 불보다 적거나 같은 소득을 갖는다는 예측은 신뢰도가 크다고 볼 수 있다.

연습 5-2

Decision Tree는 산출에 영향을 미치는 다양한 파라미터가 있다. 다른 파라미터를 그대로 두고 criterion 파라미터를 조정하여 어떤 Decision Tree가 생성되는지 확인해 보라. 위의 사례를 활용하여 다른 criterion 파라미터를 사용할 때, 어떤 의사결정을 내리게 되는지 확인해 보자.

연습 5-3

Decision Tree는 산출에 영향을 미치는 다양한 파라미터가 있다. 다른 파라미터를 그대로 두고 maximal depth 파라미터를 조정하여, 어떤 Decision Tree가 생성되는지 확인해 보라. 위의 사례를 활용하여 다른 criterion 파라미터를 사용할 때, 어떤 의사결정을 내리게 되는지 확인해 보자.

5.4.3 Decision Rules: 규칙 기반 모델

기본 개념

Decision Rules 모델링 방법은 IF(조건) THEN(결론)의 형태를 갖는 다수의 의사결정 규칙(decision rules)으로 구성된 모델을 생성한다. 그림 5-32에서 Rule 1은 학습 사례로부터 생성된 의사결정 규칙이고, 주어진 검증 사례가 Rule 1을 만족시키기 때문에 분류는 긍정이 된다.

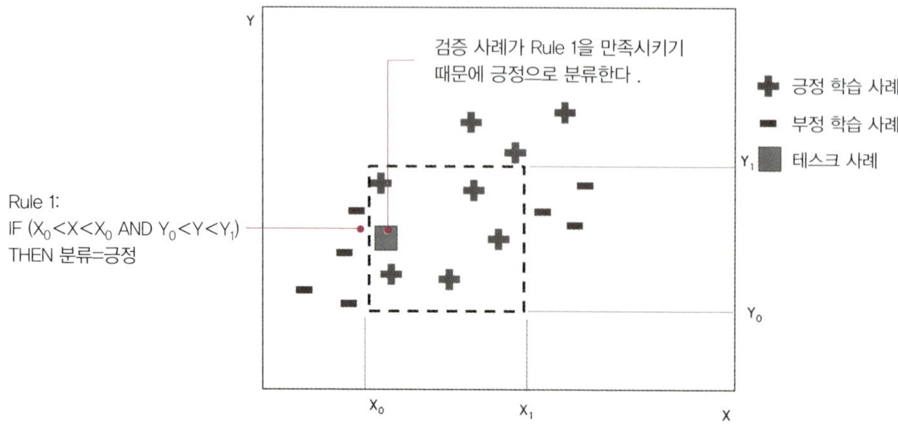

그림 5-32 Decision Rule에 의한 사례 분류

Decision Tree를 Decision Rules로 변경하기

Decision Rules 모델을 생성하는 방법은 Decision Tree를 생성한 후 규칙을 도출하는 방법과 커버링 원칙(covering principle)에 의해 독립적인 규칙을 생성하는 방법이 있다. 이 책에서는 앞의 것만 논의하도록 한다.

Decision Tree를 사용하여 사례를 분류할 때, 루트 노드로부터 하나의 리프 노드에 이르는 경로의 모든 조건(X_1, X_2, ⋯, X_n)을 만족시킬 때, 리프 노드의 클래스로 예측한다. 이런 경우는 다음과 같은 규칙으로 표현할 수 있다.

$$\text{if } X_1 \wedge X_2 \wedge \cdots \wedge X_n \textbf{ then } \textit{class c}$$

이런 방법으로 각 리프 노드를 Decision Rule로 다시 변경하는 것은 원칙적으로 모든

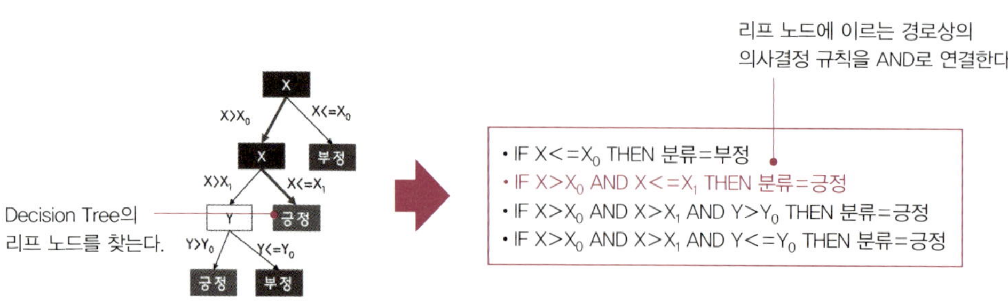

그림 5-33 Decision Tree에서 Decision Rules을 학습하는 방법

리프에 대해 규칙을 생성하기 때문에 트리보다 더 간단할 수는 없다. 그러나 조건(X_1, X_2, ⋯, X_n) 중에는 규칙의 정확성에 영향을 미치지 않는 부가적인 조건을 제거하는 것에 의해 일반화될 수 있기 때문에 일반화된 규칙은 트리보다 더 단순한 형태를 가질 수 있다.

Tree to Rules를 활용한 데이터 분석 사례

■ Tree to Rules 오퍼레이터

이 오퍼레이터는 Decision Tree 모델로부터 규칙을 결정한다. 이 오퍼레이터는 중첩 오퍼레이터(nested operator)로 하위 프로세스를 갖는다. 하위 프로세스는 사례 집합으로부터 트리 모델을 학습하는 오퍼레이터를 가져야만 한다. 이 오퍼레이터의 입력포트는 학습 사례 집합 입력포트 tra가 있고, 출력포트에는 의사결정 규칙 모델을 제공하는 출력포트 mod와 입력된 사례 집합을 출력하는 출력포트 exa가 있다. Tree to Rules 오퍼레이터는 따로 설정해주어야 할 파라미터가 없다(그림 5-34).

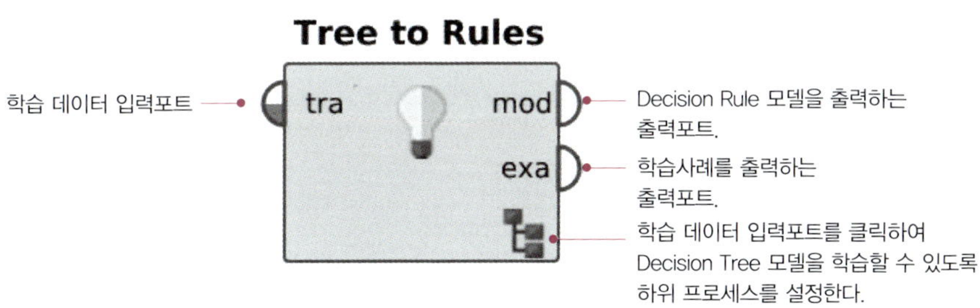

그림 5-34 Tree to Rules 오퍼레이터

■ Tree to Rules 분석 프로세스

통신회사 데이터 집합을 Decision Tree를 이용하여 분석 프로세스를 설계해보자. 먼저 Telco 프로젝트를 열고 Tree to Rules를 그림 5-35와 같이 프로세스 패널에 놓고, tra 포트와 mod 포트를 Read Excel의 out 포트와 Process의 res에 연결한다. 상세 분석 프로세스는 부록 "Tree to Rule 알고리즘 분석 프로세스"를 참조하라.

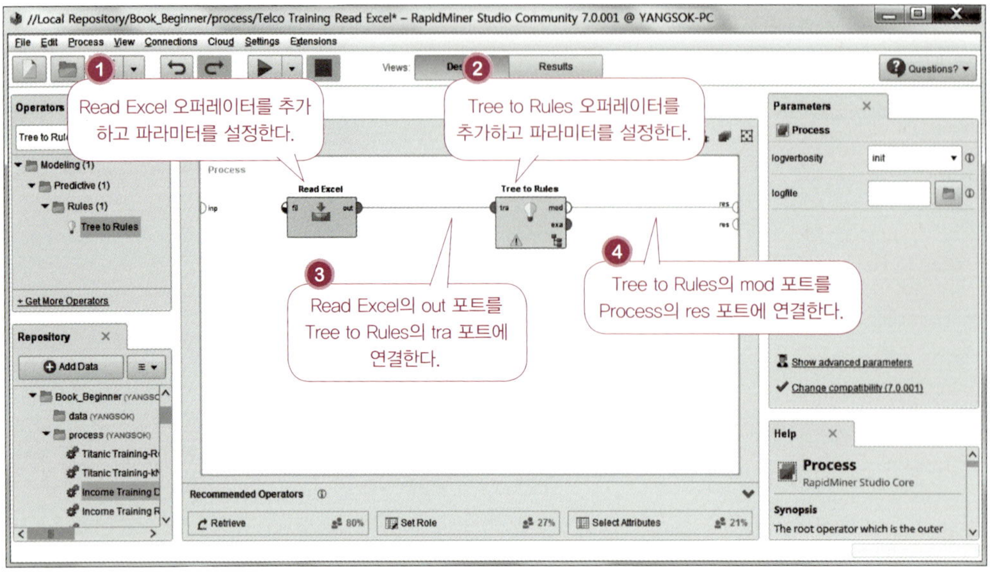

그림 5-35 Tree to Rules 분석 프로세스

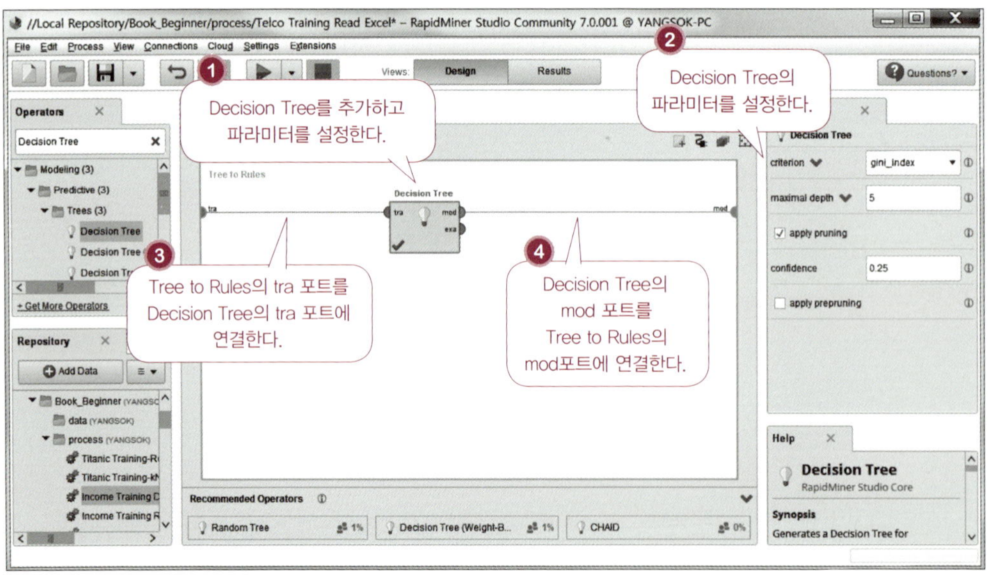

그림 5-36 Tree to Rules의 하위 프로세스 설계

■ Decision Rules 활용

다음의 사례를 살펴보자. 이 사람은 다음 달에 서비스 가입을 중단할까? 이 질문에 어떻게 Decision Rule을 사용할까?

표 5-4 Tree to Rules의 Decision Tree 파라미터 설정

파라미터	하위 파라미터	설정 예시
criterion		gini_index
maximal depth		5
apply pruning		체크함
	confidence	0.25
apply prepruning		체크 하지 않음

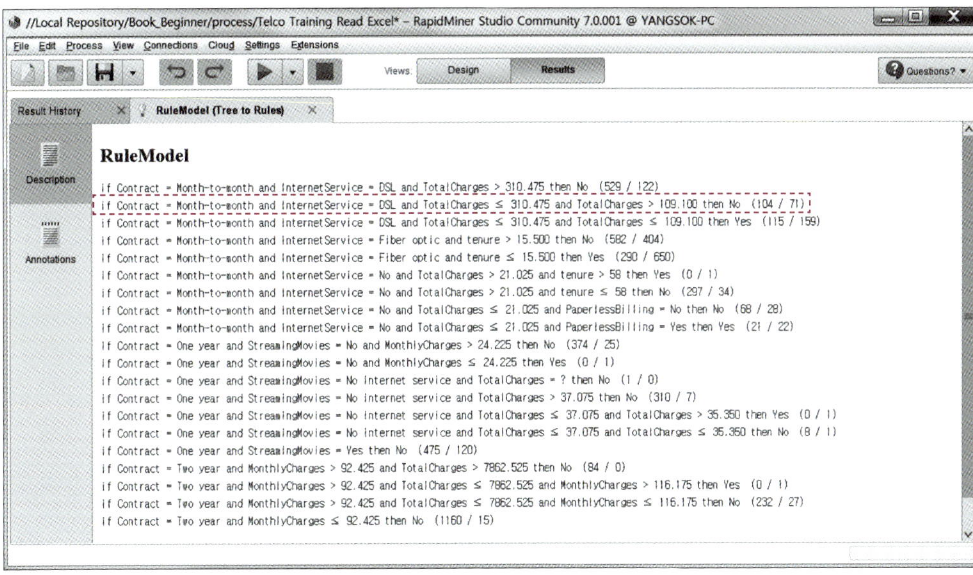

그림 5-37 Decision Rules 분석 결과

Gender=Female, SeniorCitizen=.0, Partner=No, Dependents=No, tenure=10.0, PhoneService=No, MultipleLines=No phone service, InternetService=DSL, OnlineSecurity=Yes, OnlineBackup=No, DeviceProtection=No, TechSupport=No, StreamingTV=No, StreamingMovies=No, Contract=Month-to-month, PaperlessBilling=No, PaymentMethod=Mailed check, MonthlyCharges=29.8, TotalCharges=301.9

이 사례는 Decision Rules 중에서 두 번째 규칙을 충족한다. 따라서 우리는 이 고객이 계약을 중단할 것이라고 예측할 수 있다. 이 예측은 얼마나 신뢰할 수 있을까? 이 규

칙을 만족시키는 학습 사례 중 104명은 서비스를 계속 사용했고 71명은 서비스 사용을 중단했다. 즉, 40.57%가 서비스를 중단했다. 전체 평균 서비스 이탈 비율이 26.67%이므로 이탈 비율이 상당히 높다는 것을 알 수 있다. 따라서 이 예측은 신뢰가 있다고 볼 수 있다.

- **Decision Rules 분석 프로세스 저장**

통신회사 데이터 분석을 위해 설계된 분석 프로세스를 "Local Repository > Book_Bigginer > process"에 "Telco Training Decision Rules"로 저장하자.

연습 5-4

Tree to Rule의 하위 프로세스에 사용된 Decision Tree는 산출에 영향을 미치는 다양한 파라미터가 있다. criterion파라미터를 변경하면서 Decision Rules이 어떻게 변경되는지 확인해 보자.

5.4.4 Naïve Bayes: 확률 기반 모델

기본 개념

그림 5-38은 이전 모델에서 논의하였던 문제인데, 약간의 변화가 생겼다. 즉 이전 논의에서는 값이 수치 유형 값이었지만 여기에서는 구간 값으로 변경되었다. 즉 X 값은 X0, X1, X2로 Y 값은 Y0과 Y1이라는 범주 속성으로 변경되었다.

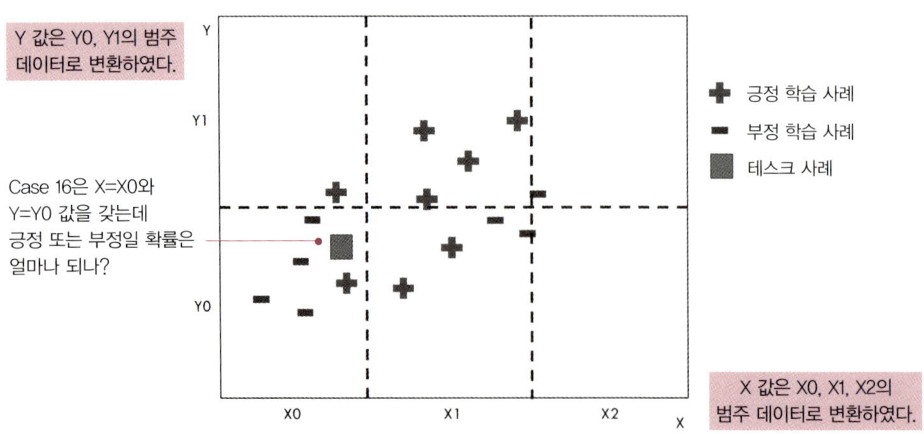

그림 5-38 사례 분류 문제

문제는 확률적으로 검증하고자 하는 이 사례가 어떤 클래스에 속할 확률이 높다고 말할 수 있을까? 이를 해결하기 위해 우리는 베이즈 정리라고 알려진 확률 모델을 사용할 것이다.

베이즈 정리는 다음과 같이 설명할 수 있다. 변수 값 x, 분류하고자 하는 클래스 C, 전체 모집단에서 변수 x에 대한 확률분포 P(x), 임의의 사례가 클래스 C에 속할 사전 확률 P(C), 클래스 C에서 변수 값 x가 얻어질 조건부 확률 P(x|C)가 주어진다. 우리가 얻고자 하는 것은 변수 값 x가 주어진 상황에서 사례가 클래스 C에 속할 사후 확률, 즉 P(C|x)를 구하는 것이다. 이를 위해 P(x|C), P(C), P(x) 값이 주어진다. 클래스 C에 속하면서 하나의 변수 값 x를 가지는 경우의 확률은 다음과 같다.

$$P(C \text{ and } x) = P(C)P(x|C) = P(x)P(C|x) \quad \text{식 (5.12)}$$

위의 식을 다시 정리하면 다음과 같은 베이즈 정리가 된다.

$$P(C|x) = P(C)P(x|C) \ / \ P(x) \quad \text{식 (5.13)}$$

클래스가 긍정(T)과 부정(F)이 있다고 있다면 아래의 두 식을 비교하여 변수 x가 어디에 속하는지 예측할 수 있다.

$$P(T|x) = P(T)P(x|T) \ / \ P(x) \quad \text{식 (5.14)}$$

$$P(F|x) = P(F)P(x|F) \ / \ P(x) \quad \text{식 (5.15)}$$

식 (5.14)과 (5.15)의 오른쪽을 비교하면 분모(P(x))가 모두 같음을 알 수 있다. 따라서 우리는 P(T)P(x|T)와 P(F)P(x|F)를 비교하여 어떤 값이 더 큰지에 따라 사례가 긍정인지 부정인지 알 수 있다. 예를 들어, P(T)P(x|T)가 P(F)P(x|F)보다 크면 우리는 긍정 클래스가 발생할 확률이 부정 클래스가 발생할 확률보다 높다고 결론지을 수 있다.

이제까지 우리는 변수 x가 하나로 구성되어 있는 것을 보았는데, 여러 개의 속성으로 구성되어 있는 경우는 어떻게 해야 하나? 각각의 변수가 독립적이라 가정하면 이 문제는 쉽게 해결될 수 있다. 각각의 발생 확률을 곱하면 되기 때문이다. 예를 들어 y라는 다른 속성이 있다고 하자. 그러면 위의 식은 다음과 같이 변경된다.

$$P(T|x \text{ AND } y) = P(T)(P(x|T)*P(y|T))/P(x) \quad \text{식 (5.16)}$$

① 사례 데이터

ID	X	Y	Class
1	X0	Y0	F
2	X0	Y0	F
3	X0	Y0	T
4	X0	Y0	F
5	X0	Y0	F
6	X1	Y0	T
7	X1	Y0	T
8	X1	Y0	F
9	X1	Y0	F
10	X0	Y1	T
11	X1	Y0	T
12	X1	Y1	T
13	X1	Y1	T
14	X1	Y1	T
15	X2	Y1	F
16	X0	Y0	?

ALL	15		② 클래스 레이블별 사례 수
T	8		
F	7		
P(T)	8/15	0.533	③ T 또는 F일 확률
P(F)	7/15	0.467	
P(T|Case16)=P(X0|T)*P(Y0|T)	2/8*4/8	0.125	④ T(F)일 때 Case 16일 확률
P(F|Case16)=P(X0|F)*P(Y0|F)	4/7*6/7	0.490	
P(Case16 AND T)=P(Case 16|T)*P(T)		0.067	⑤ Case 16이고 T (또는 F)일 확률
P(Case16 AND F)=P(Case 16|F)*P(F)		**0.229**	

그림 5-39 Naïve Bayes에 의한 사례 분류

$$P(F \mid x \text{ AND } y) = P(F)(P(x \mid F)^{*}P(y \mid T))/P(x) \qquad \text{식 (5.17)}$$

자, 이제 이 지식을 가지고 우리가 가지고 있는 문제를 풀어보도록 하자. 그림 5-39는 베이즈 정리를 활용한 문제해결 과정을 보여준다. 좌측의 테이블은 그림 5-38의 그래프에 나타나 있는 사례를 좀 더 쉽게 이해하기 위해 정리한 것이다. 우리가 알고 싶어 하는 사례는 검증 사례(Case 16)로 물음표(?)로 클래스 값이 표현되어 있다(그림 5-39의 ①). 각 클래스별 사례는 긍정이 8개 부정이 7개이다(그림 5-39의 ②). 전체 사례 중 긍정일 확률은 0.533(=8/15)이고 부정일 확률은 0.467(=7/15)이다(그림 5-39의 ③). 또 긍정(또는 부정)일 때 Case 16일 확률은 각각 0.125와 0.490이다(그림 5-39의 ④). 따라서 Case 16이고 긍정일 확률은 0.067, Case 16이고 부정일 확률은 0.229이다(그림 5-39의 ⑤).

즉 이 사례가 부정적으로 분류될 확률이 긍정적으로 분류될 확률보다 훨씬 크기 때문에 우리는 이 사례가 부정이라고 예측할 수 있다. 이렇게 분류 문제를 해결하는 접근 방법을 Naïve Bayes라고 한다.

Naïve Bayes는 여러 속성을 가진 경우 속성이 모두 독립적이라는 가정하에 분류 모델을 학습하였다. 이 가정이 전혀 검증되지 않았고, 모든 요소가 종종 독립적이지 않기 때문에 "Naïve"라고 한다. 그러나 Naïve Bayes는 대규모 데이터에 적용되었을 때 높은 정확성과 빠른 학습을 할 수 있다는 장점이 있다. Naïve 가설을 완화하고, 속성 간 의존성이 있는 통계적 모델을 사용하려 했던 시도는 이제까지 성과에 있어 아무런 개선을 가져오지 못했다.

Naïve Bayes를 활용한 데이터 분석 사례

■ Naïve Bayes 오퍼레이터

이 오퍼레이터는 Naïve Bayes 분류 모델을 생성한다. 이 모델은 입력 사례에 따라 분류 또는 회귀 모델일 수 있다. 이 오퍼레이터는 입력포트로 학습 사례 입력포트 tra를 갖고, 출력포트로 모델 출력포트 mod와 사례 출력포트 exa를 갖는다. 이 오퍼레이터는 라플라스 보정의 사용 여부를 설정하는 laplace correction 파라미터 밖에 없다. 일반적으로 라플라스 보정을 사용한다. 라플라스 보정은 확률이 0이 되는 것을 피하기 위해 사용되는 방법으로 분모와 분자에 1을 더하는 것이다. 이 경우 추정 확률에 별로 영향을 미치지 않는다고 가정할 수 있다(그림 5-40).

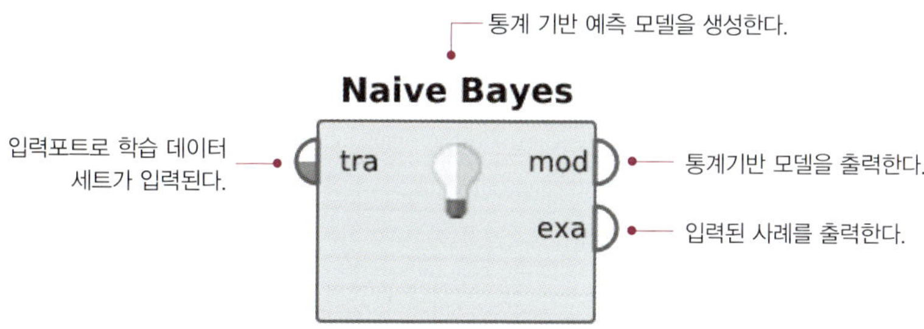

그림 5-40 Naïve Bayes 오퍼레이터

■ Naïve Bayes 분석 프로세스

Naïve Bayes를 이용하여 은행 데이터 집합의 분석 프로세스를 설계해 보자. 먼저 Bank 프로젝트를 열고 Naïve Bayes를 그림 5-41과 같이 프로세스 패널에 놓고, Read Excel의 out 포트와 Naïve Bayes의 tra 포트를 연결하고 Naïve Bayes의 mod 포트를 프로세스 패널의 res에 연결한다. 좀 더 상세한 Naïve Bayes를 활용한 분석은 부록의 “Naïve Bayes 알고리즘 분석 프로세스”를 참고하라.

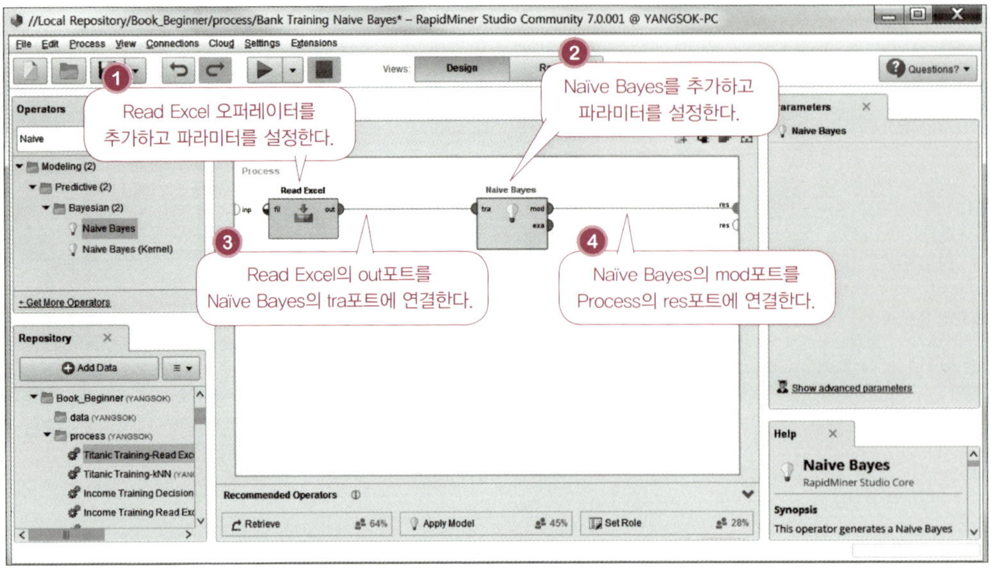

그림 5-41 Naïve Bayes 분석 프로세스

■ Naïve Bayes 활용

출력된 분산 모델로는 예측을 할 수 없다. Naïve Bayes를 활용하여 예측하려면, 5.5절에서 설명할 모델 적용 오퍼레이터(Apply Model)를 사용하여야 한다(그림 5-42).

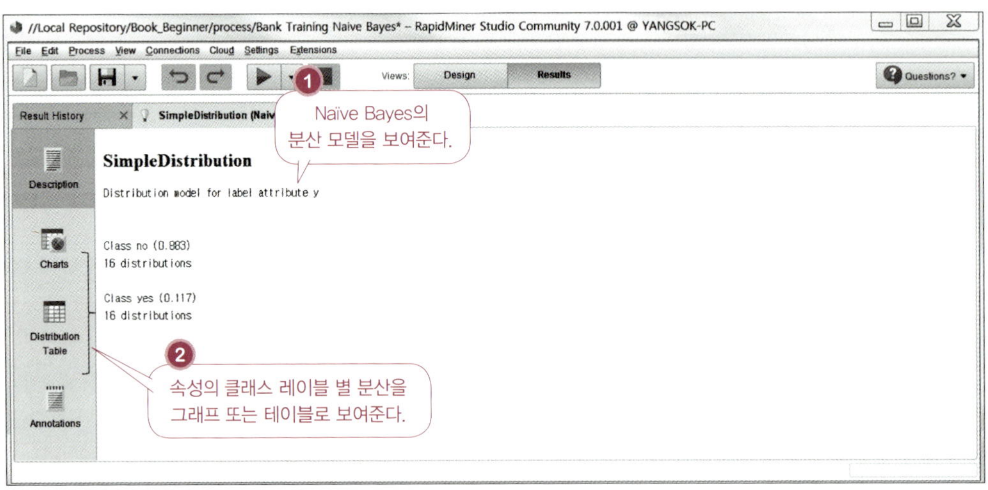

그림 5-42 Naïve Bayes 분석 모델

■ Naïve Bayes 분석 프로세스 저장

은행 데이터 분석을 위해 설계된 분석 프로세스를 "Local Repository > Book_Bigginer > process"에 "Bank Training Naïve Bayes"로 저장하자.

5.4.5 Linear Regression: 함수 형태 모델

기본 개념

선형회귀분석은 수치 예측을 위해 사용되는 기법이다. 선형회귀분석은 하나의 종속변수(예, 레이블 속성)와 독립변수(예, 정규 속성)인 다른 변화하는 변수 사이의 관계의 강도를 결정하기 위한 통계적 방법이다. 분류 기법들이 범주형 레이블(categorical labels)의 예측을 위해 사용되는 것처럼, 회귀분석 기법은 연속 값(continuous value)의 예측을 위해 사용된다.

예를 들어, 그림 5-43에서 X축은 직무 경력을 나타내고, Y축은 임금 수준을 나타낸다고 할 때의 회귀 모델을 나타낸다. 학습 데이터를 활용해 Y=a+bX라는 회귀함수를 학습하였다. 이를 활용하여 직무 경력이 X_0일 때의 예측 임금 수준(Y_0^e)을 얻을 수 있다. 이에 따른 검증 오차는 $Y_0^e - Y_0$가 된다. 선형회귀분석은 다음의 두 가지를 목표로 하여 수행한다. 첫째, 다중선형회귀분석은 관찰된 데이터에 선형함수를 적합화해서 하나의 종속변수(dependent variable)와 다른 독립변수(independent variable) 간의 관계를 모

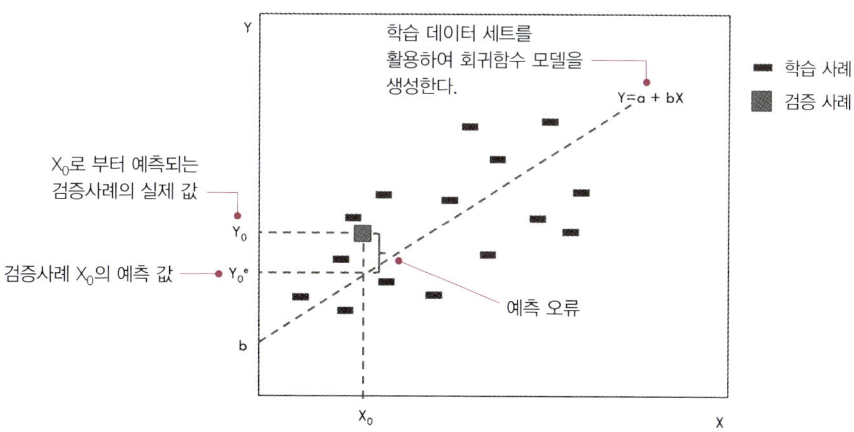

그림 5-43 Linear Regression 방법에 의한 예측

델링하려 한다. 둘째, 다중선형회귀분석은 새로운 사례에 대하여 출력 값을 예측하기 위해 사용할 수 있다. 기존 통계적 접근 방법은 제한된 데이터로부터 결론을 유도하고 그 결론이 얼마나 신뢰할 수 있는가에 관심을 두기 때문에 주로 첫 번째 목표에 집중하지만, 데이터마이닝은 데이터가 풍부하기 때문에 모델의 성능과 신뢰성은 새 데이터에 적용하여 쉽게 입증할 수 있다고 보기 때문에 두 번째 목표에 집중한다.

선형 회귀 모델의 도출

선형회귀분석은 정량적인 종속변수 Y와 k개의 독립변수의 선형관계를 적합시키기 위해 사용한다. 다중선형회귀분석의 기본 모형은 다음과 같다.

$$Y_i=\beta_0+\beta_1X_1+\beta_2X_2+\cdots+\beta_kX_k+\varepsilon_i \quad \text{식 (5.18)}$$

이 모형에서 β_0, β_1, $\beta_2,\cdots$, β_k는 회귀계수(coefficient)이고, ε_i는 종속변수 Y_i를 측정하는 데 발생하는 오차이다. 회귀모형을 생성한다는 것은 회귀계수 β_0, β_1, $\beta_2,\cdots$, β_k를 찾는 것을 말한다.

일반적으로 데이터 분석 시 모집단으로부터 추출된 표본을 사용한다. 모집단의 정확한 회귀계수 β_0, β_1, $\beta_2,\cdots$, β_k를 모르기 때문에 주어진 표본 데이터로부터 이를 추정하기 위해 최소자승법(Ordinary Least Square; OLS)을 사용한다. 이 방법은 실제 값(Y)과 모델의 예측 값($\hat{Y}$) 사이의 편차 제곱 합을 최소화시키는 추정치 $\hat{\beta}_0$, $\hat{\beta}_1$, $\hat{\beta}_2,\cdots$, $\hat{\beta}_k$를 도출한다.

$$\hat{Y}_i=\hat{\beta}_0+\hat{\beta}_1X_1+\hat{\beta}_2X_2+\cdots+\hat{\beta}_kX_k \quad \text{식 (5.19)}$$

최소자승법은 교란항(또는 종속 변수)이 다음과 같은 가정을 만족시킬 때 적용할 수 있다.

- 교란항 또는 종속변수가 표준 정규분포를 따른다.
- 독립변수와 종속변수는 선형 관계를 가지고 있다.
- 각 관측치는 서로 독립적이다.
- 각 독립변수에 대한 종속변수 값의 변동성은 독립변수의 값에 상관없이 동일하다. 이를 등분산성(homoscedasticity)이라고 한다.

예측 값($\hat{Y}$)은 식 (5.19)를 이용하여 구할 수 있다. 위의 가정이 만족된다면 예측 값은 왜곡되지 않은(unbiased) 값이고, 다른 불편 추정 값들과 비교하여 평균제곱오차가 가장 작은 값이 된다.

회귀 모형이 예측을 위해 사용되면 위에서 언급한 첫 번째 가정이 만족되지 않고, 교란항이 임의의 분포를 가진다고 하더라도, 예측의 추정 값은 매우 좋은 결과를 보여줄 수 있다. 이것이 가능한 것은 데이터마이닝적인 접근 방법에서는 검증을 위해 학습 모델에 사용한 사례와 별도로 검증을 위한 사례를 이용하기 때문이다.

선형 회귀 모델의 적합성 판별

다중선형회귀분석 모델의 적합성은 결정계수(coefficient of determination, R^2)와 조정 결정계수(adjusted, R^2, R^{*2}) 등으로 설명할 수 있다. 결정계수(R square, R^2)는 종속변수를 예측할 수 있는 비율을 설명하는 값으로 다음과 같이 정의된다.

$$R^2 = \frac{SSR}{SST} = 1 - \frac{SST}{SSE} \qquad \text{식 (5.20)}$$

SSE(sum of squared error)는 자승 오류의 합계, SSR(sum of squared regression)은 자승 추정의 합, SST(sum of squared total)는 자승의 합계의 합이다. 결정계수는 0과 1 사이의 값을 가지며, 독립변수에 의해 설명되는 종속변수의 비율을 나타낸다. 결정계수의 값이 1에 가까울수록 추정된 회귀식의 적합도가 높은 것으로 평가한다.

일반적으로 결정계수는 상관계수와 무관하게 독립변수의 수가 증가할수록 증가하는 경향이 있다. 조정결정계수는 종속변수에 대한 매개변수의 적합도를 고려하고 자유도를 반영하여 아래와 같이 구한다.

$$\begin{aligned} R^{*2} &= 1 - (\frac{n-1}{n-p})\frac{SSE}{SST} \\ &= 1 - (\frac{n-1}{n-p-1})(1 - R^2) \end{aligned} \qquad \text{식 (5.21)}$$

여기에서 n은 사례의 개수(the number of observations), p는 인터셉트(intercept)를 포함한 회귀 상관계수의 개수를 나타낸다.

R^2은 모델에서 설명할 수 있는 변동성의 비율을 의미한다. R^2과 마찬가지로 수정 결정

계수 값이 높으면 보다 나은 적합성을 갖는다는 것을 의미하지만, 모델에 사용된 독립변수의 개수를 고려하지 않은 R^2과 달리 R^{*2}은 독립변수의 수에 대한 벌점(penalty)을 반영한다. 이는 정보량의 증가가 아니라 단순히 독립변수의 개수를 증가시켰을 경우 발생하는 R^2의 인위적 증가를 배제시키는 효과가 있다.

Linear Regression을 활용한 데이터 분석 사례: Linear Regression 오퍼레이터

이 책에서 다루는 사례 중에 와인 데이터는 수치를 예측해야 하는 문제이기 때문에 Linear Regression을 적용하는 데 적합하다. 래피드마이너는 Linear Regression을 통해 선형회귀분석 알고리즘을 구현하였다. 래피드마이너는 회귀분석이 데이터를 잘 대표할 수 있는 함수를 도출한다는 점에서 함수 적합화(Function Fitting)라는 주제의 하나로 소개한다(그림 5-44).

■ 입출력 포트

이 오퍼레이터의 입력포트에는 학습 집합을 받는 tra 포트가 있다. 출력포트에는 생성된 회귀모델(Regression Model)을 출력하는 모델(mod) 포트, 입력받은 원본 사례를 그대로 전달하는 사례 집합(exa) 포트, 속성의 가중치를 전달하는 가중치(wei) 포트가 있다.

■ 파라미터

Linear Regression에는 min tolerance, ridge 등의 파라미터가 있다.

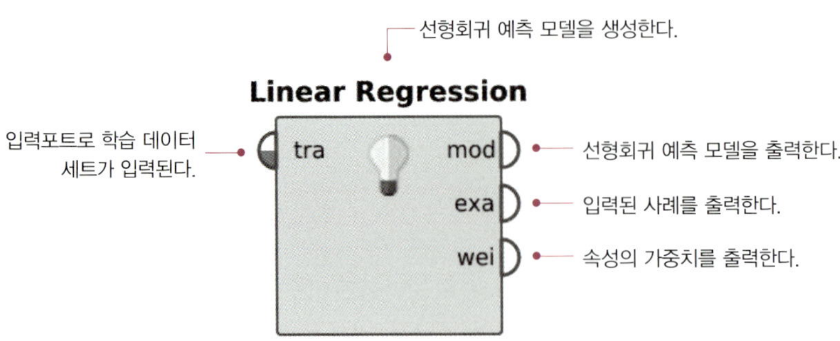

그림 5-44 Linear Regression 오퍼레이터

- 속성이 서로 상관관계가 있을 수 있는데 이런 경우 회귀분석에 문제가 있을 수 있다. min tolerance(최소 허용오차) 파라미터는 공선 속성(collinear attribute)을 제거하기 위한 최소 허용오차를 설정한다.
- 능형회귀(ridge regression)도 공선 속성 문제를 해결하기 위해 적용하는 기법이다. ridge 파라미터는 능형회귀(ridge regression)에 대한 ridge 파라미터를 설정한다.
- min tolerance와 ridge 파라미터는 초보자가 설정하기에는 어렵다. 따라서 이번 예제에서는 시스템이 제공하는 기본 파라미터 값을 사용한다(min tolerance=0.05, ridge=1.0E−8).

Linear Regression을 활용한 분석 프로세스 설계

저장소에서 Wine 프로젝트를 열어라. 프로세스 패널에는 Wine Train 데이터 집합을 읽어 들이는 Read Excel만 있다. Linear Regression을 프로세스 패널에 추가하고, Read Excel의 out 출력포트와 Linear Regression의 tra 입력포트를 연결한다. Linear Regression의 모델 출력포트 mod를 프로세스 패널의 res 포트에 연결한다(그림 5−45). 자세한 Linear Regression의 전체 분석 프로세스는 부록 "Linear Regression 알고리즘 분석 프로세스"를 참조하라.

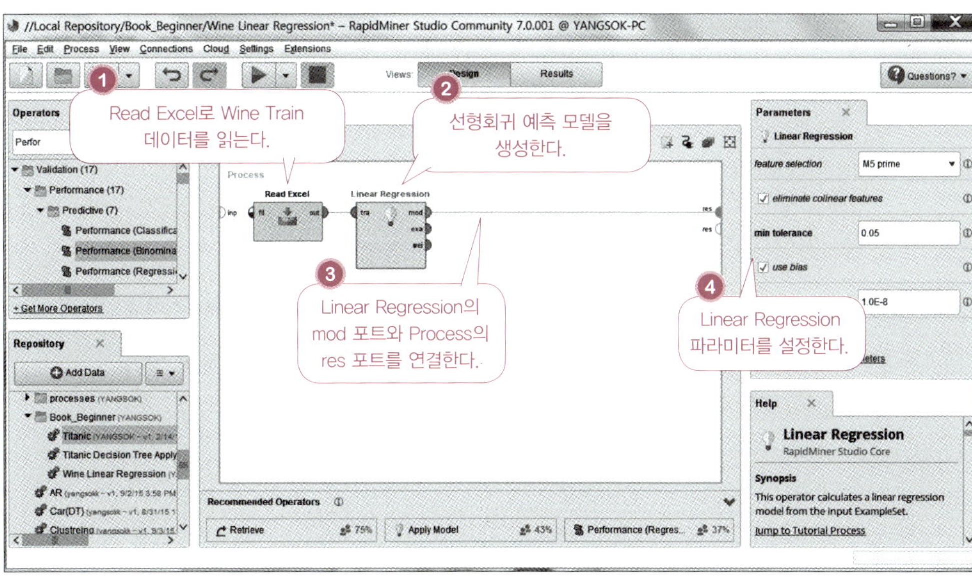

그림 5−45 Linear Regression 분석 설계

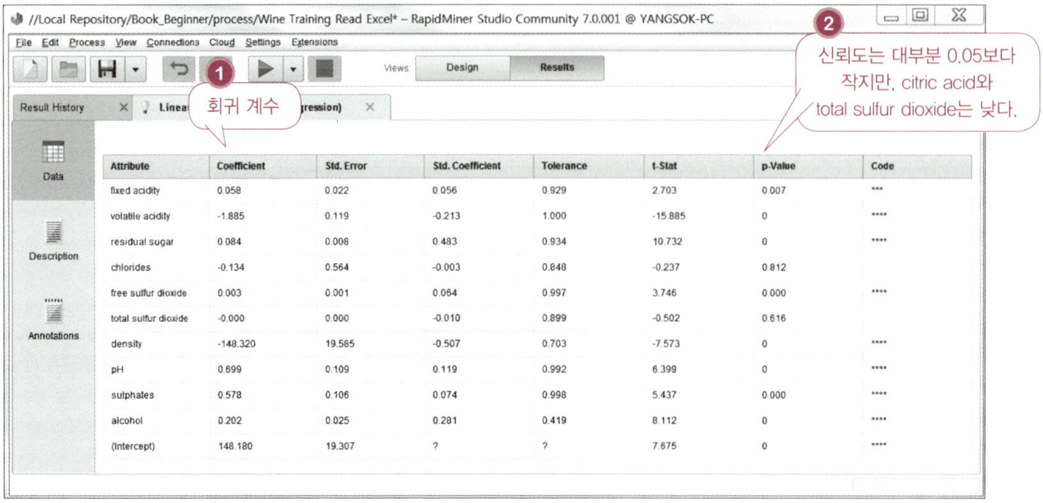

Attribute	Coefficient	Std. Error	Std. Coefficient	Tolerance	t-Stat	p-Value	Code
fixed acidity	0.058	0.022	0.056	0.929	2.703	0.007	***
volatile acidity	-1.885	0.119	-0.213	1.000	-15.885	0	****
residual sugar	0.084	0.008	0.483	0.934	10.732	0	****
chlorides	-0.134	0.564	-0.003	0.848	-0.237	0.812	
free sulfur dioxide	0.003	0.001	0.064	0.997	3.746	0.000	****
total sulfur dioxide	-0.000	0.000	-0.010	0.899	-0.502	0.616	
density	-148.320	19.585	-0.507	0.703	-7.573	0	****
pH	0.699	0.109	0.119	0.992	6.399	0	****
sulphates	0.578	0.106	0.074	0.998	5.437	0.000	****
alcohol	0.202	0.025	0.281	0.419	8.112	0	****
(Intercept)	148.180	19.307	?	?	7.675	0	****

그림 5-46 Linear Regression 분석 프로세스 실행 결과

이제 분석 프로세스를 실행하면, 그림 5-46과 같은 회귀모델 결과를 얻을 수 있다. 회귀계수는 각 속성이 품질에 얼마나 영향을 미치는지 알 수 있다.

Linear Regression의 활용

아래 사례를 살펴보자. 이 와인의 품질은 얼마나 될까? 이 질문에 어떻게 Linear Regression을 사용할까?

fixed acidity=8.1, volatile acidity=.3, citric acid=.4, residual sugar=6.9, chlorides=.1, free sulfur dioxide=30.0, total sulfur dioxide=97.0, density=1.0, pH=3.3, sulphates=.4, alcohol=10.1

위 사례의 데이터를 그림 5-47의 회귀함수에 대입하여 계산하였다. 계산 결과는 4.99인데, 실제 이 와인의 품질은 6이다. 와인 데이터 세트의 첫 번째 사례가 이 와인이다. 이런 방법으로 예측하면, 테스트 데이터 세트 전체는 얼마나 정확할까? 좀 더 정확한 성과 측정 방법은 5.5.1에서 논의한다.

Linear Regression 분석 프로세스의 저장

와인 데이터 분석을 위해 설계된 분석 프로세스를 "Local Repository>Book_Bigginer>process"에 "Wine Training Linear Regression"으로 저장하자.

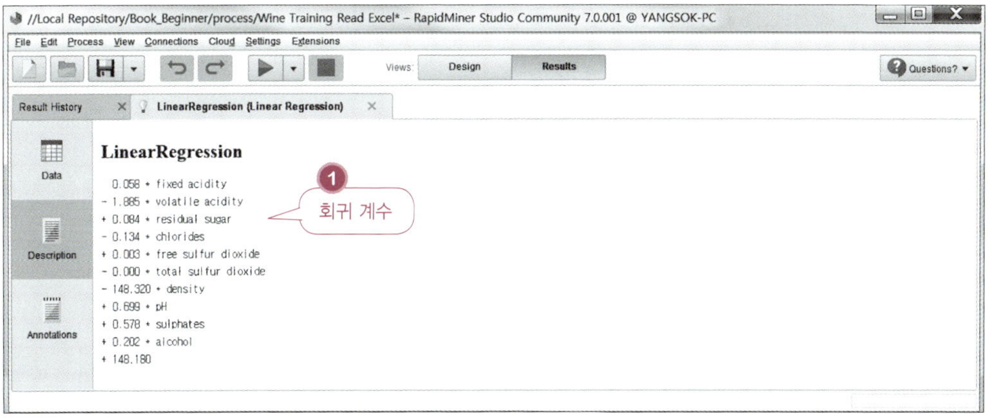

그림 5-47 Linear Regression 분석 프로세스 실행 결과(회귀함수)

표 5-5 Linear Regression 계산

속성	Coefficient (A)	속성 값 (B)	A*B
fixed acidity	0.0584	8.1	0.47
volatile acidity	−1.8845	0.3	−0.57
residual sugar	0.0836	6.9	0.58
chlorides	−0.1339	0.1	−0.01
free sulfur dioxide	0.0033	30.0	0.10
total sulfur dioxide	−0.0002	97.0	−0.02
density	−148.3196	1.0	−148.32
pH	0.6991	3.3	2.31
sulphates	0.5780	0.4	0.23
alcohol	0.2018	10.1	2.04
(Intercept)	148.1797		148.18
quality			4.99

연습 5-5

어떤 와인이 다음과 같은 속성 값을 갖는다고 할 때, 이 와인의 품질 등급은 얼마가 될지 예측해보라.

fixed acidity=6.3, volatile acidity=.3, citric acid=.3, residual sugar=2.2, chlorides=.0, free sulfur dioxide=20.0, total sulfur dioxide=77.0, density=1.0, pH=3.3, sulphates=.4, alcohol= 10.2

이 와인의 실제 품질(quality)은 5이다. 예측과 얼마나 차이가 나는지 확인해보라.

5.4.6 K-Means: 사례 유사도 기반 모델

기본 개념

클래스 레이블이 없는 데이터를 서로 비슷한 것끼리 집단으로 만드는 데이터 분석 방법론을 군집화(clustering)라고 한다. 다양한 군집화 알고리즘이 있는데, 이 책에서는 대표적인 알고리즘인 k-Means를 다룬다. k-Means 알고리즘은 사례를 k개의 군집으로 분할하는 알고리즘이다.

이 방법은 얼마나 많은 군집을 생성할 것인지, 즉 k를 결정하는 것으로 시작한다. 알고리즘은 초기화를 위해, 센트로이드(centroid)라 분리는 k개의 '군집 초기 사례'(cluster seed)를 필요로 한다. 이제 각 사례를 가장 가까이에 있는 군집 초기 사례에 배정한다. 모든 사례가 배정되고 나면, 원래 센트로이드에 기반을 둔 k개의 군집이 생성된다. 그러나 센트로이드는 더 이상 군집의 진정한 센트로이드가 아니므로 군집의 센트로이드를 다시 계산한다. 그러고 나서 이전 스텝을 반복한다.

k-평균 알고리즘은 간결성과 효율성 때문에 인기가 있다. k-평균 알고리즘의 주요 문제는 군집 초기 사례의 선택에 대한 민감성(sensitivity)이다. 만약 군집 초기 사례가 좋지 않으면, 생성된 군집은 최적이 될 수 없다. 이 문제를 다루기 위한 여러 가지 방법이 알려져 있다. 간단한 방법은 군집 초기 사례를 무작위로 선택하여 여러 번의 군집화를 수행하는 방법(무작위 선정 방법)과 전체 사례의 중심좌표에서 가장 멀리 위치한 사례를 선정하는 방법(외곽 사례 선정 방법) 등이 있다. 군집 초기 사례를 선택하기 위해 도메인 지식을 사용할 수도 있다. K-평균 알고리즘은 대체적으로 양호한 성과를 보이지만, 이상치(outlier)가 있는 경우에는 군집 결과가 좋지 않은 것으로 알려져 있다.

Clustering(k-Means) 오퍼레이터

이 오퍼레이터는 k-means 알고리즘을 사용한 군집화를 수행한다. k-means 군집화는 각 사례가 정확히 한 군집에 배치된다(그림 5-48).

■ **입출력 포트**

이 오퍼레이터는 사례를 입력받는 사례 입력포트 exa가 있고, 출력포트에는 군집 모델을 출력하는 군집 모델 출력포트 clu와 군집화된 사례 출력포트 clu가 있다. 주의할 점은 두 출력포트의 이름은 같지만 출력은 다르다는 점이다.

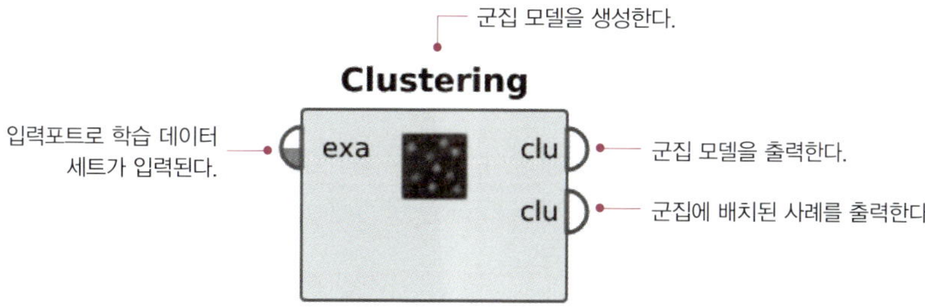

그림 5-48 Clustering(k-Means) 오퍼레이터

■ **파라미터**

Clustering(k-Means) 오퍼레이터의 파라미터에는 add cluster attribute(군집 속성 추가), add as label(레이블로 추가), remove unlabeled(레이블되지 않은 사례 제거), k(군집 개수), max runs(최대 수행 횟수), max optimization steps(최대 최적화 반복 횟수) 등이 있다.

- add cluster attribute 파라미터는 체크되면 새로운 군집(cluster) 속성이 생성된다(기본 값=체크됨).
- add as label 파라미터는 체크되면 레이블로 역할을 하는 cluster id가 추가된다.
- remove unlabeled 파라미터는 체크되면 레이블이 없는 사례가 제거된다.
- k파라미터는 생성되어야 할 군집의 개수를 설정한다(기본 값=2).
- max runs 파라미터는 최대 실행 횟수를 설정하기 위해 사용한다(기본 값=10).
- determine good start values 파라미터는 David Arthur와 Sergei Vassilvitskii가 제안한 초기 k값을 정하는 휴리스틱을 적용할지 여부를 정한다.
- measure types 파라미터는 사용되어야 할 유사도 계산 유형을 선택한다. 혼합(Mixed Measures), 수치(Numerical Measures), 범주(Categorical Measures), Bregman Divergence 등에서 선택하여야 한다.
- measures 파라미터는 measure types을 선택하면 활성화된다. measure types이 수치 유형일 때는 numerical measure가 활성화되고, 혼합형일 때는 mixed measure가 활성화되며, 범주형일 때는 nominal measure가 활성화되고, Bregman Divergence일 때는 divergence measure types이 활성화된다.
- max optimization steps 파라미터는 k-Means의 한 번 수행을 위한 반복의 최대 횟수를 정의한다(기본 값=100).

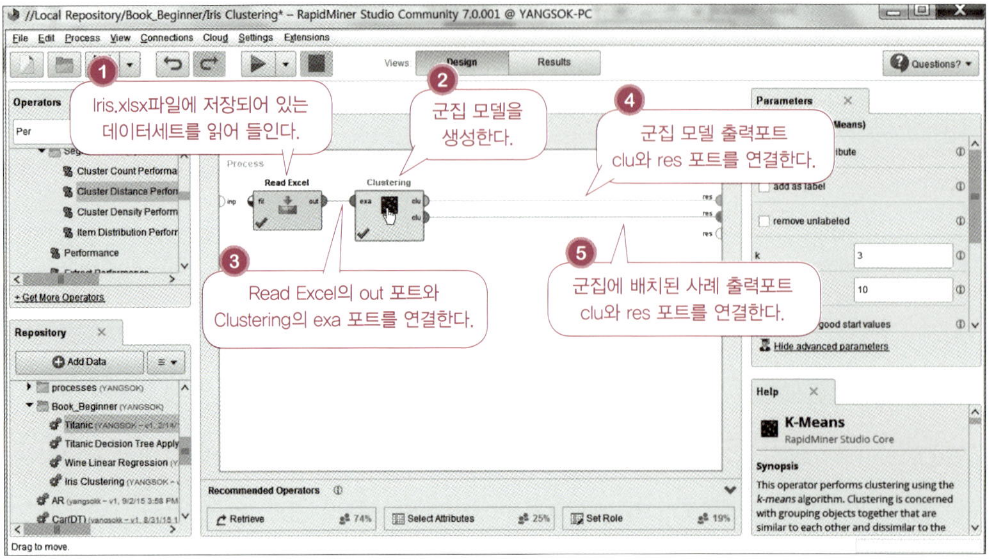

그림 5-49 Clustering(k-Means) 오퍼레이터 실행 사례

Clustering(k-Means) 오퍼레이터 실행 사례: Clustering(k-Means) 분석 프로세스

프로세스 패널에 Read Excel을 추가한 후 Iris.xlsx에 저장되어 있는 붓꽃 데이터의 "Iris All" 데이터 세트를 읽어 들인다. 이 사례에서는 전체 데이터를 모델링에 사용하였다. Clustering(k-Means)을 추가한 후 Read Excel의 out 포트와 Clustering(k-Means)의 exa 포트를 연결한다. Clustering(k-Means)의 첫 번째 clu 포트는 군집 모델을, 두 번째 clu 포트는 군집화된 사례를 제공한다. 각각의 포트를 Process의 res 포트에 연결한다. Clustering(K-Means) 전체 분석 프로세스는 부록 "k-Means 알고리즘 분석 프로세스"를 참조하라(그림 5-49).

이번 예제를 위해 표 5-6처럼 파라미터를 설정하였다. 기본 파라미터 값을 사용하되, 생성되어야 할 군집의 개수(k)를 3으로 설정하였다. 이는 원래 데이터 집합의 클래스 레이블이 3개이고, 검증 단계에서 원래 클래스 레이블과 비교해야 하므로 이렇게 설정한다. 붓꽃 데이터 집합의 일반 속성이 모두 수치 유형이기 때문에 측정치 유형(measure types)은 수치 유형 측정치(numerical measures)를 선택하였고, 수치 유형 측정치(numerical measure)는 유클리디안 거리(Euclidean Distance)로 설정하였다.

표 5-6 Clustering(k-Means) 오퍼레이터의 파라미터 설정

파라미터	의미	예시
add cluster attribute	군집(cluster)속성 생성 여부	체크함
add as label	레이블의 역할을 하는 cluster id 추가 여부	체크하지 않음
remove unlabeled	레이블이 없는 사례 제거 여부	체크하지 않음
k	군집의 개수를 설정함.	3
max runs	k-means 의 실행 횟수 최대 횟수 설정	10
determine good start values	David Arthur와Sergei Vassilvitskii의 k 사용 여부 설정	체크하지 않음
measure types	유사도 계산 유형을 선택	Numerical Measures 선택
numerical measure	measure types 이 수치형일 때 활성화	Euclidean Distance선택
max optimization steps	k-Means의 한 번 수행을 위한 반복 최대 회수	100

■ 실행 결과

이제 분석 프로세스를 실행해 보자. 분석 프로세스를 실행하면 군집 모델과 군집화된 사례를 결과 뷰에서 볼 수 있다. 기본으로 보여주는 결과는 군집별로 얼마나 많은 사례가 분류되어 있는지를 보여주는 "Description"이다(그림 5-50). 좌측에 있는 메뉴에서 "Folder View"를 클릭하면, 군집이 폴더로 표현되며, 군집 폴더에는 각 군집으로 배치된 사례 아이디가 보인다. 사례 아이디를 클릭하면 사례의 상세 정보를 볼 수 있다(그림 5-52). "Centroid Table" 메뉴를 클릭하면 각 군집의 중앙 값을 보여준다. 따라서

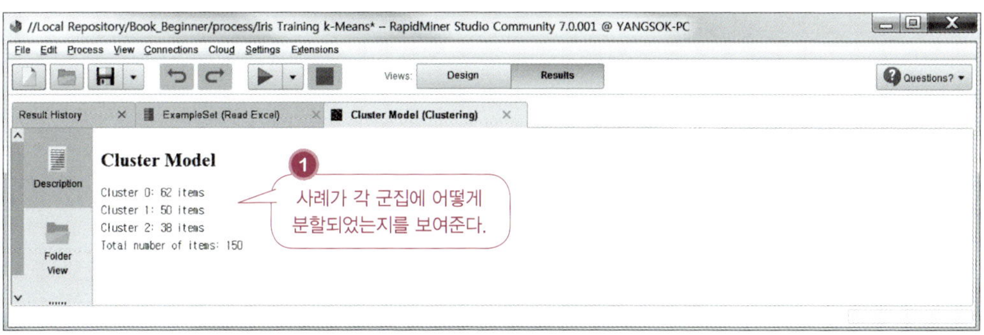

그림 5-50 군집 모델-Description

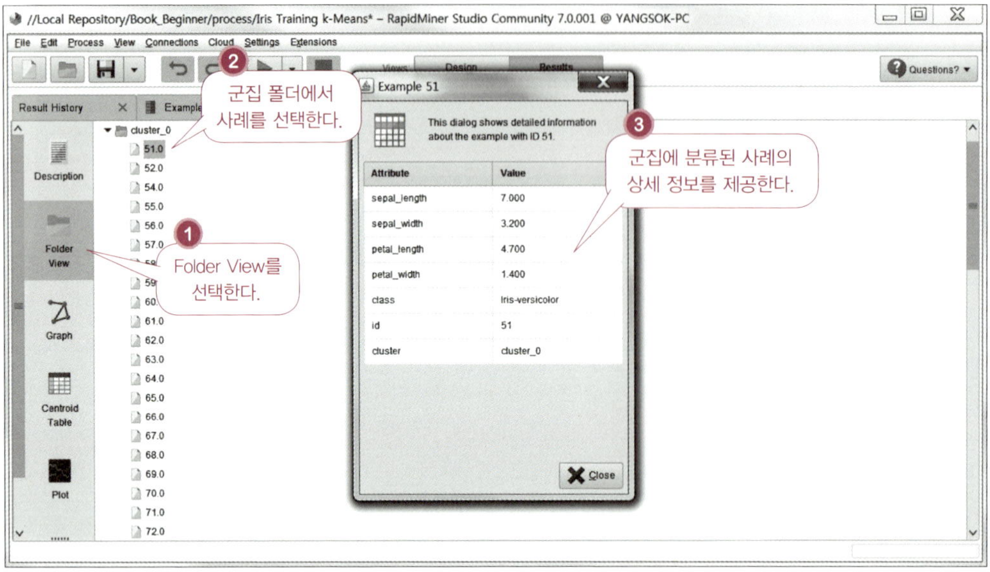

그림 5-51 군집 모델 – Folder View

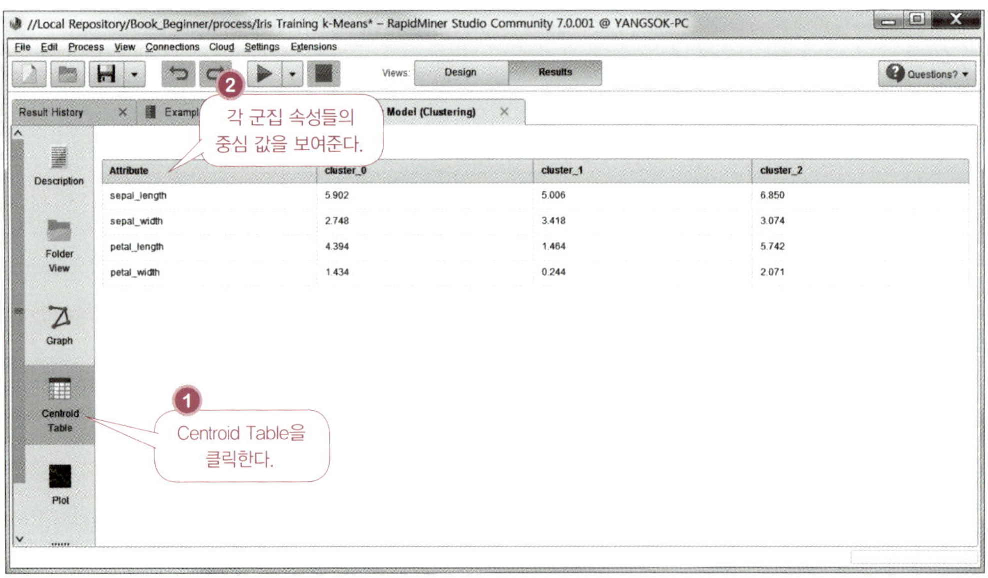

그림 5-52 군집 모델 – Centroid Table

각 군집이 어떤 특징을 가지고 있는지 알 수 있다. "Plot"을 클릭하면 센트로이드를 그래프로 보여준다(그림 5-53). "Example Set(Read Excel)" 탭을 클릭하면, 각 사례가 어떤 군집에 속하는지 알 수 있다(그림 5-54).

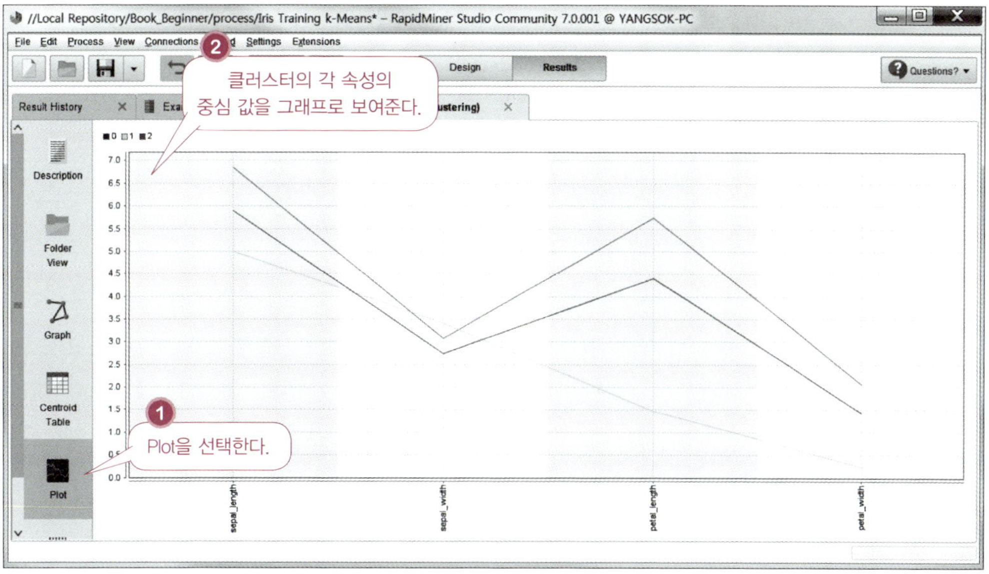

그림 5-53 군집 모델 - Plot

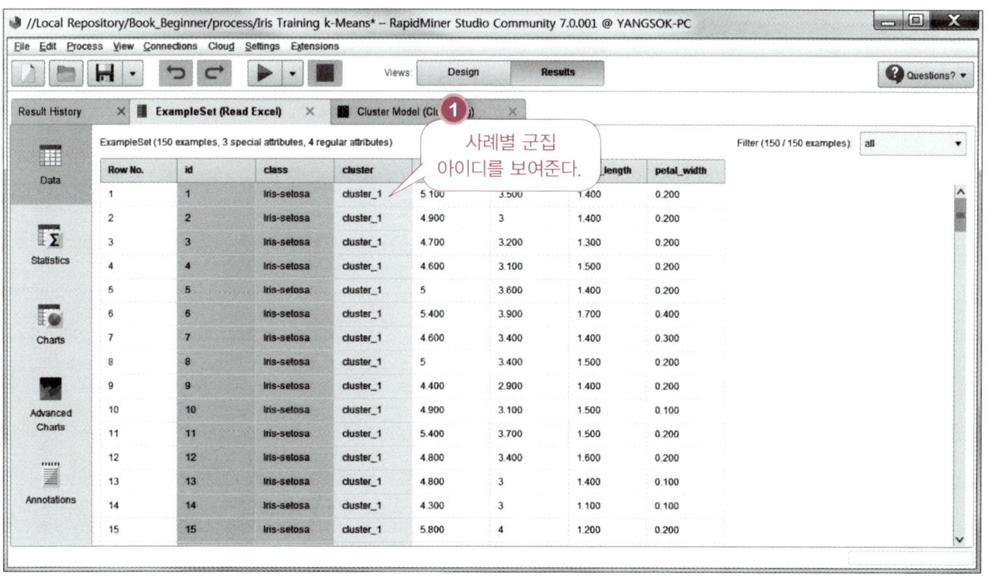

그림 5-54 군집화된 사례

Clustering (k-Means) 분석 프로세스 저장

이번에 수행한 분류 예측 프로젝트는 Local Repository > Book_Beginner > process > Iris k-Means로 저장하라.

5.5 모델 적용

5.5.1 서론

모델을 적용한다는 것은 모델 학습 오퍼레이터에 의해 생성된 모델을 활용하여 특정한 사례에 대한 예측을 수행하는 것이다. 따라서 모델 적용을 위해서는 적어도 두 가지가 필요하다. 먼저, 예측을 위해 활용할 수 있는 모델이 필요하다. 다음으로 모델을 적용할 사례가 필요하다. 실제 문제에 적용할 때는 사례에 클래스 레이블이 없지만, 모델의 성과를 검증하기 위해 모델을 적용할 경우에는 각 사례가 원래 클래스 레이블이 있다는 점에 주의해야 한다. 기존 클래스 레이블을 골드 스탠더드(gold standard), 타깃(Target), 근본 진리(ground truth)라고도 한다.

5.5.2 모델 적용 사례

Apply Model 오퍼레이터

이 오퍼레이터는 모델과 테스트 데이터를 입력받아, 테스트 데이터 세트의 각 사례에 대해 레이블을 예측하는 역할을 수행한다(그림 5-55).

- **입출력 포트**

입력포트에는 모델링 오퍼레이터로부터 생성된 모델을 입력받는 mod 포트와 모델을 적용할 사례를 입력받는 unl 포트가 있다. 모델을 적용한 후 입력받은 사례와 각 사례에 대한 예측은 lab 출력포트를 통해 출력되고 입력받은 모델은 mod 포트를 통해 출력된다.

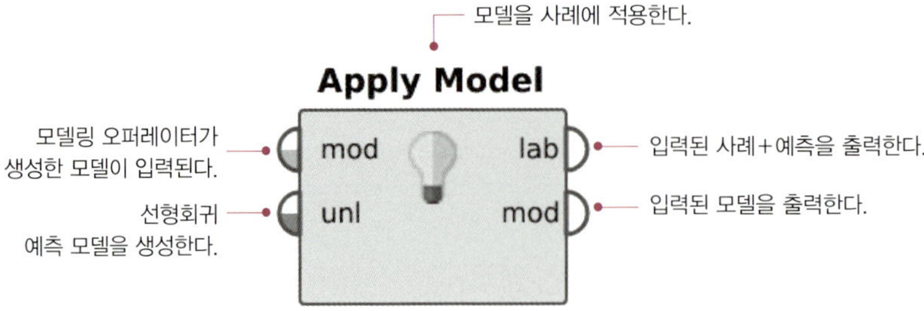

그림 5-55 Apply Model 오퍼레이터

■ 파라미터

이 오퍼레이터의 사용을 위해 설정할 파라미터는 없다.

Apply Model 오퍼레이터를 활용한 분석 설계

그림 5-56은 Apply Model의 활용법을 보여준다. Local Repository>Book_Beginner>process>Titanic Training k-NN 프로젝트를 열어 분석 설계를 시작한다. 현재 모델은 Read Excel을 통해 Titanic 데이터의 학습 데이터(Titanic Training 시트)를 읽어 들인 후 k-NN을 활용해 모델을 생성한다. 이 프로세스에 Apply Model을 프로세스 패널에 추가하고, mod 입력포트를 Decision Tree의 mod 출력포트에 연결하고, lab과 mod 출력포트를 프로세스 패널의 res 포트와 연결한다(그림 5-56의 ①과 ②). 다른 Read Excel을 프로세스 패널에 추가한 후 Titanic 데이터 세트의 검증 데이터 세트(Titanic Test 시트)의 데이터를 읽어 들인다(그림 5-56의 ③). Read Excel의 out 출력포트를 Apply Model의 unl 입력포트에 연결한다(그림 5-56의 ④).

이제 전체 분석 프로세스를 실행해 보자. 그림 5-57은 분석 프로세스를 실행하였을 때 결과를 보여준다. 모델을 적용하면 클래스 레이블에 대한 예측과 각 레이블에 대한 신

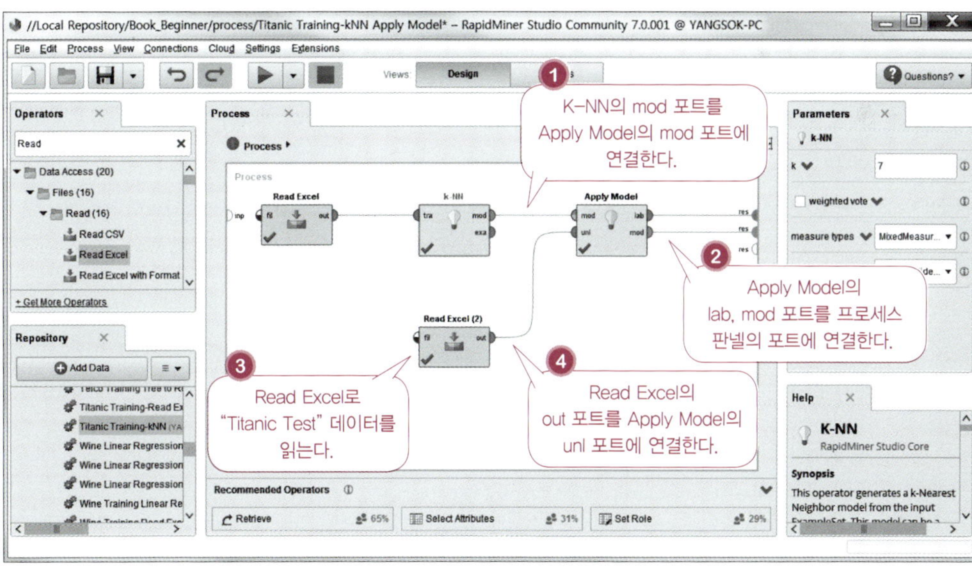

그림 5-56 Apply Model 오퍼레이터 활용

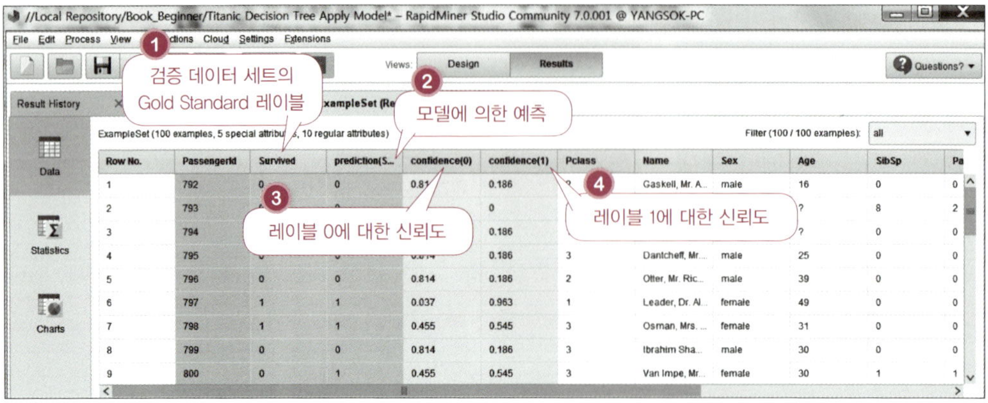

그림 5-57 Apply Model 오퍼레이터 활용 결과

뢰도를 보여준다. 예를 들어 8번 승객은 사우스햄프톤에서 형제들과 같이 탑승한 2살배기 남자아이이다. 이 아이는 살았을까?

Pclass=3, Sex=male, Age=2.0, SibSp=3.0, Parch=1.0, Ticket=349909, Fare=21.075,Cabin= ?, Embarked=S

모델 적용 사례에서 이 탑승객의 결과를 보면(그림 5-57의 첫 번째 행) 생존 신뢰도는 42.9%인 반면, 사망할 확률은 57.1%이기 때문에 사망했다고 예측하였다. 그리고 이 아이는 안타깝게도 사망했다(결과 테이블의 Survived를 보면 0으로 되어 있다).

분석 프로세스 저장

"File > Save Process as…"를 실행하여 "Local Repository > Book_Beginner > process > Titanic k-NN Apply Model" 프로젝트로 저장한다.

연습 5-6

이번 장에서는 타이타닉 데이터에 k-NN을 활용하여 모델을 생성한 후 Apply Model을 적용하였다. 다른 데이터에도 Apply Model을 적용해보도록 하자. 각각의 프로젝트는 아래와 같이 저장한다.

- 소득 데이터: Income Decision Tree Apply Model
- 통신회사 데이터: Telco Decision Rule Apply Model
- 은행 데이터: Bank Naïve Bayes Apply Model
- 와인 데이터: Wine Linear Regression Apply Model

주의) 붓꽃 데이터는 Apply Model을 사용하지 않기 때문에 연습에 포함하지 않았다.

5.5.3 결론

모델을 적용하면 각 사례별로 예측 결과가 어떻게 되는지 알 수 있지만, 전반적으로 모델의 성과가 어떻게 되는지는 알 수 없다. 이를 위해서는 모델에 대한 성과 평가를 해야 한다. 다음 절에서 성과 평가 문제에 대해서 다루어 보자.

5.6 성과 평가

성과 평가는 학습 데이터를 활용해 생성된 모델이 얼마나 잘 작동하는지를 판단하는 것이다. 성과 측정은 기술적 성과 측정과 휴리스틱 측정으로 나눌 수 있다. 전자는 학습 데이터로 모델을 생성하고 테스트 데이터를 모델로 처리한 후 원래 검증 사례의 클래스 레이블을 예측 클래스 레이블과 비교하여 성과 결과를 나타낸다. 후자는 도메인 전문가가 모델 또는 예측 결과를 보고 모델의 유효성을 검증하기 위해 사용한다. 여기에서는 기술적 성과 측정에 대해서만 설명한다. 기술적 성과 측정은 지도학습 문제인 경우와 비지도학습 문제인 경우로 나누어 볼 수 있다. 지도학습은 분류와 회귀가 있는데, 이 학습과 시험에 쓰이는 데이터는 모두 골드 스탠더드(gold standard), 즉 원래 클래스 값을 갖는다. 성과는 이 골드 스탠더드와 예측 결과를 비교 분석하여 얻게 된다. 비지도학습의 경우(예, 군집화) 일반적으로 사례가 골드 스탠더드를 가지고 있지 않아 지도학습에 쓰인 방법을 적용할 수 없다. 따라서 다른 평가 방법을 고려해야 한다.

5.6.1 분류 예측 검증 지표

분류 문제는 가장 일반적인 데이터 분석 문제이다. 분류 모델의 성과를 측정하기 위한 다양한 측정지표들이 개발되었다. 범주 유형의 분류 문제의 경우 정확도(accuracy), 정

표 5-7 이항 분류의 주요 성과 지표

		실제 클래스(Gold Standard에 의해 결정)	
		True	False
예측된 클래스	Positive	True Positive	False Positive(Type I 오류)
	Negative	False Negative(Type II 오류)	True Negative

$$\text{precision} = \frac{TP}{TP+FP}, \text{recall} = \frac{TP}{TP+FN}, \text{true negative rate} = \frac{TN}{TN+FP},$$

$$\text{accuracy} = \frac{TP+TN}{TP+TN+FP+FN}, \text{f}-\text{measure} = 2 \cdot \frac{precision \cdot recall}{precision + recall}$$

밀도(precision), 재현율(recall), f-measure 등이 많이 사용되는데, 표 5-7은 이런 지표들이 어떻게 계산되는지 보여준다.

분류 성과 측정 오퍼레이터

래피드마이너에는 일반적인 분류 문제에 대한 성과지표를 측정하는 Performance (Classification)와 이항 분류 문제에 특화된 성과지표를 제공하는 Performance (Binominal Classification)가 있다.

■ 입출력 포트

이 오퍼레이터는 같은 입출력 포트를 갖는다(그림 5-58). Apply Model이 예측한 레이블을 가진 테스트 데이터 세트를 입력받는 lab 입력포트가 있고, 성과벡터를 입력받는 per 입력포트가 있다. 성과벡터 입력은 필수적인 것은 아니다. 이 오퍼레이터는 성과벡터를 출력하는 per 출력포트와 예측한 레이블을 가진 테스트 데이터 세트를 출력하는 lab 출력포트가 있다. Performance 오퍼레이터를 선택하면, 오른쪽 파라미터 패널에 측정 가능한 성과지표들이 보인다. Performance(Classification)와 Performance(Binominal Classification)의 선택 가능한 성과지표는 표 5-8과 표 5-9에 정의되어 있다.

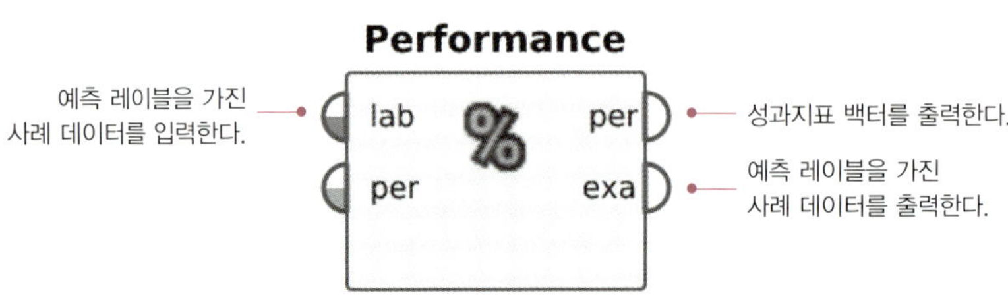

그림 5-58 Performance 오퍼레이터

분류 성과 측정 프로세스 설계

소득을 예측하는 Decision Tree의 모델 성과를 측정하는 사례를 보자. 5.5.2절에서 논의한 모델 적용 분석 절차를 확장하여 회귀모델의 성과 측정 분석 절차를 구현해 보자. Local Repository>Book_Begginer>process>Income Decision Tree Apply Model 프로젝트를 열어 확장하자. 확장된 분석 프로세스는 그림 5-59에 설명되어 있다. 소득 예

표 5-8

Performance(Classification) 오퍼레이터의 성과지표 파라미터

파라미터	설명
accuracy	정확도
classification error	분류 오류
kappa	분류에 대한 kappa 통계치
weighted mean recall	각 클래스에 대한 recall의 가중 평균
weighted mean precision	각 클래스에 대한 precision의 가중 평균
spearman rho	Spearman의 rho 순위 상관 관계 측정
kendall tau	Kendall의 tau 순위 상관 관계 측정
absolute error	절대 오류
relative error	상대 오류
relative error lenient	관대한 상대 오류
relative error strict	엄격한 상대 오류
normalized absolute error	정규화된 절대 오류
root mean squared error	평균 제곱 오차의 제곱근
root relative squared error	상대 제곱 오차의 제곱근
squared error	제곱 오차
correlation	실제와 예측 간의 상관관계 계수
squared correlation	실제와 예측 간의 제곱상관관계 계수
cross entropy	교차 엔트로피
margin	마진
soft margin loss	평균 소프트 마진 손실
logistic loss	로지스틱 손실

표 5-9

Performance(Binominal Classification) 오퍼레이터의 성과지표 파라미터

파라미터	설명
accuracy	정확도
classification error	분류 오류
kappa	분류에 대한 kappa 통계치
AUC(optimistic)	ROC 곡선 아래 영역
AUC	ROC 곡선 아래 영역
AUC(pessimistic)	ROC 곡선 아래 영역
precision	정밀도
recall	재현율
lift	리프트
fallout	FP/(FP+TN)=1-specificity
f-measure	정밀도와 재현율의 조화 평균
false positive	실제는 false인데 positive로 예측된 경우
false negative	실제는 false인데 negative로 예측된 경우
true positive	실제는 true인데 positive로 예측된 경우
true negative	실제는 true인데 negative로 예측된 경우
sensitivity	TP/(TP+FN)
specificity	TN/(FP+TN)
positive predictive value	TP/(TP+FP)
negative predictive value	TN/(TN+FN)

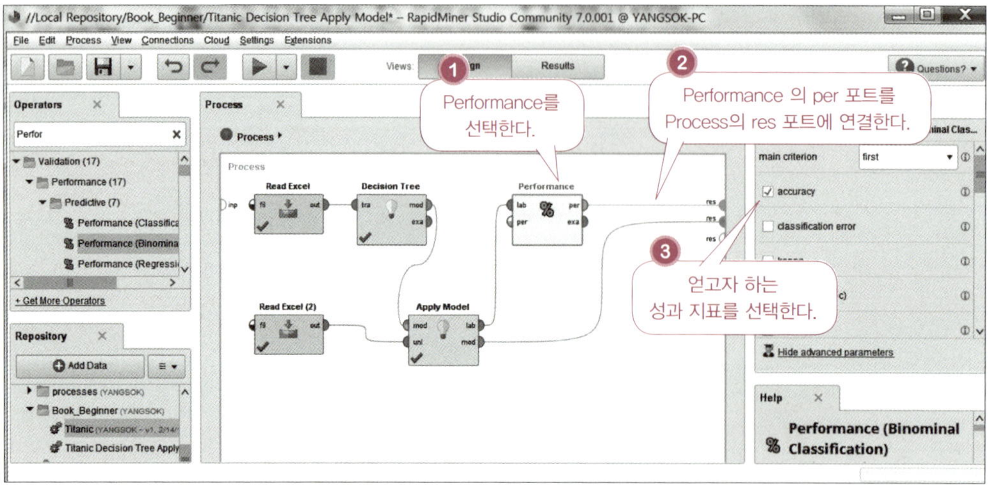

그림 5-59 분류 성과 측정 프로세스 설계

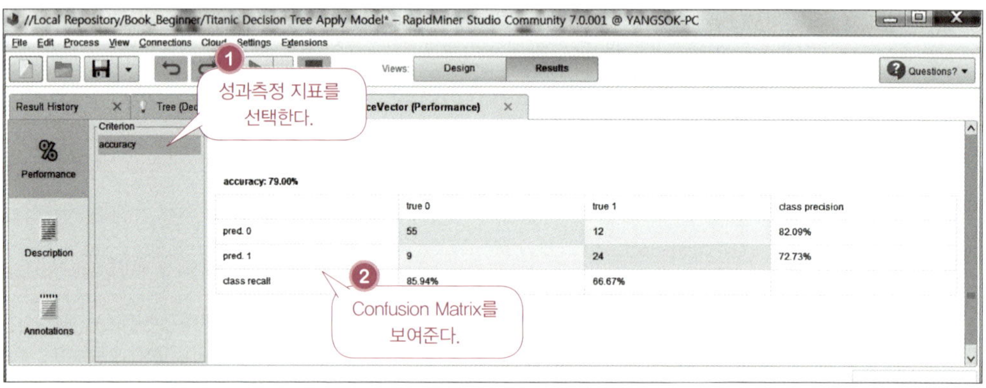

그림 5-60 분류 성과 측정 결과

측 문제가 이진 분류 문제이기 때문에 Performance(Binominal Classification)를 추가하고, 이 오퍼레이터의 lab 입력포트에 Apply Model 오퍼레이터의 lab 포트를 연결한다. 마지막으로 Performance(Binominal Classification)의 성과 출력포트 per를 Process의 res 포트에 연결한다. 위에서 설정한 분석 프로세스를 실행하면, 그림 5-60과 같은 성과 측정 결과를 결과 뷰에서 볼 수 있다.

분석 프로세스 저장

이번에 수행한 분류 예측 프로젝트는 “File > Save Process as…”를 실행하여 Local

Repository > Book_Beginner > process > Income Decision Tree Performance로 저장하라.

연습 5-7

k-NN, Decision Rules, Naïve Bayes는 분류 문제에 적용되었다. 분류 성과 측정 오퍼레이터(Performance(Classification) 또는 Performance(Binominal Classification))를 사용하여 성과 평가를 실행해보라. 분석 프로세스는 아래와 같이 저장한다.

- 타이타닉 데이터: Titanic k-NN Performance
- 통신회사 테이터: Telco Decision Rules Performance
- 은행 데이터: Bank Naïve Bayes Performance

5.6.2 수치 예측 검증 지표

수치 예측의 경우에는 성과 측정을 위해 예측한 수치 값이 실제 수치 값과 어느 정도 차이가 있는지를 측정한다. 테스트 사례의 실제 값은 a_1, $a_2, \cdots$, a_n이고 이들의 평균은

표 5-10 수치 예측에 사용되는 주요 검증 지표

평균제곱	$\frac{(p_1-a_1)^2+\cdots+(p_n-a_n)^2}{n}$
오차의 제곱 평균 제곱근(표준오차)	$\sqrt{\frac{(p_1-a_1)^2+\cdots+(p_n-a_n)^2}{n}}$
평균 절대오차	$\frac{\lvert p_1-a_1\rvert+\cdots+\lvert p_n-a_n\rvert}{n}$
상대 제곱오차	$\frac{(p_1-a_1)^2+\cdots+(p_n-a_n)^2}{(a_1-\bar{a})^2+\cdots+(a_n-\bar{a})^2}$
제곱근 상대오차	$\sqrt{\frac{(p_1-a_1)^2+\cdots+(p_n-a_n)^2}{(a_1-\bar{a})^2+\cdots+(a_n-\bar{a})^2}}$
상대 절대오차	$\frac{\lvert p_1-a_1\rvert^2+\cdots+\lvert p_n-a_n\rvert^2}{\lvert a_1-\bar{a}\rvert^2+\cdots+\lvert a_n-\bar{a}\rvert^2}$
상관계수	$\frac{S_{PA}}{\sqrt{S_p S_A}}$

주) $S_{PA}=\frac{\sum_i(p_i-\bar{p})(a_i-\bar{a})}{n-1}$, $S_P=\frac{\sum_i(p_i-\bar{p})}{n-1}$, $S_A=\frac{\sum_i(a_i-\bar{a})}{n-1}$

$\overline{a}$, 예측한 값은 p_1, p_2, ⋯. p_n이고 이들의 평균은 $\overline{p}$라고 할 때, 수치 예측 모델의 주요 성과지표는 표 5-10과 같다.

Performance(Regression) 오퍼레이터

래피드마이너는 수치 예측의 성과지표를 제공하는 Performance(Regression)을 제공한다.

■ 입출력 포트

이 오퍼레이터의 입출력 포트는 Performance(Classification)/Performance(Binominal Classification)와 동일하다.

■ 파라미터

이 오퍼레이터를 선택하면 오른쪽 파라미터 뷰에 측정 가능한 성과지표들이 보인다.

표 5-11 Performance(Regression) 오퍼레이터의 성과지표 파라미터

파라미터	설명
root mean squared error	오차의 제곱 평균 제곱근(표준오차)
absolute error	평균 절대오차
relative error	평균 상대오차
relative error lenient	관대한 상대오차
relative error strict	엄격한 상대오차
normalized absolute error	정규화된 평균 절대오차
root relative squared error	상대 제곱 오차의 제곱근
squared error	제곱오차
correlation	레이블과 예측 간의 상관관계 계수
squared correlation	레이블과 예측 간의 제곱 상관관계 계수
prediction average	평균 예측
spearman rho	Spearman의 rho
kendall tau	Kendall의 tau-b

이 중에서 측정하고자 하는 측정치를 체크하면 된다. 이 오퍼레이터에서 선택 가능한 측정치는 표 5-11에 정리되어 있다.

Performance(Regression) 오퍼레이터 활용 사례

와인의 품질을 예측하는 Linear Regression의 모델 성과를 측정하는 사례를 보자. 연습 5-6에서 회귀모델 적용을 구현하여 Local Repository > Book_Begginer > process > Wine Linear Regression Apply Model 프로젝트로 저장되어 있다고 가정하자. 이 프로젝트를 열어 확장하자.

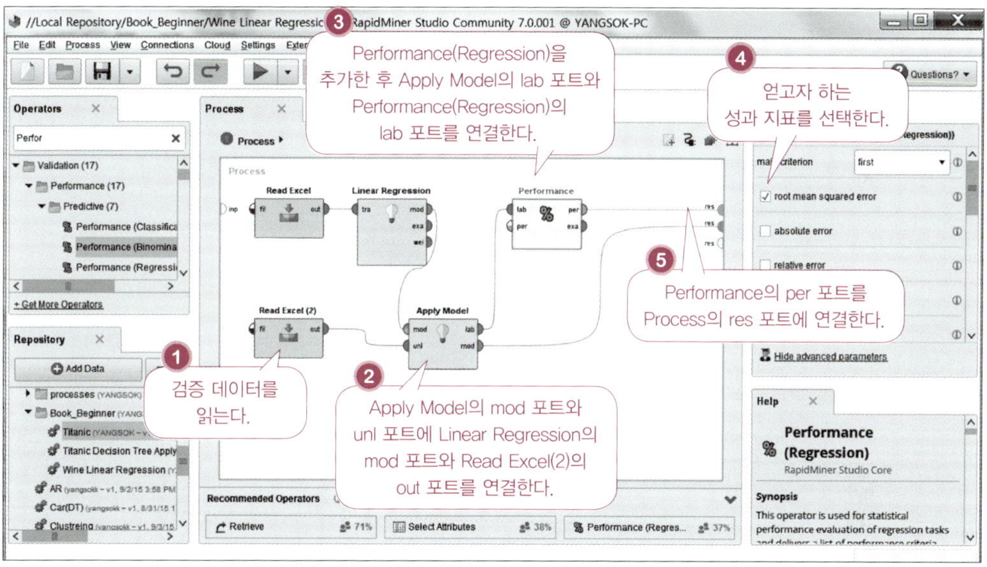

그림 5-61 Performance(Regression) 오퍼레이터 활용 사례

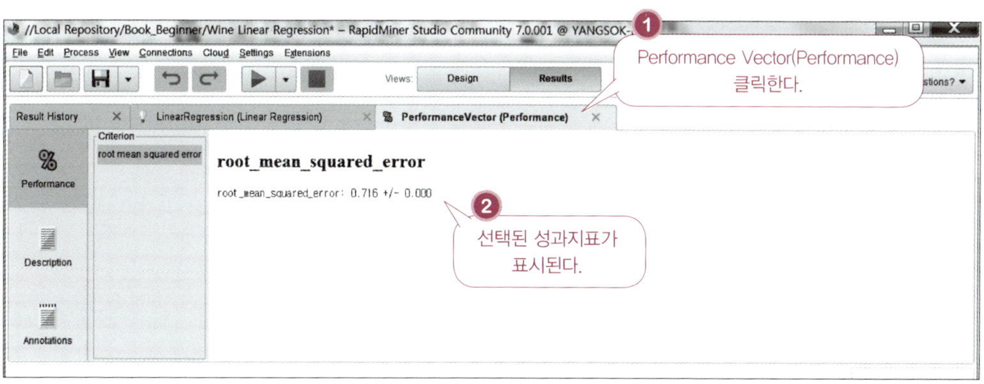

그림 5-62 Linear Regression의 성과 측정

분석 프로세스 저장

이번 분석 프로세스를 "File>Save Process as…"를 실행하여 Local Repository>Book_Beginner>process>Wine Linear Regression Performance로 저장하라.

5.6.3 군집화 검증 지표

군집화 알고리즘(clustering algorithm)의 성과 평가는 분류 알고리즘에서 오류 숫자를 계산하거나 정밀도와 재현율을 계산하는 것처럼 쉬운 일은 아니다. 래피드마이너는 다음의 평가지표 관련 오퍼레이터를 제공한다.

군집 밀도 기반 검증 지표

이 검증 지표는 한 군집 사례 간의 유사도(거리)를 평균을 계산한 후 군집화된 사례가 얼마나 밀집되었는지를 측정한다. Cluster Density Performance 오퍼레이터는 이를 지원한다.

Cluster Density Performance 오퍼레이터

이 오퍼레이터는 k-Means 같은 중심 기반 군집화와 함께 사용된다. 이런 군집화 알고리즘은 중심 군집 모델(centroid cluster model), 군집화된 사례 집합(clustered set), 각 군집의 중심(centroids)에 대한 정보를 제공한다. 이 오퍼레이터는 중심 군집 모델과 군집화된 집합을 입력 값으로 받아서 군집 밀집도(cluster density)에 기반한 모델의 성과를 측정한다(그림 5-63).

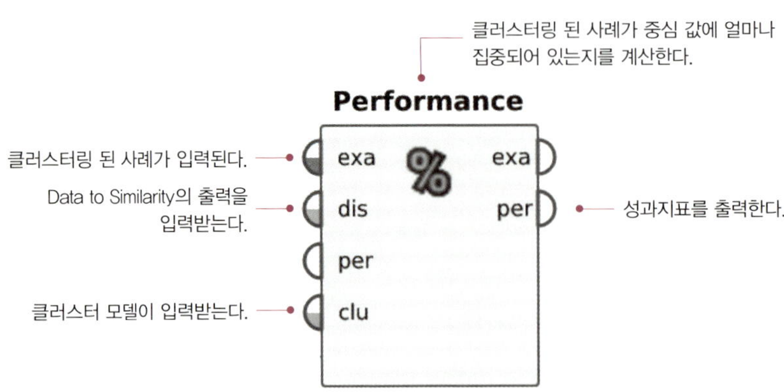

그림 5-63 Cluster Density Performance 오퍼레이터

■ **입출력 포트**

이 오퍼레이터의 입력포트에는 군집화된 사례 입력포트 exa 입력포트, 사례 간의 유사도 입력포트 dis, 군집 모델의 입력포트 clu가 있다. 성과 벡터 입력포트 per는 선택적 입력포트이다. 출력포트에는 성과 벡터 출력포트 per가 있다.

■ **파라미터**

특별히 설정할 파라미터는 없다.

군집 밀도 성과 분석 사례

Local Repository > Book_Beginner > process > Iris k-Means 프로젝트를 열고, 그림 5-64와 같이 구성한다. Cluster Density Performance를 프로세스 패널에 추가한다. Cluster(k-Means) 오퍼레이터의 첫 번째 clu 포트(군집화 모델 출력)를 이 오퍼레이터의 clu 포트에 연결한다. 주어진 사례 집합의 각 사례와 다른 사례 집합의 유사도를 측정하는 Data to Similarity를 프로세스 패널에 추가하고, Cluster(k-Means) 오퍼레이터의 두 번째 clu 출력포트(군집화된 사례 출력)를 이 오퍼레이터의 사례 입력포트 exa에 연결한다. Data to Similarity의 유사도 출력포트 sim을 Cluster Density Performance의

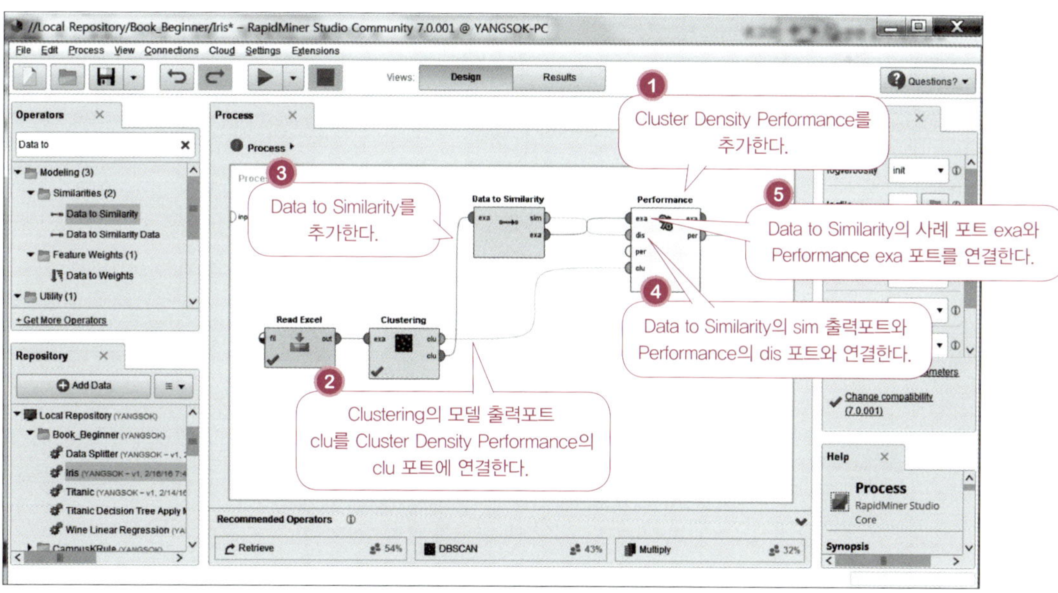

그림 5-64 Cluster Density Performance 오퍼레이터 사용 사례

dis 입력포트에 연결하고, Data to Similarity의 exa 포트를 Cluster Density Performance의 exa 포트로 연결한다. 마지막으로 Cluster Density Performance의 성과벡터를 프로세스 패널의 res 포트에 연결한다.

> **※참고: Data to Similarity 오퍼레이터**
> 이 오퍼레이터는 주어진 사례 집합의 각 사례 간의 유사도를 측정한다. 이 오퍼레이터는 네 가지 유형의 측정치를 제공한다.
>
> **입출력 포트**
> 입력포트에는 사례를 입력받는 사례 집합 포트 exa가 있고, 출력포트에는 사례 간 유사도를 출력하는 유사도 출력포트 sim과 입력된 사례를 그대로 출력하는 사례 출력포트 exa가 있다.
>
> **파라미터**
> 이 오퍼레이터는 측정치 유형(measure types)과 측정치(measure)를 선택하는 파라미터를 제공한다. 선택할 수 있는 측정치 리스트는 측정치 유형에 따라 달라진다.

군집 밀도 성과 분석 결과

군집 0의 거리 평균은 −39.636, 군집 1의 거리 평균은 −61.354, 군집 3의 거리 평균은 −34.208이다. 군집의 전체 데이터 세트의 평균 거리는 −46.656이다. 선택되는 군집화 결과가 그림 5-65와 정확히 같지 않을 수 있다. 왜 그럴까? 생각해 보자.

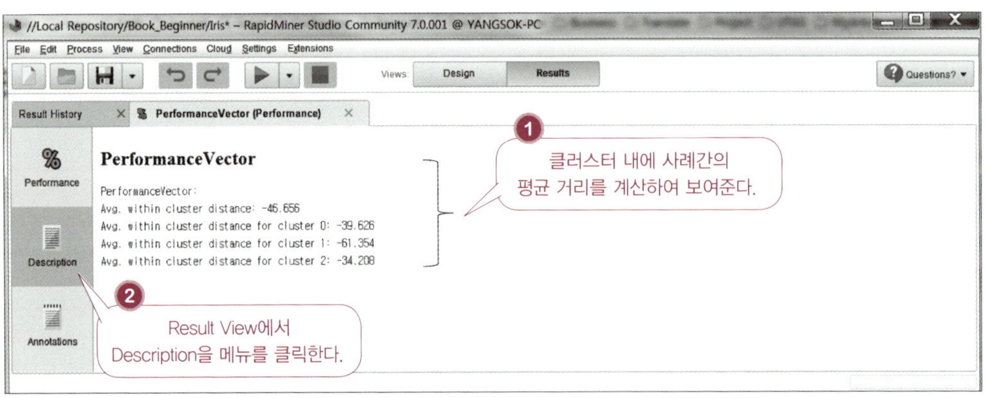

그림 5-65 밀도기반 군집화 성과 측정 결과

분석 프로세스 저장

이번 분석 프로세스를 "File > Save Process as…"를 실행하여 Local Repository > Book_Beginner > process > Iris k-Means Density로 저장하라.

군집 거리 기반 성과지표

이 성과지표는 중심 군집 모델과 군집화된 집합을 사용하여 군집 거리의 평균을 비교한다. 군집 거리의 평균은 군집 중심과 군집의 모든 사례 간 거리의 평균으로 계산된다. 낮은 군집 간 거리(높은 군집 간 유사도)와 높은 군집 내 거리(낮은 군집 내 유사도)를 갖는 군집들을 생성하는 군집화 알고리즘이 가장 좋은 알고리즘으로 간주된다.

Cluster Distance Performance 오퍼레이터

이 오퍼레이터는 클러스터 거리 성과 평가 방법을 지원한다. 이 오퍼레이터는 군집 모델, 군집에 배치된 사례, 군집 중앙 값 등의 정보를 받아 거리 기반 성과지표를 계산한다. 이 오퍼레이터가 지원하는 성과 측정치에는 군집 내 평균거리(Average within cluster distance)와 Davies-Bouldin 지수가 있다.

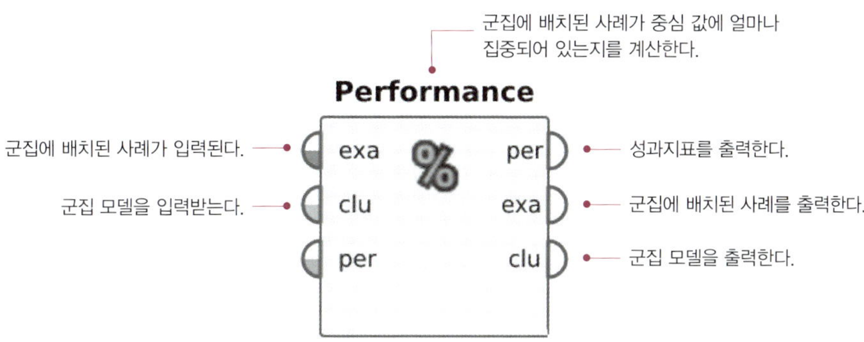

그림 5-66 Cluster Distance Performance 오퍼레이터

■ 입출력 포트

이 오퍼레이터의 입력포트에는 군집에 배치된 사례를 입력받는 exa 포트, 군집 모델을 입력받는 clu 포트가 있다. 이 오퍼레이터의 출력포트에는 성과지표를 출력하는 per 포트, 군집에 배치된 사례를 출력하는 exa 포트, 군집 모델을 출력하는 clu 포트가 있다.

■ **파라미터**

이 오퍼레이터는 main criterion(주요 결정 기준), main criterion only(주요 결정 기준만 사용), normalize(정규화), maximize(최대화) 등의 파라미터를 제공한다.

- main criterion 파라미터는 성과 측정을 위해 사용되는 주요 결정 기준을 설정한다. 주요 결정 기준에는 군집 내 평균거리와 Davies-Bouldin 지수가 있다. 전자는 군집의 중앙 값과 사례의 거리 평균을 측정하고, 후자는 군집 내 거리와 군집 간 거리를 고려하는 지수이다. 낮은 지수일수록 좋은 군집 알고리즘이 된다.
- main criterion only 파라미터는 주요 결정 기준 결과만 출력하도록 설정하는 파라미터이다.
- normalize 파라미터는 결과가 정규화되어야 할지 여부를 설정한다. 이것이 체크되면 속성의 숫자로 결과 값을 나누게 된다.
- maximize 파라미터는 결과 값이 최대화되어야 할지 여부를 설정하게 한다. 이것이 체크되면 결과는 마이너스 결과에 의해 곱해지지 않는다.

군집 거리 기반 성과지표 사용 사례

Local Repository>Book_Beginner>process>Iris k-Means 프로젝트를 열고, 그림 5-67과 같이 구성한다. 먼저 군집 거리 기반 성과 측정을 위해 Cluster Distance Performance를 추가하였다. 군집 모델(cluster model)을 출력하는 Cluster(k-Means)의 첫 번째 clu 출력포트는, Cluster Distance Performance의 clu 포트에 연결하고, 군집화된 사례 집합(clustered set)을 출력하는 두 번째 clu 포트는 Cluster Distance Performance의 exa 포트에 연결한다. 성과 측정 결과는 Cluster Distance Performance의 per 출력포트를 통해 프로세스 패널의 res 포트에 연결한다. Cluster Distance Performance 오퍼레이터의 주요 결정기준(main criterion) 파라미터는 군집의 모든 사례와 센트로이드 사이의 평균거리를 나타내는 군집 내 평균거리(avg._within_centroid_distanc)를 선택하였다. 프로세스를 실행하면 분석 결과를 얻을 수 있다. 군집의 평균거리는 그림 5-68과 같다.

분석 프로세스 저장

이번 분석 프로세스를 “File>Save Process as…”를 실행하여 Local Repository>Book_Beginner>process>Iris k-Means Distance로 저장하라.

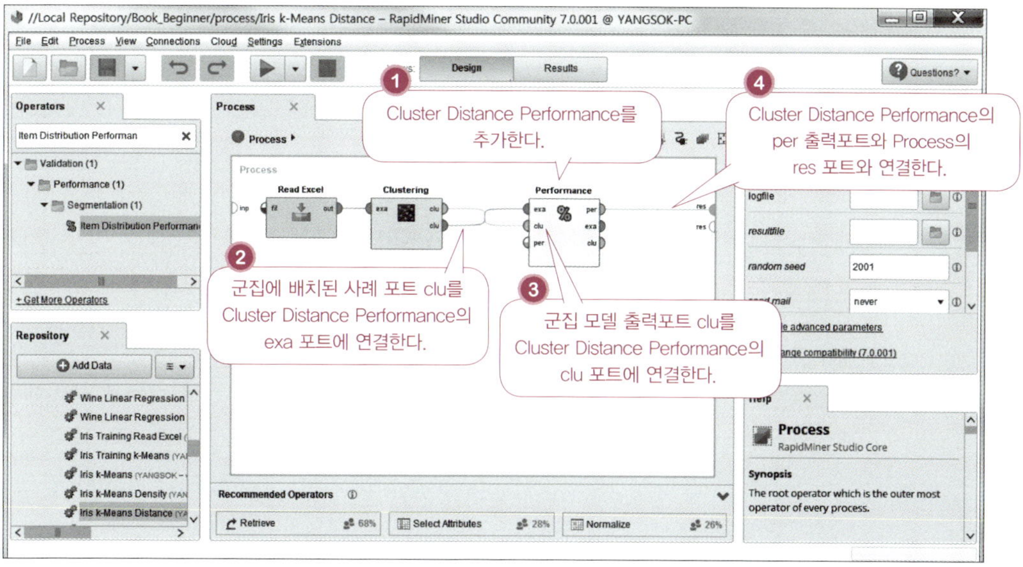

그림 5-67 Cluster Distance Performance 오퍼레이터 사례

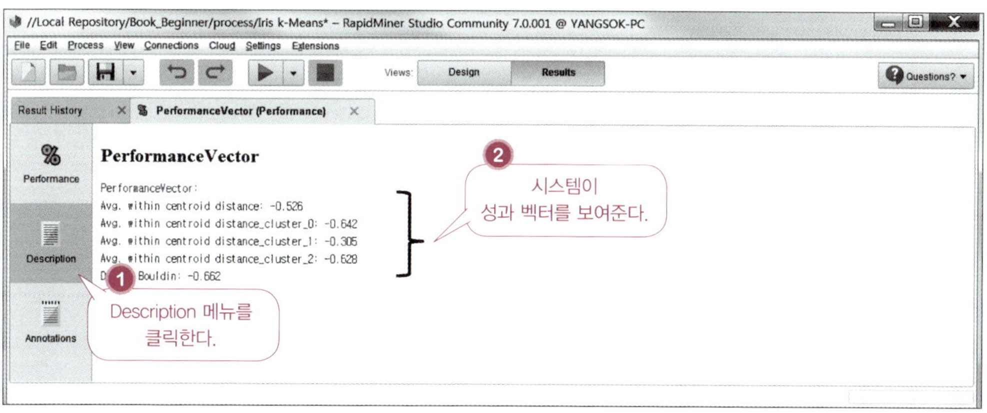

그림 5-68 군집 거리 기반 군집화 성과 측정 결과

사례 분산 기준 군집화 성과지표

이 지표는 어떻게 사례들이 군집들에 분산되어 있는지를 측정한다.

Item Distribution Performance 오퍼레이터

이 오퍼레이터는 사례의 분산에 기반을 두고 군집 알고리즘을 평가한다. 자승의 합(Sum of Squares)과 지니계수(Gini Coefficient) 등 두 가지 분산 측정치가 사용된다. 이 오퍼레이터는 k-Means와 같은 평면 군집화(flat clustering) 알고리즘의 성과 평가를 위해 사용된다(그림 5-69).

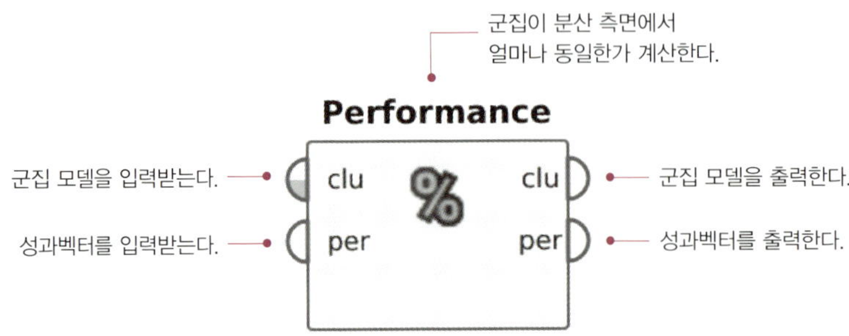

그림 5-69 Item Distribution Performance 오퍼레이터

■ **입출력 포트**

이 오퍼레이터의 입력포트에는 군집 모델을 입력받는 clu 포트와 성과벡터를 입력받는 per 포트가 있다. 이 오퍼레이터의 출력포트에는 성과지표를 출력하는 per 포트, 군집 모델을 출력하는 clu 포트가 있다.

■ **파라미터**

이 오퍼레이터는 measure(측정치) 파라미터가 있다. 이 파라미터는 적용할 아이템 분산 측정치를 설정하기 위해 사용한다. 자승의 합(sum of squares)과 지니계수(Gini coefficient)가 사용된다. 지니계수는 0~1의 값을 가지며, 0은 완전히 균일한 분산을, 1은 완전히 비균일한 분산을 나타낸다.

사례 분산 기준 군집화 성과 측정 사례

Local Repository>Book_Beginner>process>Iris k-Means 프로젝트를 열고, 그림 5-70과 같이 분석 프로세스를 구성한다. 우선 위에서 설명한 것처럼 k-Means로 군집화를 수행한 후 군집 거리 기반 성과 측정을 위해 Item Distribution Performance를 추가하였다. 군집 모델(cluster model)을 출력하는 Cluster(k-Means) 오퍼레이터의 첫 번째 clu 출력노드를 Item Distribution Performance 오퍼레이터의 clu 입력노드에 연결한다. Item Distribution Performance 오퍼레이터의 측정치(measure) 파라미터를 지니계수로 설정한다.

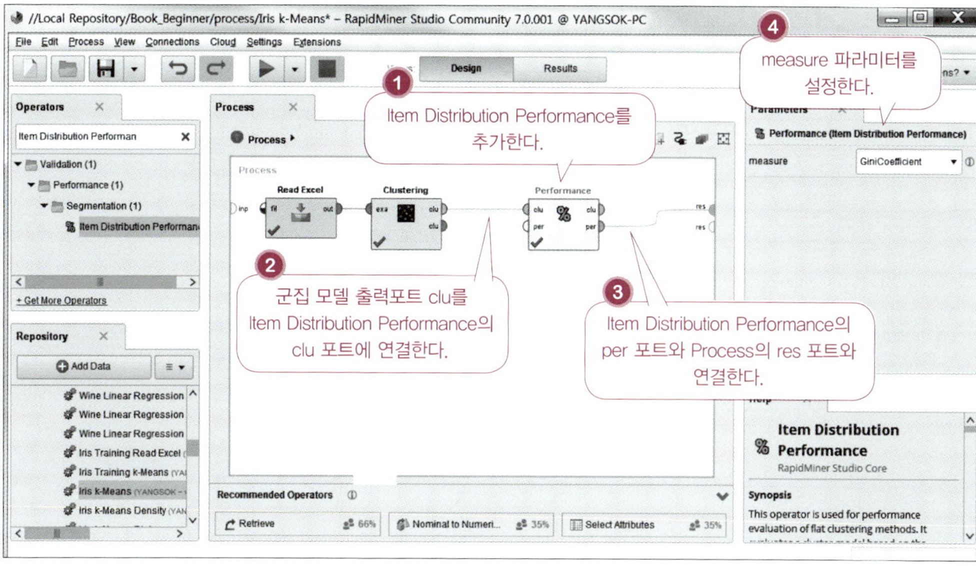

그림 5-70 Item Distribution Performance 오퍼레이터 적용 사례

사례 분산 기반 군집화 성과 측정 결과

그림 5-71은 사례 분산 기반 군집화 성과 측정 결과를 보여준다. 지니계수는 0.998로 군집이 동일하지 않다는 것을 보여준다.

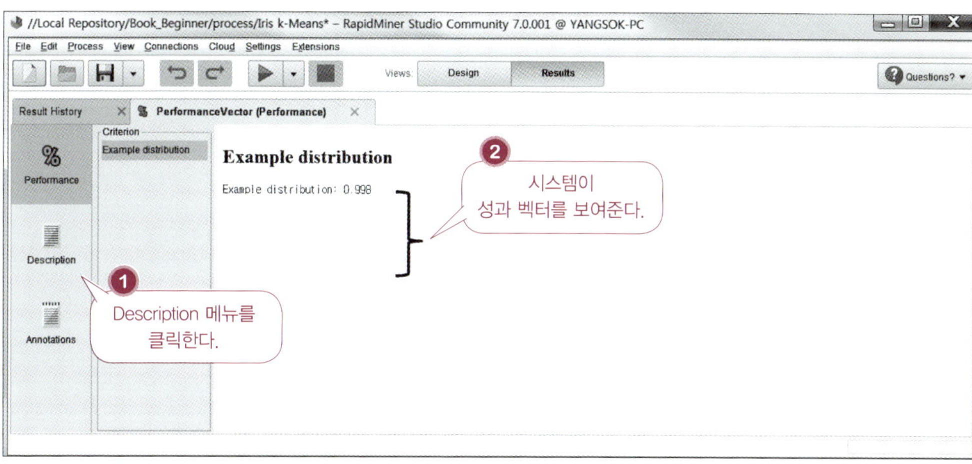

그림 5-71 사례 분산 기반 군집화 성과 측정 결과

분석 프로세스 저장

이번 분석 프로세스를 "File>Save Process as…"를 실행하여 Local Repository>Book_Beginner>process>Iris k-Means Item Distribution으로 저장하라.

클래스 레이블 예측 평가

클래스 레이블 예측 평가는 사례가 레이블을 가지고 있지만, 이를 고려하지 않고 군집을 수행한 후 군집 내에 분류된 사례가 얼마나 같은 레이블을 가지고 있는지를 평가한다.

Map Clustering on Labels 오퍼레이터

이 오퍼레이터는 군집에 기반한 레이블 예측 결과를 보여주어 클래스 레이블 예측 평가를 가능하게 한다.

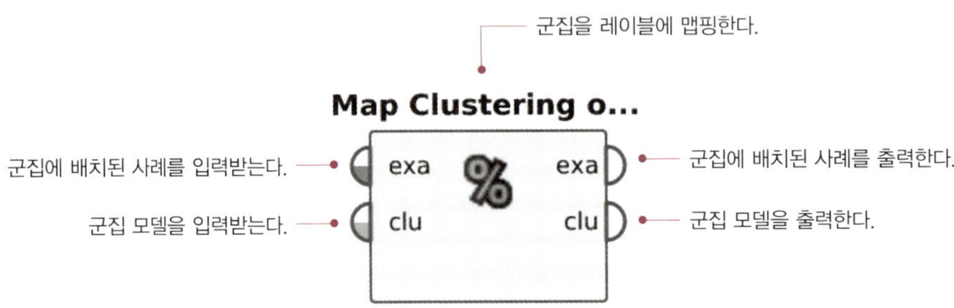

그림 5-72 Map Clustering on Labels 오퍼레이터

■ **입출력 포트**

이 오퍼레이터에는 군집화된 사례를 입력받는 exa 입력포트와 군집 모델을 입력으로 받는 clu 입력포트가 있다. 출력포트는 입력받은 군집화된 사례를 출력하는 exa 출력포트와 군집 모델을 출력하는 clu 포트가 있다.

■ **파라미터**

이 오퍼레이터에는 설정해야 할 파라미터가 없다.

Map Clustering on Labels 분석 프로세스 설계

Local Repository>Book_Beginner>process>Iris k-Means 프로젝트를 열고, 그

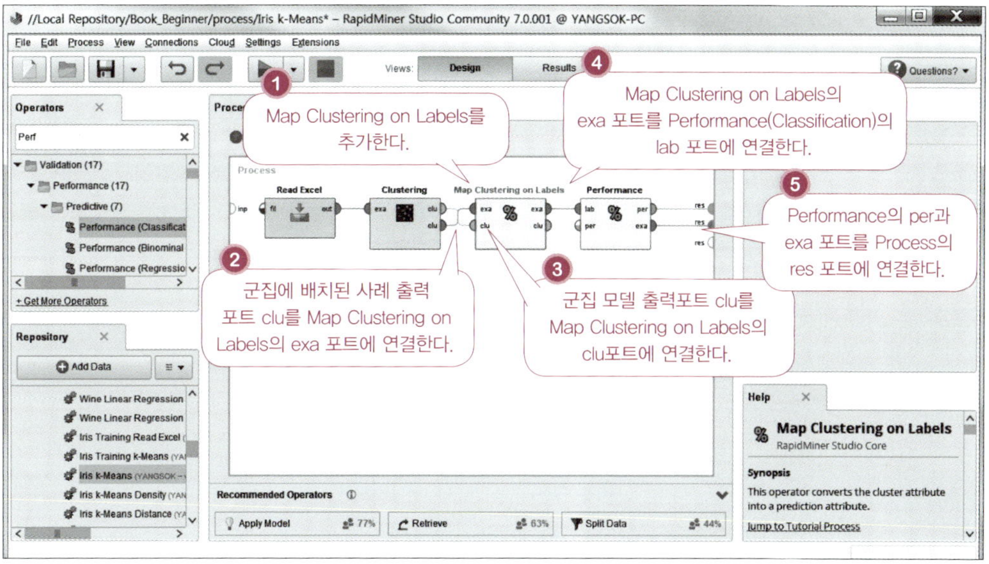

그림 5-73 Map Clustering on Labels 오퍼레이터 사례

림 5-73과 같이 분석 프로세스를 구성한다. Clustering(k-Means)의 군집 사례 출력포트 clu를 이 오퍼레이터의 exa 입력포트에 연결하고, 군집 모델 출력 포트 clu를 이 오퍼레이터의 clu 입력포트에 연결한다. 다음으로 분류 성과를 측정하는 Performance(Classification)을 Process에 추가하고, Map Clustering on Labels 오퍼레이터의 사례 출력포트 exa를 이 오퍼레이터에 연결한다. 마지막으로 Performance(Classification)의 성과벡터 출력포트 per와 레이블을 갖는 사례 출력포트 exa를 프로세스 패널의 res 포트에 연결한다. Map Clustering on Labels의 전체 분석 프로세스는 부록을 참조하라.

분석 결과: 클래스 레이블 예측 결과

그림 5-74는 군집 모델을 활용해 클래스 레이블을 예측한 결과를 보여준다. 따라서 분류 예측 모델에서 얻었던 성과 측정 지표(예, 정확도, 정밀도, 재현율 등)를 얻을 수 있다. 분류 결과는 그림 5-75에 정리되어 있다. 전체 예측의 정확도는 89.33%이다. Iris-setosa는 정밀도와 재현율이 모두 100%이고, Iris-versicolor의 정밀도는 77.42%이며 재현율은 96.00%이다. Iris-virginica는 정밀도가 94.74%이고 재현율이 72.00%이다.

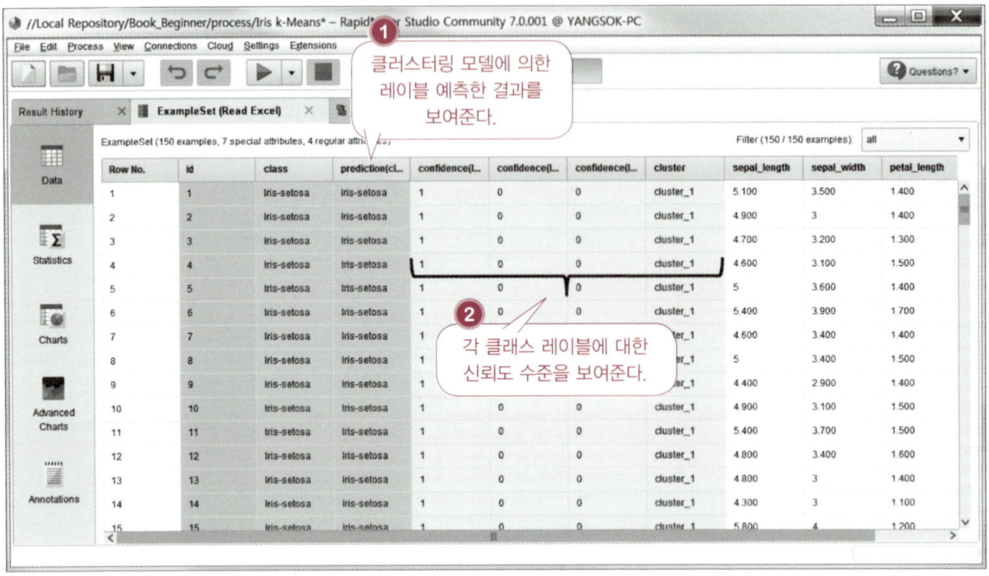

그림 5-74 클래스 레이블 예측 결과(사례)

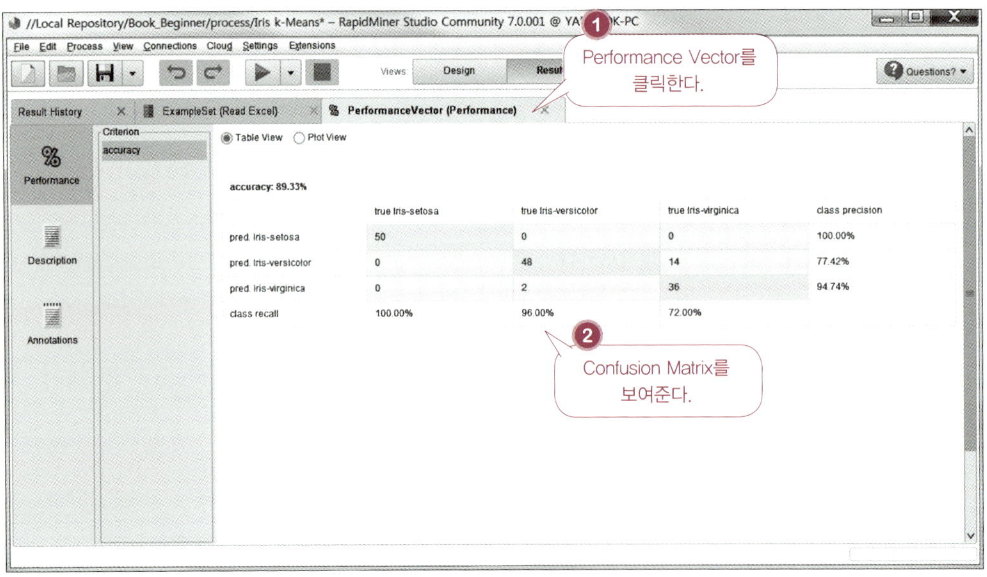

그림 5-75 클래스 레이블 예측 결과(분류)

분석 프로세스 저장

이번 분석 프로세스를 "File>Save Process as…"를 실행하여 Local Repository>Book_Beginner>process>Iris k-Means Map Clustering on Labels로 저장하라.

5.7 결론

이 장에서는 모델링 단계에 대해 논의하였다. 모델링은 데이터 읽기, 모델 선택, 모델 적용, 성과 평가 단계로 구성되어 있다. 이번 장에서는 Read Excel만을 사용하는 법에 대해서 배웠지만, 래피드마이너는 다양한 데이터 읽기 오퍼레이터를 제공한다. 데이터를 읽은 후에 어떤 모델을 적용할지 선택해야 한다. 모델의 선택은 문제의 유형이나, 데이터의 가용성 등에 의해 영향을 받는다.

학습 데이터를 활용하여 모델링 오퍼레이터는 모델을 생성한다. 이 모델의 성과를 검토하기 위해 테스트 데이터에 모델을 적용한다. 마지막으로 모델 적용에 따른 예측 결과와 실제 결과를 비교하여 성과를 측정한다.

한 데이터 세트에 다양한 모델을 적용할 수 있고, 같은 모델을 적용하더라도 파라미터 설정을 다르게 하여 다른 모델과 성과를 얻을 수 있다. 따라서 어떤 모델과 어떤 파라미터를 설정하였을 때 가장 좋은 성과를 얻는지 검토해야 한다.

06

평가 단계

6.1 서론

이제까지 논의에서는 학습 데이터 세트와 테스트 데이터 세트가 분리되어 있는 경우를 가정하고 논의했다. 이 경우에 테스트 데이터 세트는 다음과 같은 요건을 만족시켜야 한다. 첫째, 학습 데이터 세트와 테스트 데이터 세트는 동일한 형식으로 생성되어야 한다. 둘째, 테스트 데이터 세트는 학습 데이터 세트에 포함되어 있으면 안 된다. 셋째, 학습 데이터 세트와 테스트 데이터 세트는 데이터의 일관성이 있어야 한다. 예를 들어 이항 범주 유형 클래스를 갖는 데이터 세트에 있어서, 학습 데이터 세트와 테스트 데이터 세트의 클래스 레이블의 분포가 심각하게 다르다면 문제가 있는 실험 설계가 된다. 마지막으로, 데이터 세트는 학습 데이터 세트와 테스트 데이터 세트로 분할하여 적용하기에 충분한 사례를 가지고 있어야 한다.

이런 요건을 만족시켜가며 테스트 데이터 세트를 생성하기는 매우 어렵다. 데이터마이닝에서는 이런 문제를 해결하기 위해, 하나의 데이터 세트를 이용한 다양한 검증 프레임워크가 개발되었다. 래피드마이너는 이 중에서 분할 검증 방법, X분할 반복 검증 방법, Bootstrapping 검증 방법 등을 제공한다. 이번 장에서는 이에 대해 자세히 배워보도록 하자.

6.2 검증 프레임워크의 설정

6.2.1 분할 검증

이 검증 프레임워크는 하나의 입력 데이터를 체계적인 분할 방법을 사용해 데이터 세트로 분할하여 학습과 검증을 위해 사용한다. 래피드마이너는 이를 지원하기 위해 Split Data 오퍼레이터와 Split Validation 오퍼레이터를 제공한다.

Split Data 오퍼레이터를 사용한 검증

이 오퍼레이터는 사례 데이터를 입력받아서 여러 개의 하위 집합으로 분할하는 오퍼레이터이다(그림 6-1).

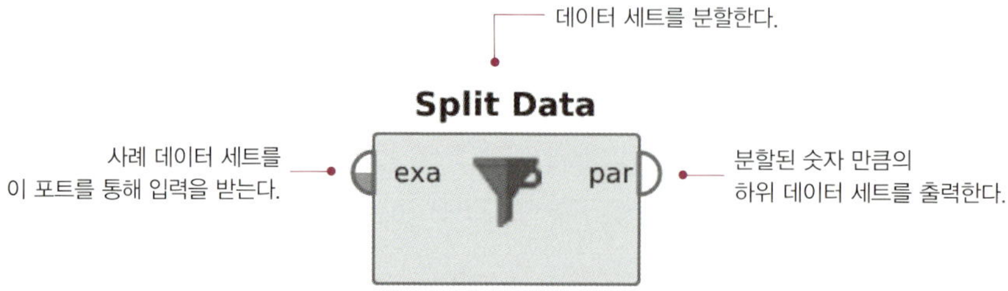

그림 6-1 Split Data 오퍼레이터

■ 입출력 포트

이 오퍼레이터의 입력포트에는 사례를 입력받는 exa 입력포트가 있고, 하위 데이터 세트를 출력하는 par 출력포트가 있다.

■ 파라미터

이 오퍼레이터는 partitions(분할)와 sampling type(표본 추출 유형) 등의 두 파라미터가 있다. partitions 파라미터는 분할 비율을 결정하기 위해, sampling type 파라미터는 선형 표본 추출법, 무작위 표본 추출법, 층화 표본 추출법 등에서 어떤 방법을 사용할지를 지정하기 위해 사용한다.

Split Operator 오퍼레이터 사용 사례

Read Excel을 사용하여 타이타닉 데이터 세트 중 "Titanic All" 데이터 세트를 읽는다. Split Data를 프로세스 패널에 놓은 후, Read Excel의 out 포트를 이 오퍼레이터의 exa 포트에 연결한다. Split Data를 선택하면 파라미터 패널에 partitions와 sampling type 파라미터가 활성화된다(그림 6-2의 ①). partitions 파라미터 옆에 Edit Enume.을 클릭하면 "Edit Parameter List: partition" 다이아로그가 활성화된다(그림 6-2의 ②). Add Entry 버튼을 클릭한 후 ratio에 0.7을 입력한다. 다시 한 번 Add Entry 버튼을 클릭하여 ratio에 0.3을 입력한다. sampling type 파라미터는 stratified sampling으로 설정한다(그림 6-2의 ③). k-NN을 추가하고, Split Data의 첫 번째 par 포트를 이 오퍼레

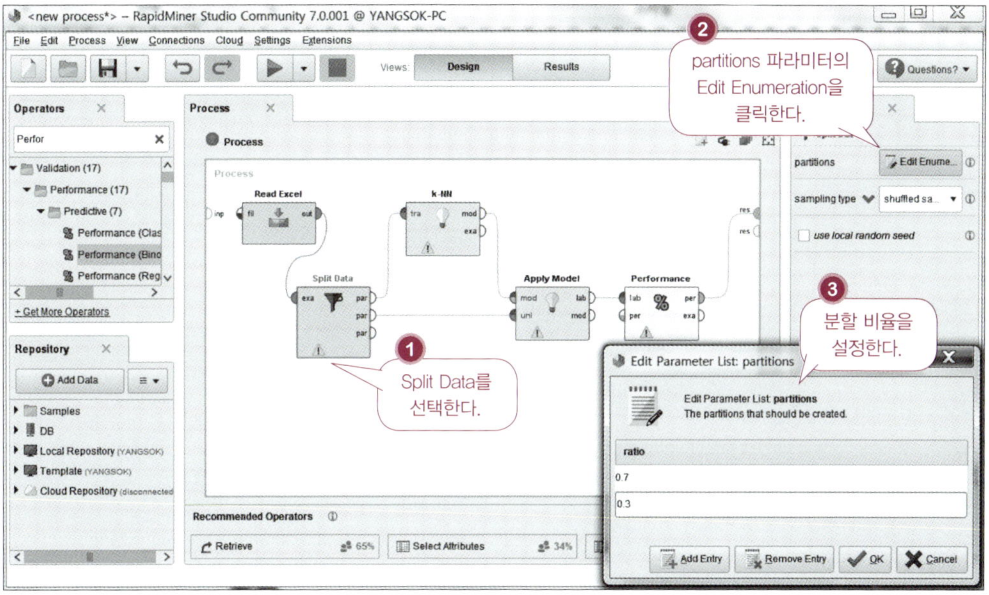

그림 6-2 Split Data 오퍼레이터 사용 사례

이터의 tra 포트에 연결한다. k-NN을 선택하면 파라미터 패널에서 k, weighted vote, measures types, mixed measure 등의 파라미터가 활성화된다. 파라미터는 표 6-1과 같이 설정한다. Apply Model을 프로세스 패널에 추가하고, mod 포트에 k-NN의 mod 포트를 연결하고 unl 포트에 Split Data 오퍼레이터의 두 번째 par 포트를 연결한다. 마지막으로 Performance(Binominal Classification)를 추가하고, lab 포트에 Apply Model의 lab 포트를 연결하고, per 출력포트는 프로세스 패널의 res 포트에 연결한다.

프로세스를 실행하면 그림 6-3과 같은 결과를 얻을 수 있다. 전체 예측의 정확도

표 6-1 k-NN오퍼레이터의 파라미터 설정

파라미터	설명	예시
K	고려할 인접한 사례 설정	1
weighted vote	사례의 가중치를 고려할지 여부 설정	체크하지 않음
measure types	유사도 측정의 속성 유형 설정	Mixed Measures 선택
measures	유사도 측정 방법을 선택	Mixed Euclidean Distance 선택

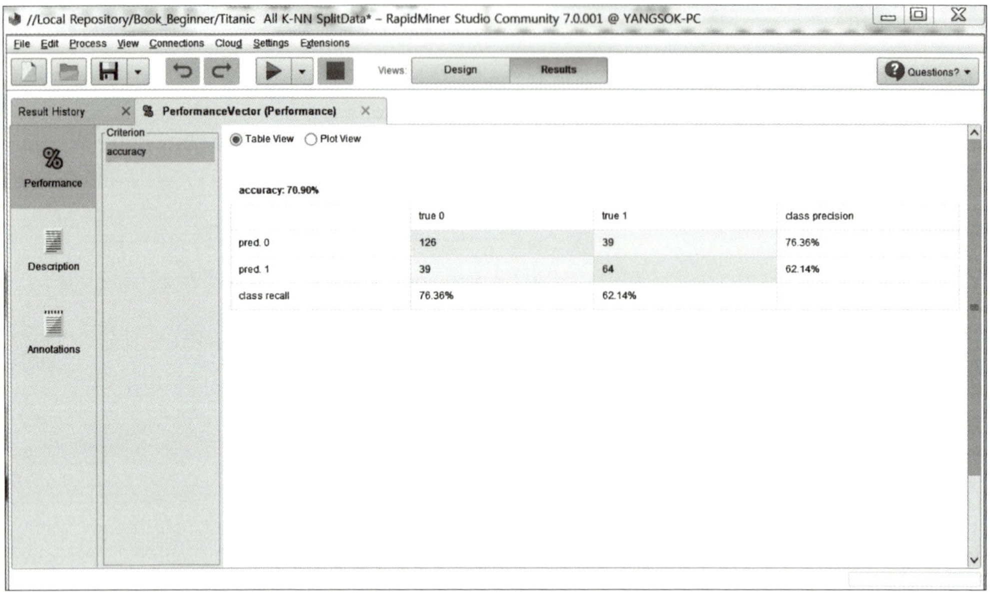

그림 6-3 Split Data 오퍼레이터 사용 결과

표 6-2 k-NN 성과 측정치 변화

성과 측정치		1	3	5	7	9	11
정확도		70.09	72.39	72.01	73.38	70.90	69.03
정밀도	survived=0	76.36	76.30	75.57	77.14	74.58	72.53
	survived=1	76.36	80.00	80.61	81.82	80.00	80.00
재현율	survived=0	62.14	62.26	65.22	67.74	63.74	61.63
	survived=1	62.14	60.19	58.25	61.17	56.31	51.46

는 70.90%이다. 클래스가 사망인 경우(레이블=0)는 정밀도와 재현율은 각각 76.36%와 76.36%이다. 클래스가 생존인 경우(레이블=1) 정밀도와 재현율은 각각 62.14%와 62.14%이다. 이 결과가 k-NN 모델을 사용하여 얻을 수 있는 최선은 아닐 수 있다. 최초 분석에서 k=1로 설정을 했는데, 이를 점차 증가시켜 보면서 결과를 보자. k값이 1, 3, 5, 7, 9, 11로 변경했을 때 정확도, 정밀도, 재현율의 변화를 보여주는데, k값이 7일 때 가장 좋은 결과를 얻을 수 있음을 알 수 있다.

분석 프로세스 저장

이번 분석 프로세스를 "File > Save Process as…"를 실행하여 Local Repository > Book_Beginner > process > Titanic All k-NN Split Data로 저장하라.

Split Validation 오퍼레이터를 사용한 검증

래피드마이너는 데이터를 분할하여 검증하는 또 다른 방법으로 Split Validation 오퍼레이터를 제공한다(그림 6-4). 이 오퍼레이터는 입력 데이터를 학습 데이터 세트와 테스트 데이터 세트로 분할하여 성과 평가를 할 수 있도록 지원한다.

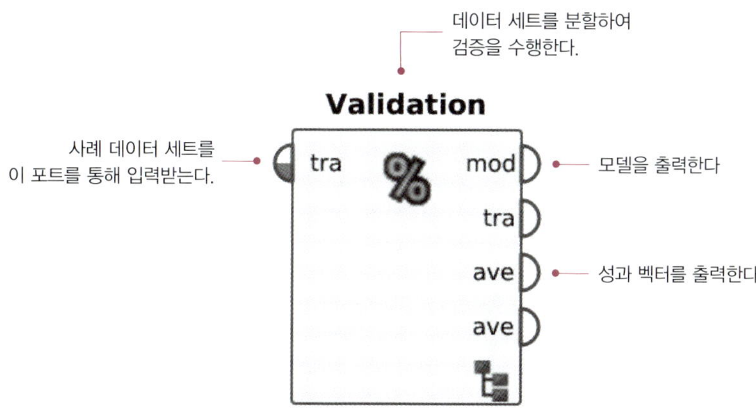

그림 6-4 Split Validation 오퍼레이터

■ 입출력 포트

이 오퍼레이터에는 학습 데이터 입력포트 tra가 있고, 모델 출력포트 mod, 학습 데이터 출력포트 tra, 성과 평가 벡터 출력포트 ave가 있다.

■ 파라미터

이 오퍼레이터의 split(분할 방법) 파라미터는 relative(상대적 분할)와 absolute(절대적 분할) 중에 선택을 할 수 있다. relative를 선택하면 split ratio 파라미터가 활성화되는데 학습 데이터 세트로 사용할 사례의 비율을 정의하는 데 사용한다. 예를 들어 70%를 학습 데이터로 사용하려면 0.7이라고 입력하면 된다. absolute(절대적 분할)를 선택하면 training set size와 test set size 파라미터가 활성화되고, 원하는 만큼의 사례를 학습과 테스트 데이터 세트 크기로 지정하면 된다. 마지막으로 sampling type은 Split Data의 sampling type과 동일하다.

■ **하위 프로세스**

이 오퍼레이터는 하위 프로세스를 설정해 주어야 한다. 오퍼레이터를 선택한 후 더블 클릭하면 하위 프로세스에 들어간다. 자세한 설명은 아래 검증 사례를 참조하라.

Split Validation 오퍼레이터를 사용한 검증 사례

그림 6–5는 Split Validation을 활용한 검증 사례를 보여준다. 이번 검증 사례에서는 타이타닉 데이터 세트를 Decision Tree를 사용하여 분석한다. Read Excel을 프로세스 패널에 추가한 후, 타이타닉 데이터 세트의 "Titanic All"을 읽도록 하자. Split Validation을 프로세스 패널에 추가한 후 tra 포트에 Read Excel의 out 포트를 연결한다. Split Validation의 mod 포트와 첫 번째 ave 포트를 프로세스 패널의 res 포트에 연결한다. Split Validation의 파라미터는 split=relative, split ratio=0.7, sampling type=stratified sampling으로 설정한다.

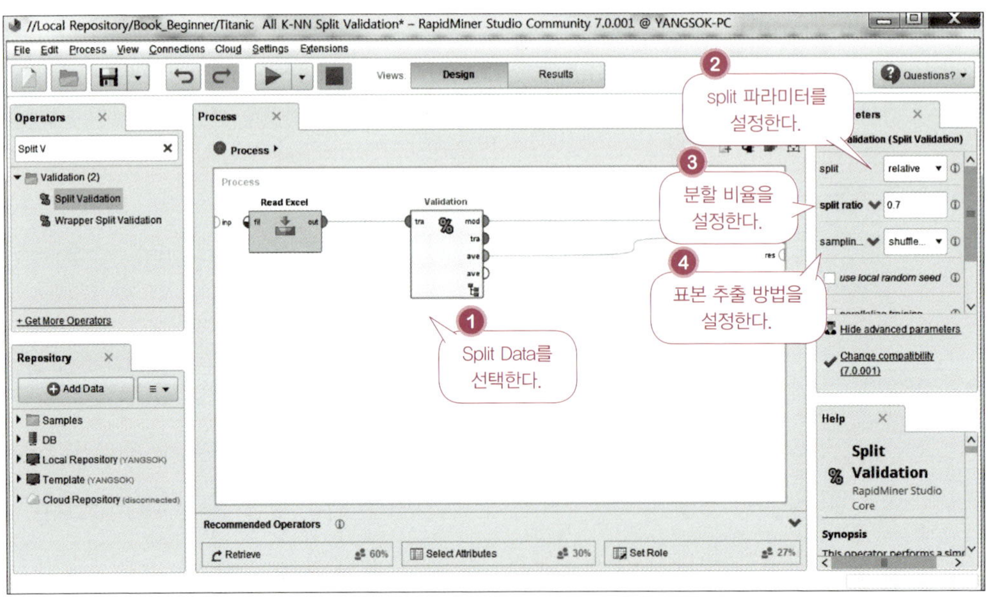

그림 6–5 Split Validation 오퍼레이터 사용 사례

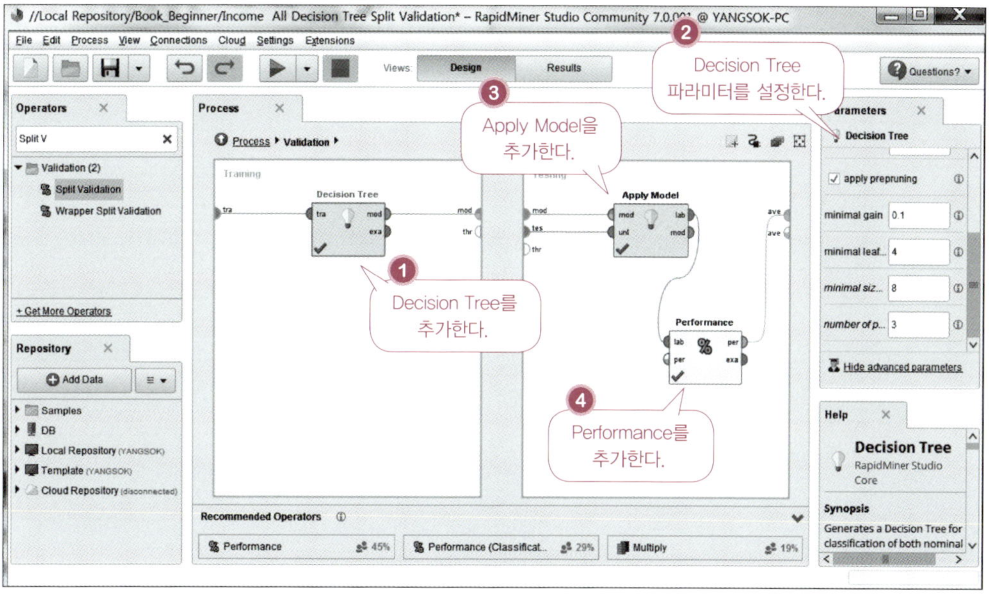

그림 6-6 Split Validation 오퍼레이터 하위 프로세스 설계 사례

표 6-3 Decision Tree 파라미터 설정

파라미터	하위 파라미터	설정 예시
criterion		gain_ratio
maximal depth		10
apply pruning		체크함
	confidence	0.25
apply prepruning		체크함
	minimal gain	0.1
	minimal leaf size	4

Split Validation의 하위 프로세스는 Training과 Testing으로 구성되어 있다(그림 6-6). 먼저 Decision Tree를 Training에 추가하고 tra 포트를 Training의 tra 포트에 연결하고, mod 포트를 Training의 mod 포트에 연결한다. Decision Tree의 파라미터는 표 6-3과 같이 설정하였다. Apply Model을 Testing에 추가하고, mod 포트에는 Testing의 mod 포트를 연결하며, unl 포트에는 Testing의 tes 포트를 연결한다. 마지막으로

Performance(Classification)를 Testing에 추가한 후 lab 포트에 Apply Model의 lab 포트를 연결하고, per 출력포트를 Testing의 ave 포트로 연결한 후 파라미터 패널에서 성과 측정치를 선택한다.

그림 6-7은 Split Validation을 사용한 데이터 분석 사례의 결과를 보여준다. 먼저 "Perfromance Vector" 탭에서는 성과 측정치를 볼 수 있다. 전체 예측의 정확도는 78.73%이다. 클래스가 사망인 경우(레이블=0) 정밀도와 재현율은 각각 79.35%와 88.48%이다.

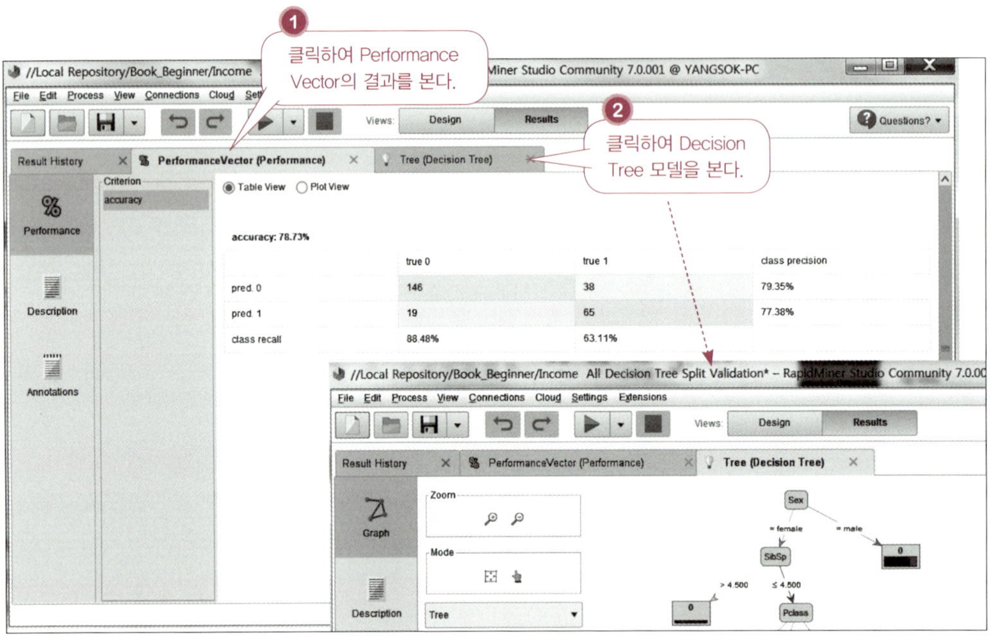

그림 6-7 Split Validation을 활용한 분석 결과

표 6-4 최소 정보 획득량 변화에 따른 Decision Tree 성과 측정치 변화

성과 측정치		0.025	0.050	0.075	0.100	0.125	0.150
정확도		80.97	80.60	78.73	78.73	78.73	78.73
정밀도	survived=0	80.00	80.87	79.35	79.35	79.35	79.35
	survived=1	92.12	89.70	88.48	88.48	88.48	88.48
재현율	survived=0	83.33	80.00	77.38	77.38	77.38	77.38
	survived=1	63.11	66.02	63.11	63.11	63.11	63.11

클래스가 생존인 경우(레이블=1) 정밀도와 재현율은 각각 77.38%와 63.11%이다. 최소 정보 획득량(minimal gain)의 변화에 따른 Decision Tree의 성과 측정치 변화가 표 6-4에 정리되어 있다. 이 파라미터를 0.025로 조정했을 때 대부분의 성과지표가 다른 설정에 비해 높은 것을 알 수 있다. 따라서 이 분석에서는 최소 정보 획득량을 0.025로 정의하는 것이 바람직하다. 그러나 이것은 다른 파라미터를 어떻게 설정하느냐에 따라 변경된다는 점에 주의하여야 한다. 예를 들어 최소 리프 크기(minimal leaf size)를 변경하면 다른 결과를 얻을 수 있다.

분석 프로세스 저장

이번 분석 프로세스를 "File > Save Process as…"를 실행하여 Local Repository > Book_Beginner > process > Titanic All Decision Tree Split validation으로 저장하라.

6.2.2 X 중첩 검증

데이터를 학습 데이터와 시험 데이터로 분할한 경우, 데이터의 일관성에 문제가 발생할 수 있다. 이런 문제를 해결하기 위해 데이터마이닝 분야에서 많이 사용되는 검증 방법으로 X-중첩 검증(X-Fold Validation) 프레임워크가 있다. 이 프레임워크에서는 데이터 세트를 X개의 하위 데이터 세트로 분할한 후, 한 개의 데이터 세트는 시험 데이터 세트로 사용하고 나머지 X-1개의 하위 데이터 세트를 학습 데이터 세트로 사용하여 X번 실험을 반복한 후, 평균 성과를 성과지표로 사용하는 방법이다.

X-Validation 오퍼레이터를 사용한 검증

래피드마이너는 X-중첩 검증을 지원하기 위해, X-Validation 오퍼레이터를 제공한다.

- **입출력 포트**

이 오퍼레이터의 입출력 포트는 그림 6-4에서 설명한 Split Validation과 동일하다.

- **파라미터**

이 오퍼레이터의 파라미터에는 average performances only(평균 성과만 제공), leave one out(단일 사례 검증), number of validations(검증 횟수), sampling type(표본 방법) 등이 있다.

• average performances only 파라미터는 X회 반복 검증의 평균 성과지표만 제공하는 것을 기본으로 체크한다.
• leave one out 파라미터는 한 사례만을 검증 사례로 남겨두고, 나머지 사례로 학습하는 경우에 체크한다. 기본은 체크하지 않는다.
• number of validations은 반복해서 수행될 검증 횟수를 설정하기 위해 사용한다. 입력 데이터 세트는 이 파라미터의 횟수만큼 분할한다.
• sampling type 파라미터는 어떻게 데이터 표본화를 할 것인가를 설정하게 한다.

기본 분석 프로세스는 Split Validation을 X-Validation으로 바꾼 것을 제외하고는 동일하다(그림 6-8). 이번 사례에서는 타이타닉 데이터 세트를 Tree to Rules를 사용하여 분석한다. Read Excel을 프로세스 패널에 추가한 후, 타이타닉 데이터 세트의 "Titanic All"을 읽도록 하다. X-Validation을 프로세스 패널에 추가한 후 tra 포트에 Read Excel의 out 포트를 연결하고, mod 포트와 첫 번째 ave 포트를 프로세스 패널의 res 포트에 연결한다. X-Validation 오퍼레이터의 파라미터는 표 6-5와 같이 설정한다.

X-Validation도 하위 프로세스를 설계해주어야 한다. 그림 6-9는 하위 프로세스 설

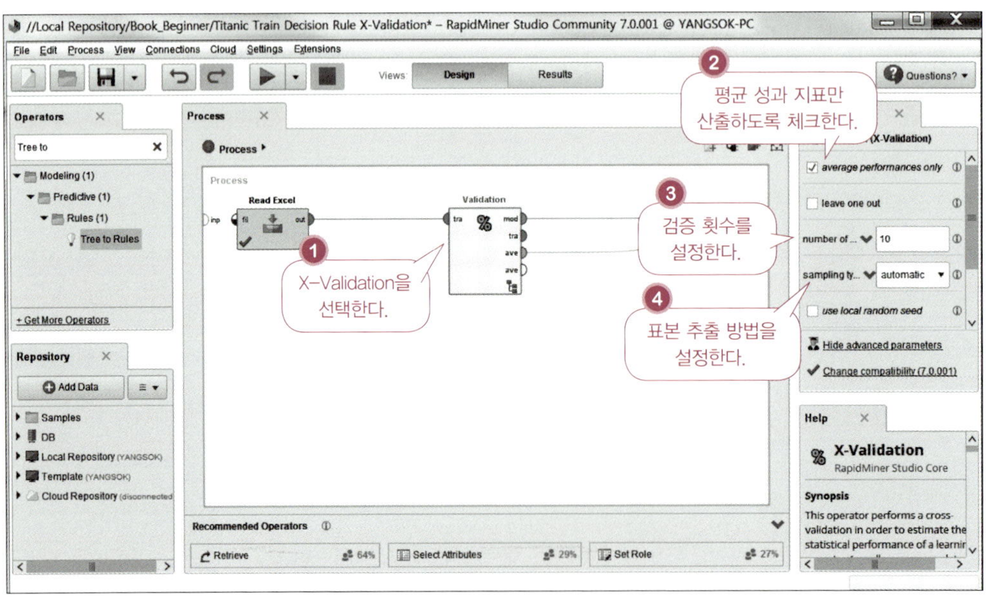

그림 6-8 X-Validation을 활용한 분석 사례

표 6-5 X-Validation 파라미터 설정

파라미터	하위 파라미터	설정 예시
average performances only		체크함
leave one out		체크 하지 않음
	number of validations	10
	sampling type	stratified sampling

주) number of validations와 sampling type은 leave one out이 체크되지 않은 경우 활성화된다.

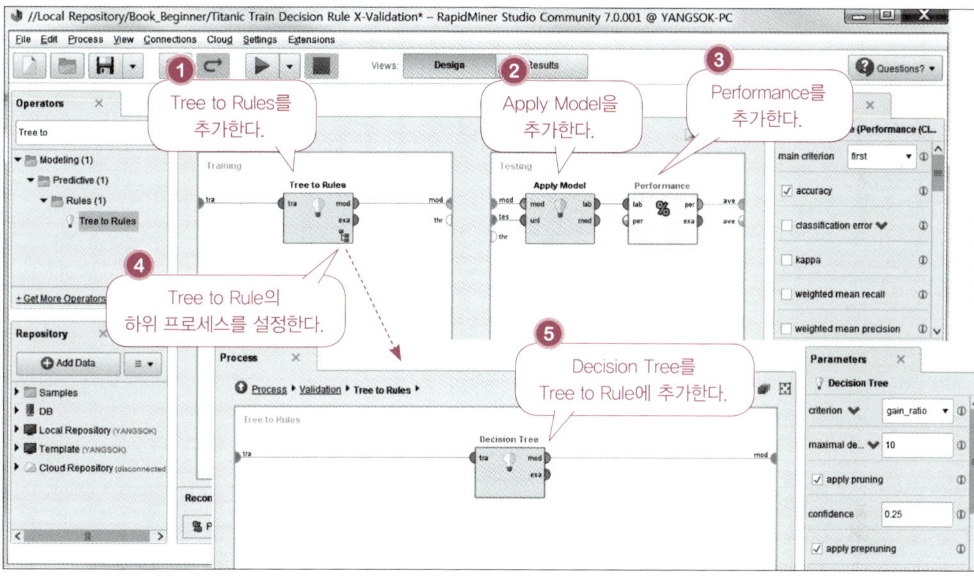

그림 6-9 X-Validation 하위 분석 프로세스 설계 사례

계 사례를 보여준다. 하위 프로세스는 Training과 Testing으로 구성되어 있다. Decision Tree 대신에 Tree to Rules를 사용한다는 것만 다르고 나머지 설정은 동일하다. Tree to Rules를 사용할 경우 하위 프로세스에서 Decision Tree 모델을 설계해야 한다(5.3.3 참조).

그림 6-9의 하단에 Tree to Rules의 하위 프로세스를 보여주는데, Decision Tree를 추가한 후, 이 오퍼레이터의 tra 포트에 Tree to Rules의 tra 포트를 연결한다. 이 오퍼레이터는 학습 데이터를 받아 모델을 생성한 후, mod 포트와 Tree to Rules의 mod 포트

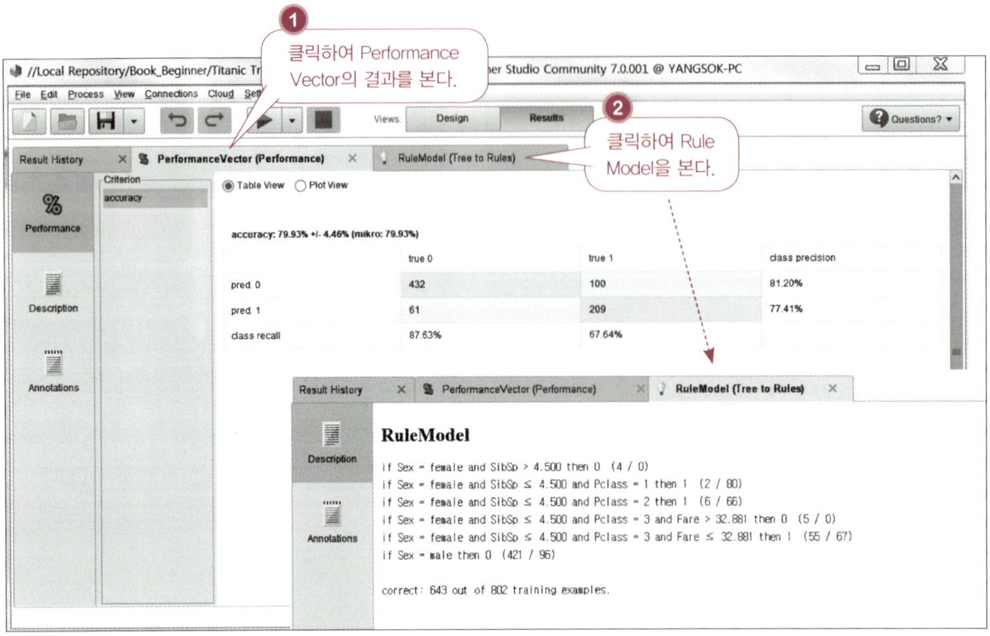

그림 6-10 X-Validation을 사용한 분석 결과

를 연결하여 모델을 출력한다. Decision Tree의 파라미터는 표 6-3과 동일하다.

그림 6-10은 X-Validation을 사용한 데이터 분석 사례의 결과를 보여준다. 먼저 "Perfromance Vector" 탭에서는 성과 측정치를 볼 수 있다. 전체 예측의 정확도는 79.93%+/-4.46%(mikro: 79.93%)로 예측되었다. X 중첩 검증에서 정확도는 10회 검증의 평균값이고 오차범위와 함께 표현된다. 클래스가 사망인 경우(레이블=0) 정밀도와 재현율은 각각 81.20%와 87.63%이다. 클래스가 생존인 경우(레이블=1) 정밀도와 재현율은 각각 77.41%와 67.64%이다. "Tree" 탭을 클릭하면, Decision Tree의 그래프를 볼 수 있다.

분석 프로세스 저장

이번 분석 프로세스를 "File>Save Process as…"를 실행하여 Local Repository>Book_Beginner>process>Titanic All Decision Rules X-validation으로 저장하라.

연습 6-1

6.2.1절에서 최소 정보 획득량(minimal gain)의 변화에 따른 Decision Tree의 성과 측정치 변화에 대한 분석을 수행했다. 동일한 분석을 이번 분석 사례에 대해 수행해보자.

6.2.3 Bootstrapping 검증

Bootstrapping 검증은 테이터 집합에서 무작위로 학습 데이터를 추출한 후 성과 측정을 수차례 반복하는 검증 방법이다. 주의할 점은 학습 사례로 추출된 사례가 다시 원래 데이터에 복원된다는 점이다. 이것이 무슨 의미가 있을까? 하나의 성과지표를 얻고자 하면 전체의 성과지표를 구하면 된다. 그런데 만약 평균의 신뢰구간(confidence interval)을 구하고 싶다면 어떻게 해야 할까? 데이터를 수집했던 확률변수의 정확한 분포를 모르는 경우, 측정된 통계치의 신뢰도를 가늠할 방법이 없다. 이런 경우에 Bootstrapping 검증을 사용한다.

Bootstrapping Validation 오퍼레이터를 사용한 검증

래피드마이너는 Bootsrapping Validation 오퍼레이터를 통해 이 검증 방법을 지원한다.

■ **입출력 포트**

이 오퍼레이터의 입출력 포트는 그림 6-4에서 설명한 Split Validation과 동일하다.

■ **파라미터**

이 오퍼레이터의 파라미터에는 number of validation(검증 횟수), sampling ratio(표본 비율)가 있다. number of validation 파라미터는 얼마나 많이 검증을 수행할 것인지를 정하기 위해 사용하고, sampling ratio는 학습 사례 집합의 크기를 설정하기 위해 사용한다. 이 값이 1이면 전체 사례 집합을 학습 데이터 세트로 사용한다는 것이다. Bootsrapping 검증에서는 이 값이 1보다 더 클 수 있다. 선택되지 않은 사례는 자동으로 테스트 데이터 세트가 된다. 이제 데이터 분석 프로세스를 설계해 보자. Bootsrapping 검증의 프레임워크는 Split Validation 또는 X-Validation 오퍼레이터를 사용한 검증과 동일하다.

그림 6-11은 Bootsrapping Validation을 활용한 검증 사례를 보여준다. 이번 검증 사례에서는 타이타닉 데이터 세트를 Naïve Bayes를 사용하여 분석한다. Read Excel을 프로세스 패널에 추가한 후, 타이타닉 데이터 세트의 "Titanic All"을 읽도록 하자. Bootsrapping Validation을 프로세스 패널에 추가한 후 tra 포트에 Read Excel의 out 포트를 연결한다. Bootsrapping Validation의 출력포트에는 모델 출력포트 mod, 학습 데

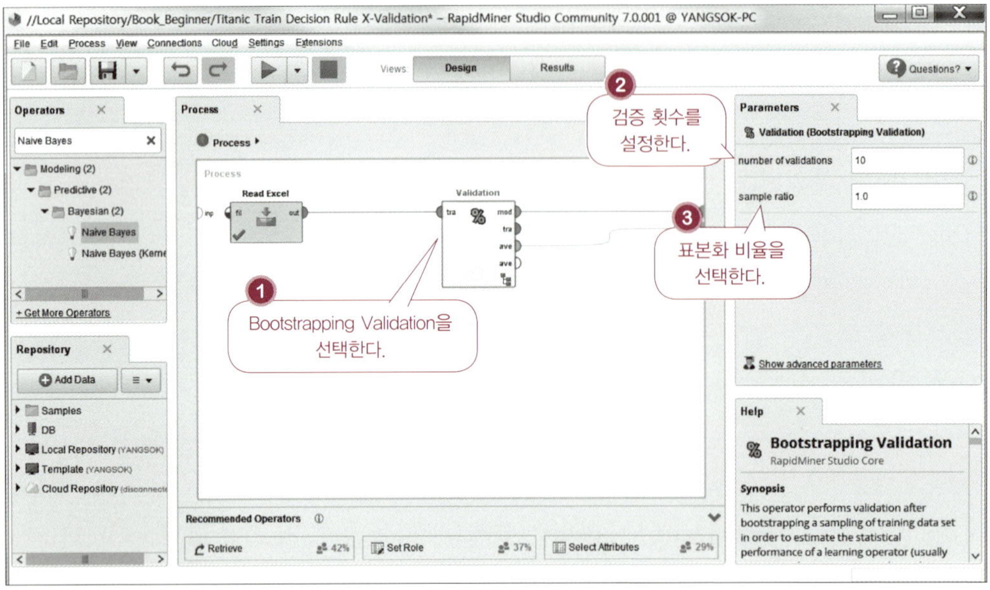

그림 6-11 Bootsrapping 검증 설계

표 6-6 Bootsrapping 파라미터 설정

파라미터	하위 파라미터	설정 예시
number of validation		10
sampling ratio		0.7

이터 출력포트 tra, 두 개의 평균 성과벡터 출력포트 ave가 있다. 이 중에서 mod, 첫 번째 ave 포트를 프로세스 패널의 res 포트에 연결한다. 이 분석을 위해 파라미터는 표 6-6과 같이 설정하였다.

Bootsrapping Validation도 하위 프로세스를 설계해주어야 한다. 그림 6-12는 하위 프로세스 설계 사례를 보여 준다. 하위 프로세스는 Training과 Testing으로 구성되어 있다. Decision Tree 대신에 Naïve Bayes를 사용한다는 것만 다르고 나머지 설정은 분할 검증 시 Split Validation 또는 X 중첩 검증 시 X-Validation의 하위 프로세스와 동일하다.

그림 6-13은 Bootsrapping Validation을 사용한 데이터 분석 사례의 결과를 보여준다. 전체 예측의 정확도는 77.71%+/-1.32%(mikro: 77.72%)로 예측되었다. Bootsrapping

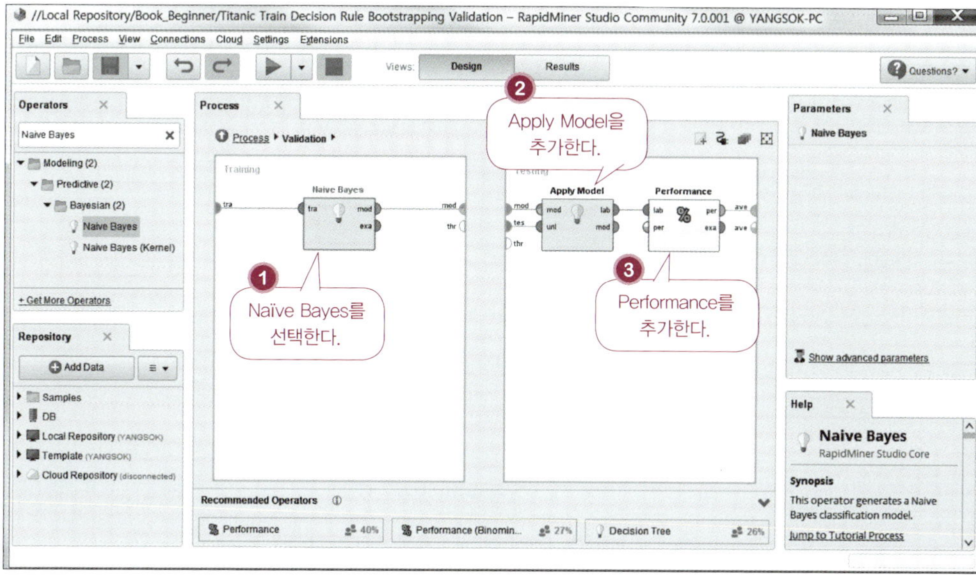

그림 6-12 Bootsrapping Validation 오퍼레이터의 하위 프로세스 설계

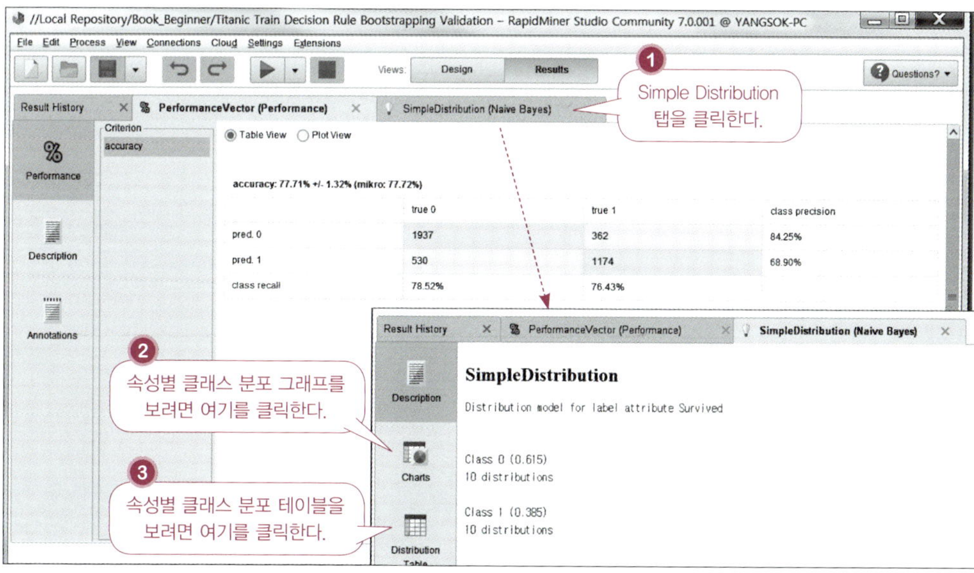

그림 6-13 Bootsrapping 검증 실행 결과

검증에서 정확도는 10회 검증의 평균값이고 오차범위와 함께 표현된다. 클래스가 사망인 경우(레이블=0) 정밀도와 재현율은 각각 84.25%와 78.52%이다. 클래스가 생존인 경우(레이블=1) 정밀도와 재현율은 각각 68.90%와 76.43%이다.

분석 프로세스 저장

이번 분석 프로세스를 “File>Save Process as…”를 실행하여 Local Repository>Book_Beginner>process>Titanic All Naïve Bayes Bootsrapping Validation으로 저장하라.

6.3 비교 분석

위에서 우리는 세 가지 다른 검증 프레임워크에 대해 배웠다. 그런데 서로 다른 학습 오퍼레이터를 사용할 경우에 성과가 조금씩 다르다는 것을 알아차렸는지 모르겠다. 다시 한 번 검증 사례로 돌아가서 각각의 검증 결과를 확인해 보자.

여러 모델링 기법의 성과를 한 번에 비교할 수 있는 방법은 없을까? 래피드마이너는 이 일을 할 수 있도록 지원한다. 이번 절에서는 그 방법에 대해 공부해 보자.

분석 시나리오는 다음과 같다. 한 번 데이터 세트를 읽어 들여, 동일한 검증 프레임워크를 사용하여 검증한 후 성과 측정 결과를 제공하도록 하자. 이를 지원하기 위한 검증 프로세스가 그림 6-14에 제시되어 있다.

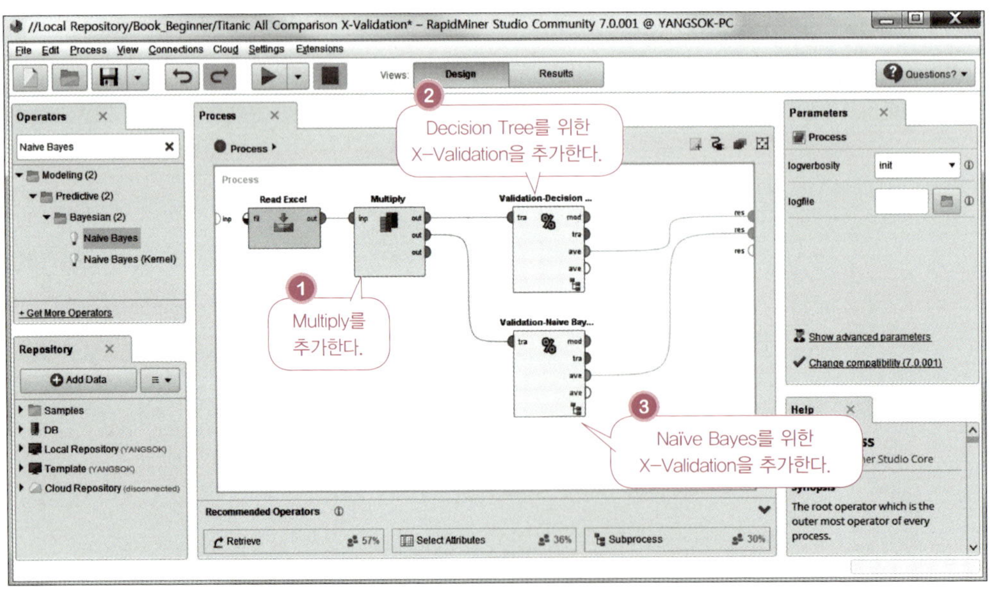

그림 6-14 비교 분석 프로세스 설계

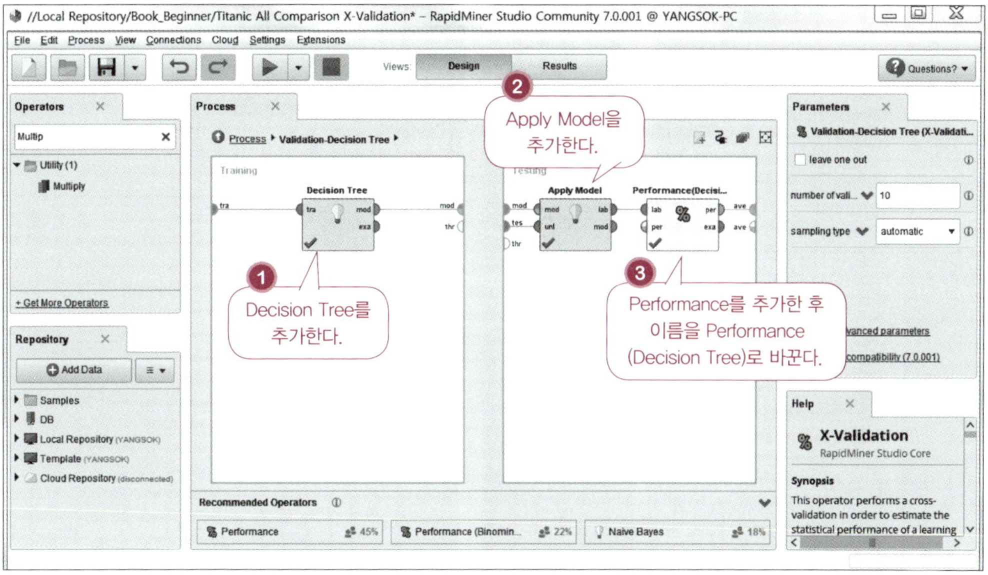

그림 6-15 Decision Tree를 위한 X-Validation 하위 프로세스

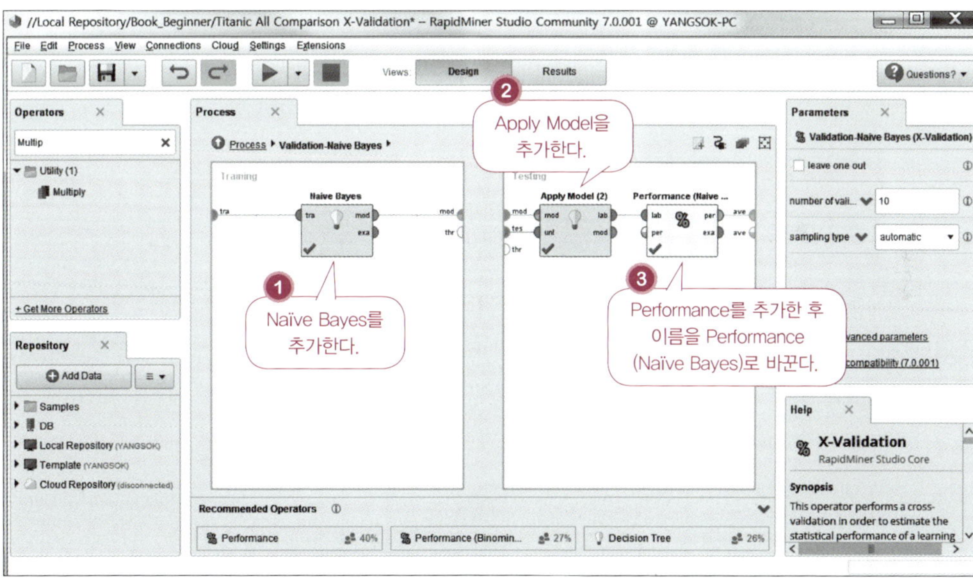

그림 6-16 Naïve Bayes를 위한 X-Validation 하위 프로세스

Read Excel을 프로세스 패널에 추가한 후, 타이타닉 데이터 세트의 "Titanic All"을 읽도록 하자. Multiply(Utility > Multiply에 위치)를 프로세스 패널에 추가하고, 이 오퍼레이터의 inp 포트에 Read Excel의 out 포트를 연결하자. Decision Tree와 Naïve Bayes를

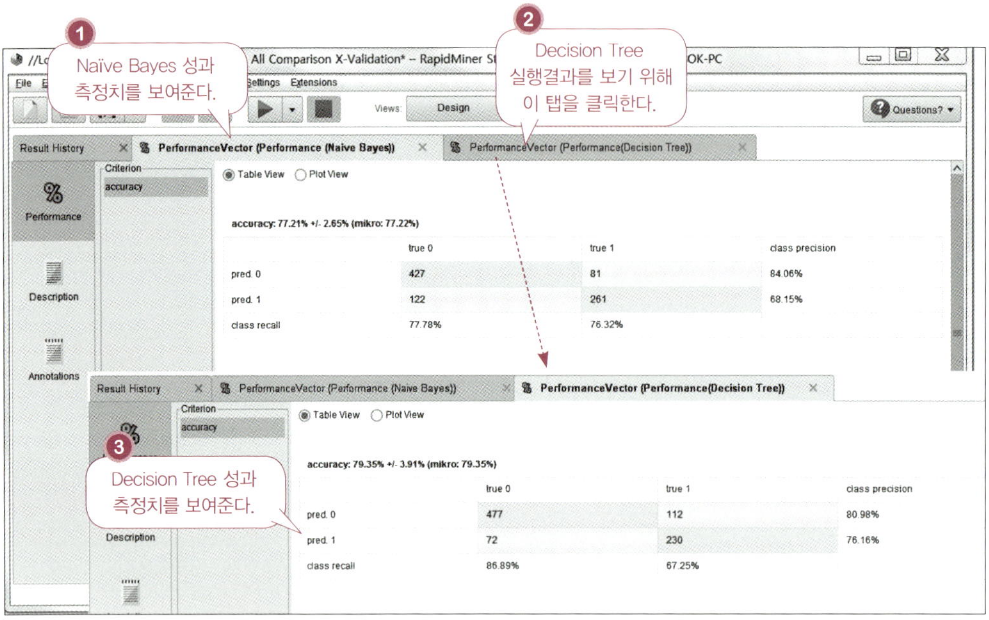

그림 6-17 Decision Tree와 Naïve Bayes의 성과 측정 결과

위한 두 개의 X-Validation을 프로세스에 추가한 후, 각각의 X-Validation의 tra 포트에 Multiply의 out 포트를 연결한다. 각각의 X-Validation의 첫 번째 ave 포트를 프로세스 패널의 res 포트에 연결한다. X-Validation의 하위 프로세스는 그림 6-15와 그림 6-16처럼 설정하였다. Decision Tree의 파라미터는 표 6-3과 동일하게 설정하였다.

분석 프로세스를 실행하면, 그림 6-17과 같은 Decision Tree와 Naïve Bayes의 성과 측정치를 얻을 수 있다. 어떤 학습 오퍼레이터의 성과인지는 탭에 있는 Performance Vector의 괄호 안에 있는 성과 측정 오퍼레이터 이름으로 확인할 수 있다. 위의 분석 결과 동일한 검증 프레임워크를 사용하여 검증하였을 때 Decision Tree가 Naïve Bayes 보다 더 나은 성과를 보이는 것을 알 수 있다.

분석 프로세스 저장

이번 분석 프로세스를 "File > Save Process as…"를 실행하여 Local Repository > Book_Beginner > process > Titanic All Comparison으로 저장하라.

연습 6-2

위의 분석 프로세스에 Decision Rules와 k-NN을 X 중첩 검증 프레임워크를 사용하여 추가 한 후 4가지 학습 방법의 성과를 비교하라.

6.4 결론

이번 장에서는 주어진 데이터가 하나일 때, 체계적 검증을 위한 검증 프레임워크에 대해서 배웠다. 분할 검증은 사례를 일정한 방법에 의해 하나의 학습 데이터 세트와 테스트 데이터 세트로 분할하여 검증하도록 한다. X 중첩 검증은 입력 데이터 세트를 X개만큼 분할한 후 X회 반복 검증을 통해 체계적인 오류를 줄여 검증할 수 있는 방법을 제공한다. Bootstrapping 검증은 통계적 표본화 방법을 통해 여러 회에 걸쳐 검증할 수 있는 방법을 제공한다. 마지막으로 동일한 검증 방법을 사용하여 여러 학습 방법을 비교할 수 있는 방법에 대해 소개하였다. 이 장에서는 기술적 통계 방법을 적용한 모델과 성과 검증 방법에 대해 집중적으로 논의하였다. 그러나 최종적으로 모델의 유용성을 검증하기 위해서는 도메인 전문가에 의한 검증이 반드시 필요하다는 점을 강조하며 이번 장을 맺는다.

07

구현 단계 및 결론

구현(deployment)은 보고서 작성부터 의사결정을 돕거나 직접 적용하는 소프트웨어 시스템을 생성하는 단계다. 이 단계 후에 프로젝트가 반드시 끝나는 것은 아니다. 만약 프로젝트 결과가 지속적으로 사용되면, 추가적인 모니터링 단계가 필수적이다. 모델이 제대로 작동하고 있는지, 오래된 정보를 기반으로 의사결정이 되고 있는지 등에 대한 검토가 이루어져야 한다. 소프트웨어 생성 또는 모델의 유지 보수는 이 책에서 다루지 않고 보고서 작성에 대해서만 설명한다.

보고서 작성

데이터 분석 보고서의 작성은 또 다른 구현 방법으로 의사결정자의 의사결정을 돕기 위해 작성한다. 보고서는 대략 다음의 사항을 포함해야 한다.

첫째, 데이터 분석의 문제가 무엇인지를 명시해야 한다. 어떤 문제를 해결하기 위해 데이터 분석이 수행되었는지를 분명히 하는 것이다. 이것이 없는 보고서는 읽는 사람으로 하여금 혼동되게 만든다.

둘째, 데이터 속성 정의서, 데이터 수집 방법, 수집된 데이터의 규모 등에 대한 총괄적인 내용이 포함되어야 한다. 데이터의 수집 후 변환이 일어났다면 어떤 이유로 변환을 수행했는지, 어떤 규칙을 사용하였는지 등을 명확히 밝혀야 한다. 데이터의 속성이 어떤 방식으로 선별되었는지에 대한 기술도 있어야 한다.

셋째, 데이터에 대한 기본 분석 자료를 제공해야 한다. 적절한 그래프 또는 테이블 등을 사용하여 데이터에 대한 내용을 일목요연하게 파악할 수 있도록 하여야 한다. 래피드마이너는 다양한 기본 데이터 분석을 지원하는 시각화 도구를 제공한다. 데이터 분석가는 적절한 시각화 기법의 사용법을 익혀야 한다.

넷째, 선택된 데이터 분석 모델링 방법에 대한 개략적 설명을 제공해야 한다. 보고서를 읽는 사람 중에 데이터 분석 기법에 대해 전혀 모르는 사람도 있다. 이런 사람이 의사결정자일 가능성도 많다. 따라서 너무 복잡하지는 않지만, 일반적인 상식을 가진 사람이 이해할 수 있는 수준의 모델링 방법에 대한 설명을 제공해야 한다.

다섯째, 분석 결과를 정리하여 제공한다. 정리는 단순한 사실의 나열보다는 의사결정에 도움될 수 있는 진술과 이를 뒷받침할 수 있는 분석 결과와 함께 제공하는 것이 바람직하다. 단순한 사실의 나열은 의사결정자로 하여금 어떤 결정을 내릴지 혼동하게 하는 요인이 될 수 있다.

보고서 작성 시 주의 사항

보고서 작성은 보고자의 입장에서 정리한 것이다. 이제 이를 보고 받는 사람의 입장에서 보고 내용을 재정리하는 습관을 가져야 한다. 보고서를 만들 때 일반적으로 다음의 몇 가지 실수를 하곤 한다.

첫째, 보고서가 명확한 결론을 가지고 있지 못한 경우가 있다. 분석 보고서는 자신이 생각하는 바를 상대방에게 설득시키고자 하는 것이지만, 상대방을 설득하지 않고 미루는 경향이 있다. 물론 최종 판단은 의사결정자가 하지만 자신이 최선이라고 생각하는 바를 설득하고자 노력해야 한다.

둘째, 결론에 도달하게 된 근거가 미흡한 경우가 있다. 논리적 근거가 없는 주장은 억지로 보일 수 있다. 따라서 분석된 정보를 자신이 주장하고 설득하고 싶은 결론에 맞게 연관성을 논리적으로 구성해야 한다. 이를 위해 MCME(mutually exclusive and collectively exhaustive) 같은 보고서 작성 원칙 등을 준수하여 보고서를 만드는 방법에 대해 숙지하고 있어야 한다. MCME는 중복과 누락이 없는 사고를 할 수 있도록 도와줄 수 있으며, 주장의 설득력을 높일 수 있게 한다.

셋째, 의사결정자를 고려한 보고서를 작성하지 않은 경우가 있다. 보고서를 작성할 때 내가 알고 있으므로 보고받는 자도 알고 있을 것이라고 생각하는 경우가 있다. 그러나 먼저 의사결정자가 데이터 분석 문제에 대해 어느 정도 알고 있는지를 파악한 후 보고서를 작성 한다면 좀 더 설득력 있는 보고서를 작성할 수 있을 것이다.

결론

지금까지 래피드마이너를 사용한 데이터 분석의 기초에 대해 설명하였다. 보다 다양하고 복잡한 현실의 문제를 풀기에는 여기서 배운 지식만으로는 부족할 수 있다. 이 책을 통해 데이터 분석에 관심을 갖게 되었다면 보다 고급과정의 데이터 분석 기법을 배울 것을 제안한다.

먼저 래피드마이너를 활용한 고급 데이터 분석은 또 다른 학습 기회를 제공할 것이다. 고급 데이터 분석에서는 보다 최신의 데이터 분석 방법(신경망, 연관분석, 지지벡터 등)을 제공하고, 좀 더 특수한 사례를 다룰 수 있는 방법(추천시스템, 텍스트 마이닝, 감정 분석, 장바구니 분석 등)을 제시할 것이다.

래피드마이너는 쉬운 분석 방법을 제공하지만 유연성에 있어 떨어질 수 있다. 이를 극복하기 위해 분석에 필요한 프로그램 언어를 배우는 것이 필요하다. R이나 Python 등의 스크립트 언어를 활용한 프로그램까지는 배워야 할 것으로 생각한다. R은 통계 기반의 솔루션으로 매우 좋은 성능을 보인다. 그러나 개인적으로는 좀 더 유연한 개발을 가능하게 하는 Python을 배우는 것이 나을 것 같다.

시스템 측면에서 데이터 분석을 수행하고자 하는 사람은 Java나 C# 등의 고급 프로그램 언어를 습득하고, 알고리즘 개발과 하둡 같은 빅 데이터 처리 프레임워크를 익혀야 할 것이다. 경영학이나 인문학 등의 배경을 가진 연구자나 학생들에게 여기까지 가는 것을 권하지는 않는다. 래피드마이너와 Python까지 배운다면 충분하지 않을까 생각한다.

배워야 할 것은 많고 시간은 적다. 그러나 시작이 반이고, 천 리 길도 한 걸음부터이다.

이제 데이터 분석의 세계에 첫 발을 들여놓은 여러분들을 환영한다.

부록 1

k-NN 알고리즘 분석 프로세스

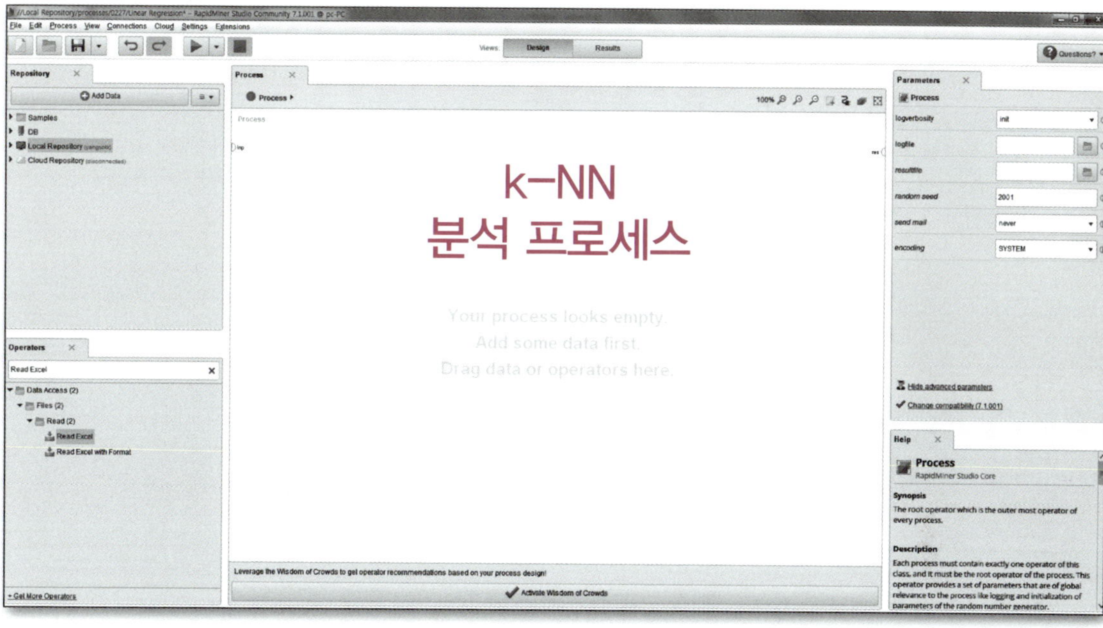
k-NN
분석 프로세스

부록 1-1

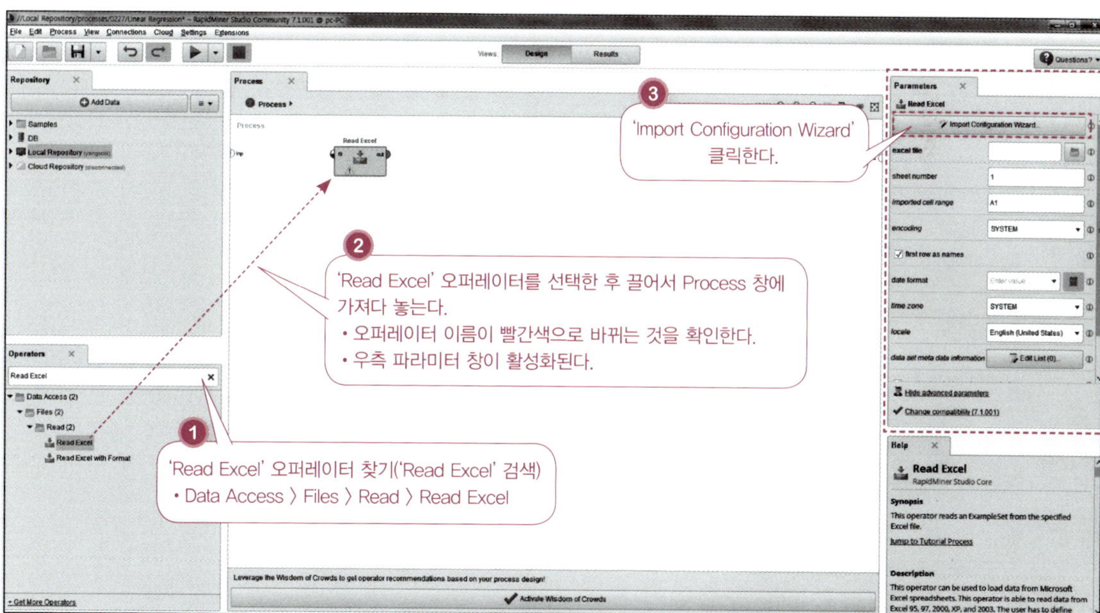
'Import Configuration Wizard'
클릭한다.
'Read Excel' 오퍼레이터를 선택한 후 끌어서 Process 창에
가져다 놓는다.
• 오퍼레이터 이름이 빨간색으로 바뀌는 것을 확인한다.
• 우측 파라미터 창이 활성화된다.
'Read Excel' 오퍼레이터 찾기('Read Excel' 검색)
• Data Access 〉 Files 〉 Read 〉 Read Excel

부록 1-2

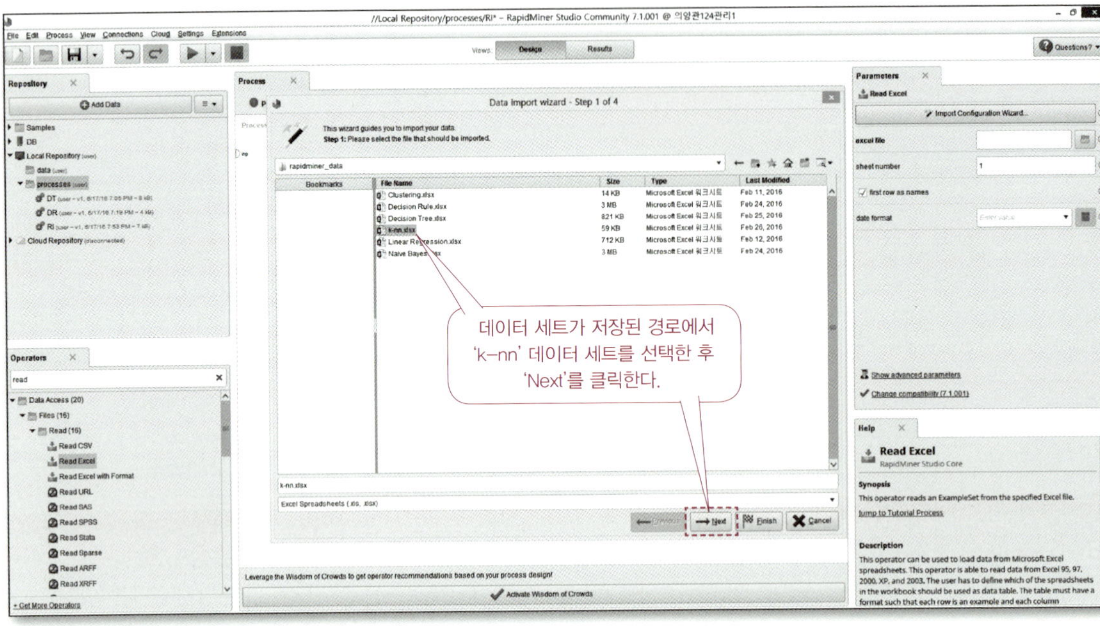
데이터 세트가 저장된 경로에서
'k-nn' 데이터 세트를 선택한 후
'Next'를 클릭한다.

부록 1-3

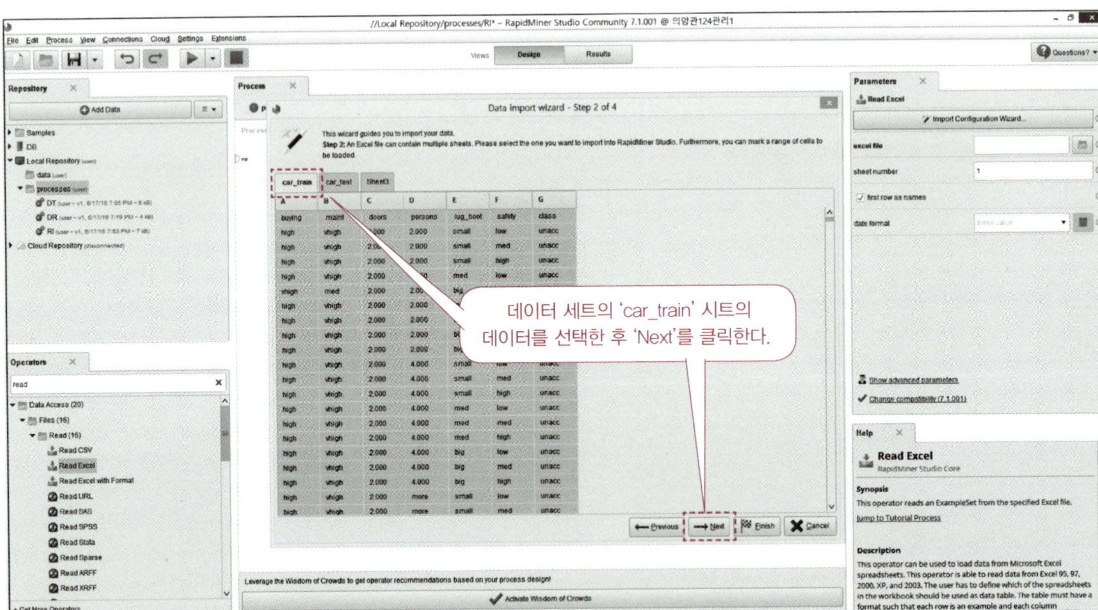
데이터 세트의 'car_train' 시트의
데이터를 선택한 후 'Next'를 클릭한다.

부록 1-4

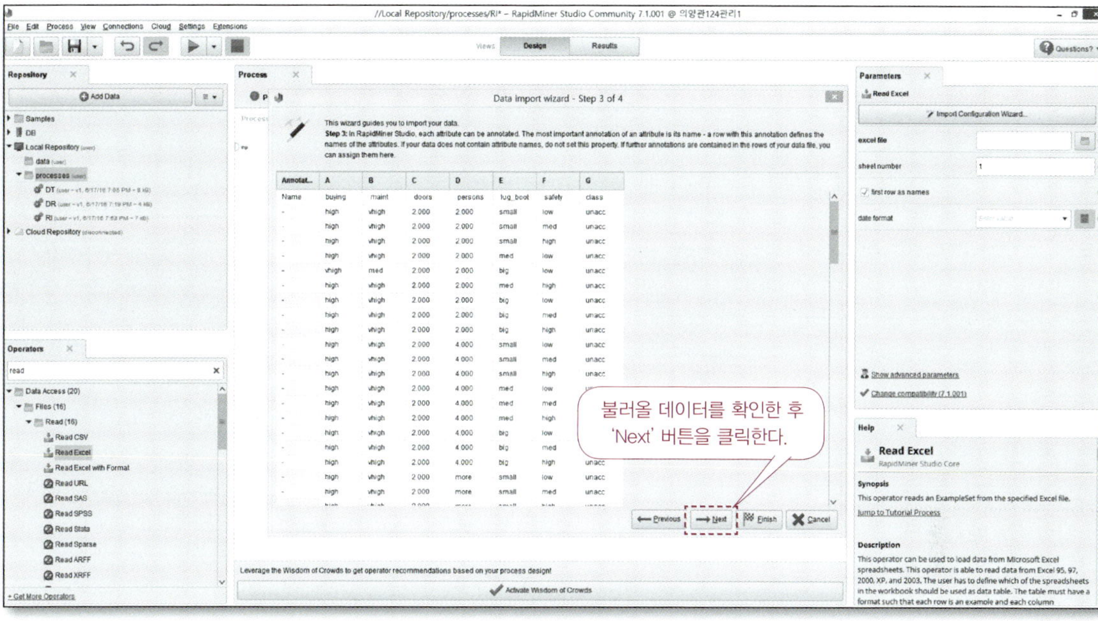
불러올 데이터를 확인한 후
'Next' 버튼을 클릭한다.

부록 1-5

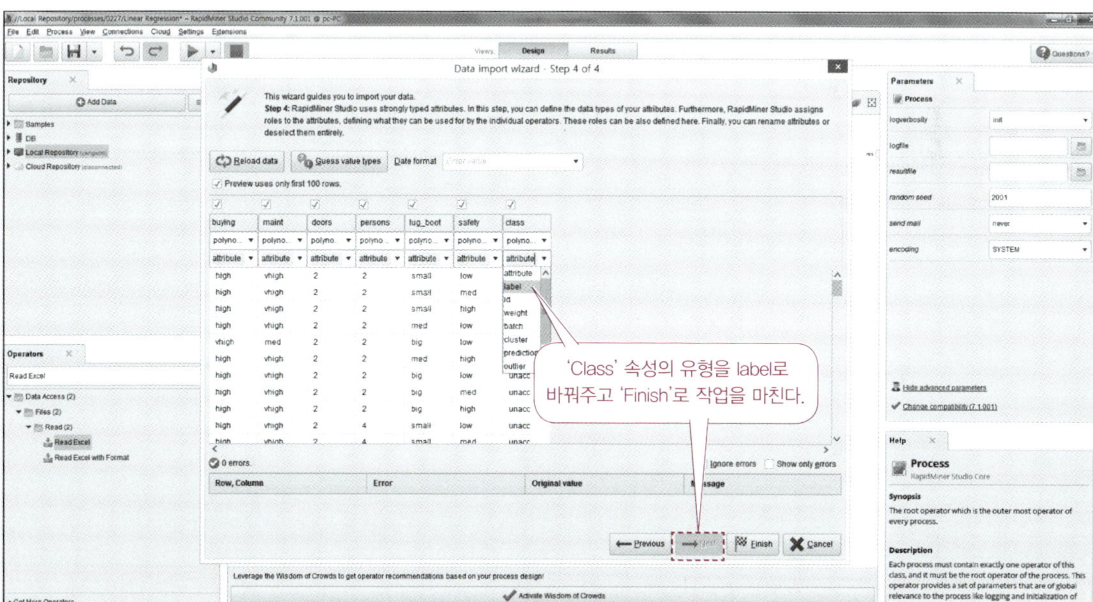
'Class' 속성의 유형을 label로
바꿔주고 'Finish'로 작업을 마친다.

부록 1-6

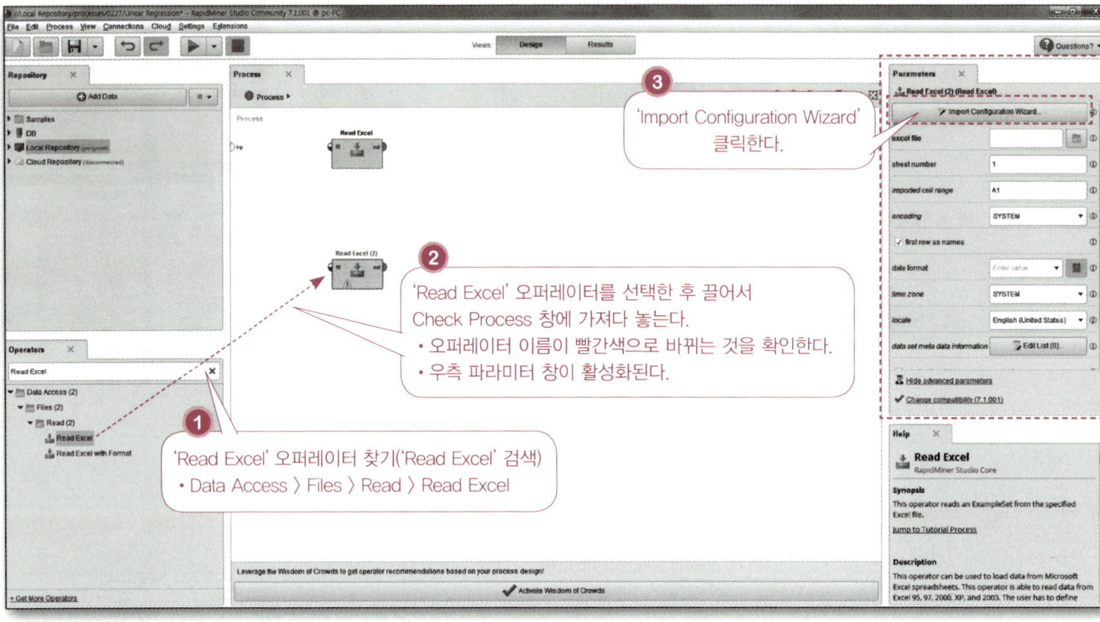
'Import Configuration Wizard' 클릭한다.
'Read Excel' 오퍼레이터를 선택한 후 끌어서 Check Process 창에 가져다 놓는다.
• 오퍼레이터 이름이 빨간색으로 바뀌는 것을 확인한다.
• 우측 파라미터 창이 활성화된다.
'Read Excel' 오퍼레이터 찾기('Read Excel' 검색)
• Data Access 〉 Files 〉 Read 〉 Read Excel

부록 1-7

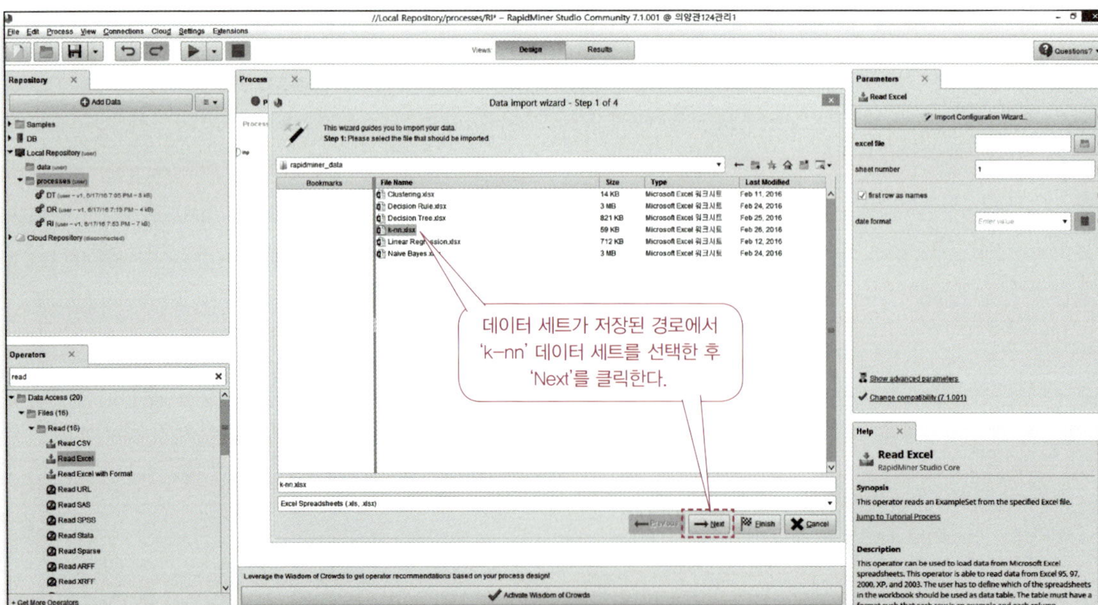
Data import wizard - Step 1 of 4
데이터 세트가 저장된 경로에서 'k-nn' 데이터 세트를 선택한 후 'Next'를 클릭한다.

부록 1-8

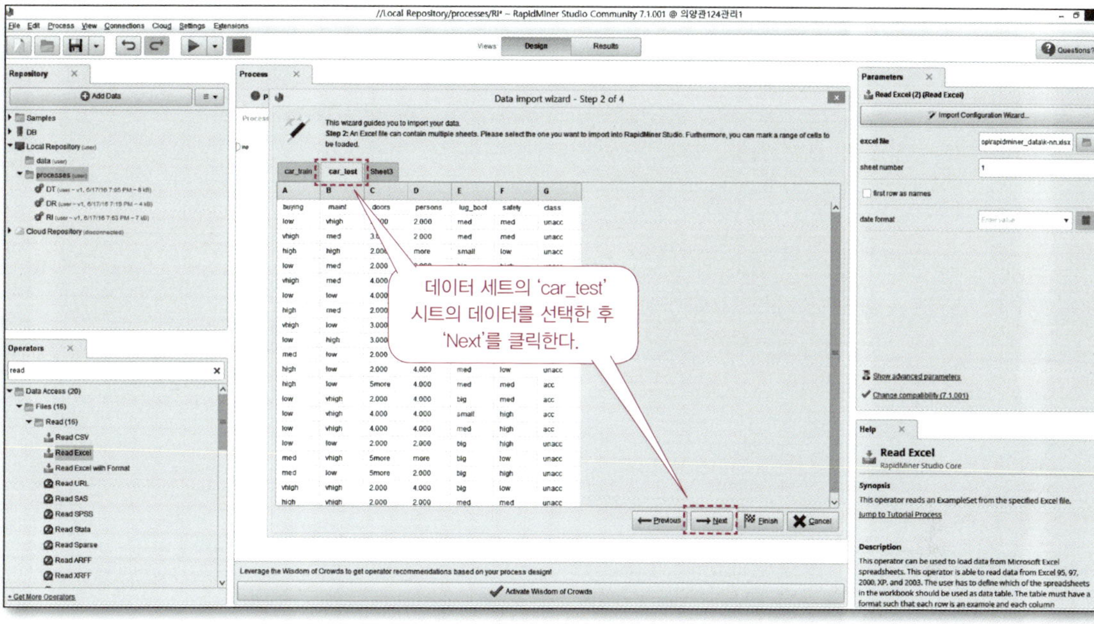
데이터 세트의 'car_test' 시트의 데이터를 선택한 후 'Next'를 클릭한다.

부록 1-9

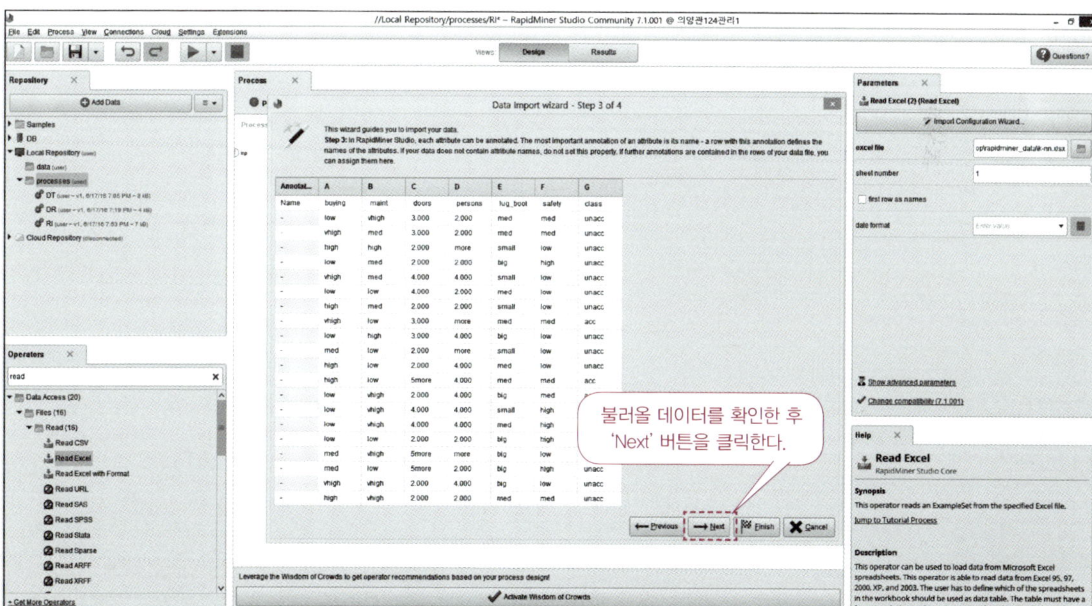
불러올 데이터를 확인한 후 'Next' 버튼을 클릭한다.

부록 1-10

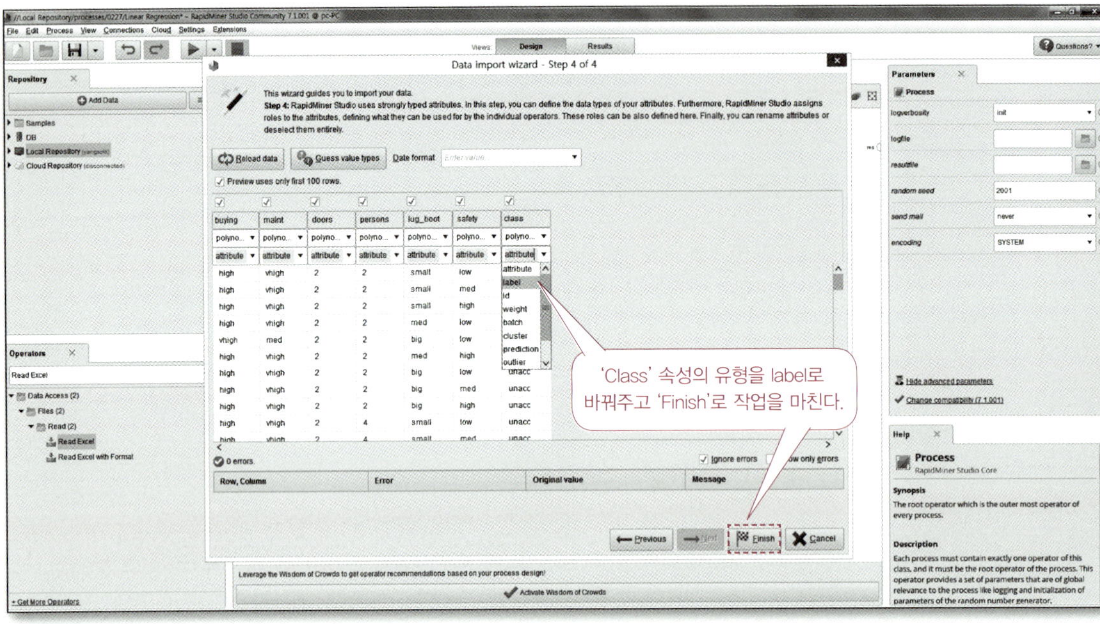
Data import wizard - Step 4 of 4
'Class' 속성의 유형을 label로 바꿔주고 'Finish'로 작업을 마친다.

부록 1-11

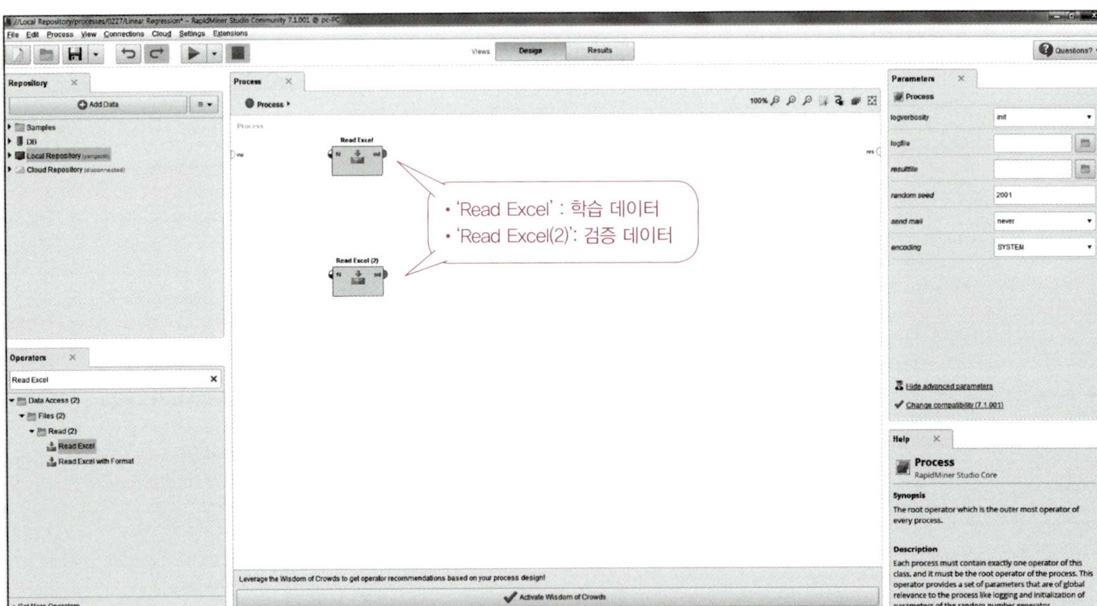
· 'Read Excel' : 학습 데이터
· 'Read Excel(2)': 검증 데이터

부록 1-12

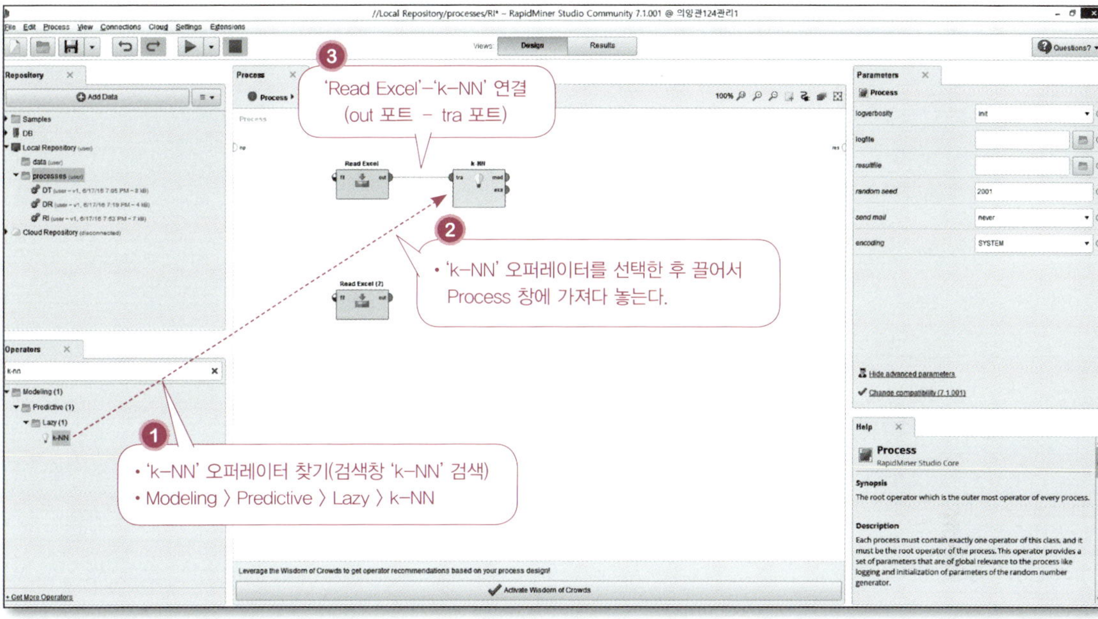
3
'Read Excel'–'k-NN' 연결
(out 포트 – tra 포트)
2
• 'k-NN' 오퍼레이터를 선택한 후 끌어서
Process 창에 가져다 놓는다.
1
• 'k-NN' 오퍼레이터 찾기(검색창 'k-NN' 검색)
• Modeling 〉 Predictive 〉 Lazy 〉 k-NN

부록 1-13

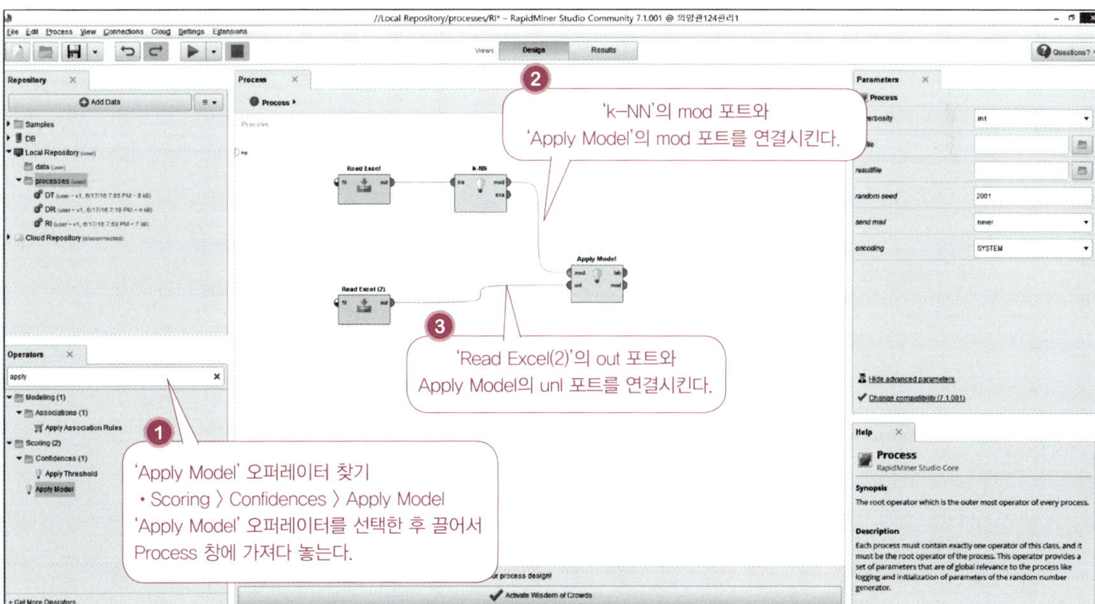
2
'k-NN'의 mod 포트와
'Apply Model'의 mod 포트를 연결시킨다.
3
'Read Excel(2)'의 out 포트와
Apply Model의 unl 포트를 연결시킨다.
1
'Apply Model' 오퍼레이터 찾기
• Scoring 〉 Confidences 〉 Apply Model
'Apply Model' 오퍼레이터를 선택한 후 끌어서
Process 창에 가져다 놓는다.

부록 1-14

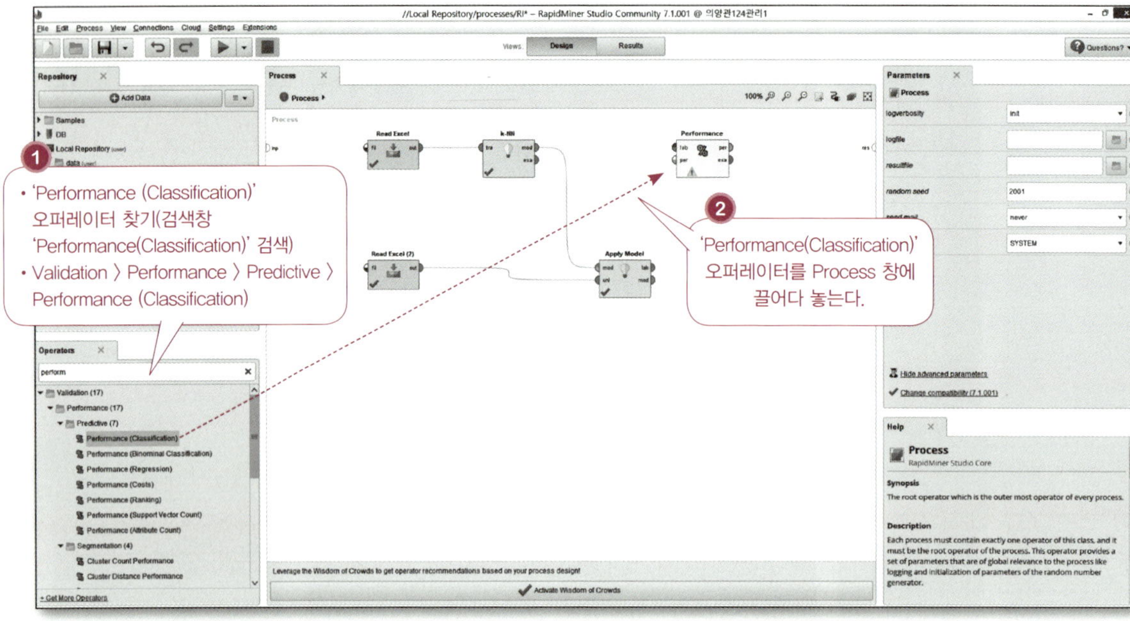
1
• 'Performance (Classification)' 오퍼레이터 찾기(검색창 'Performance(Classification)' 검색)
• Validation 〉 Performance 〉 Predictive 〉 Performance (Classification)
2
'Performance(Classification)' 오퍼레이터를 Process 창에 끌어다 놓는다.

부록 1–15

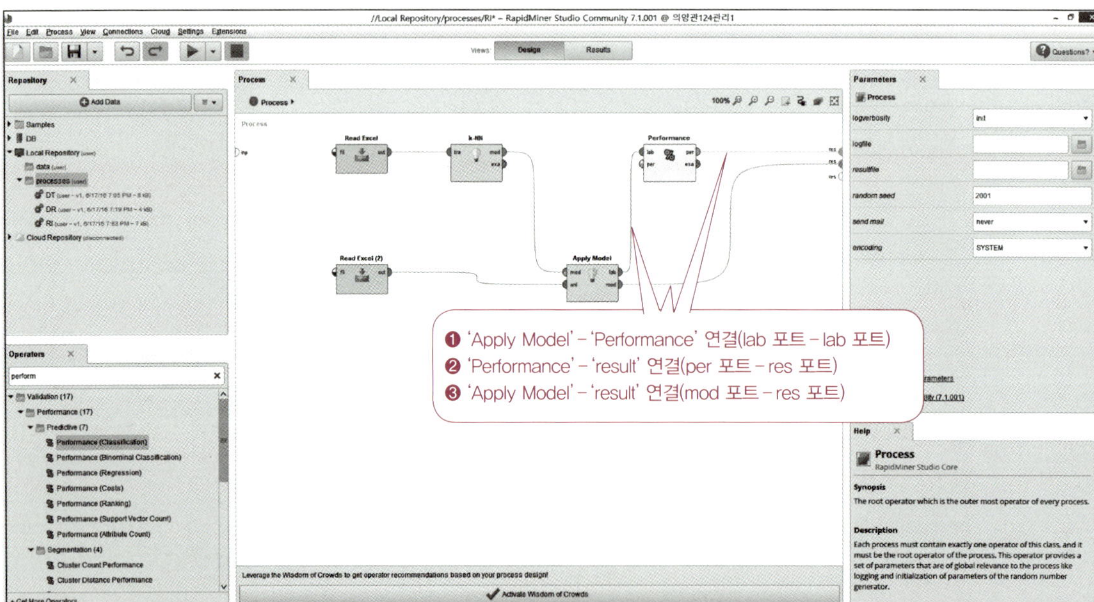
❶ 'Apply Model' – 'Performance' 연결(lab 포트 – lab 포트)
❷ 'Performance' – 'result' 연결(per 포트 – res 포트)
❸ 'Apply Model' – 'result' 연결(mod 포트 – res 포트)

부록 1–16

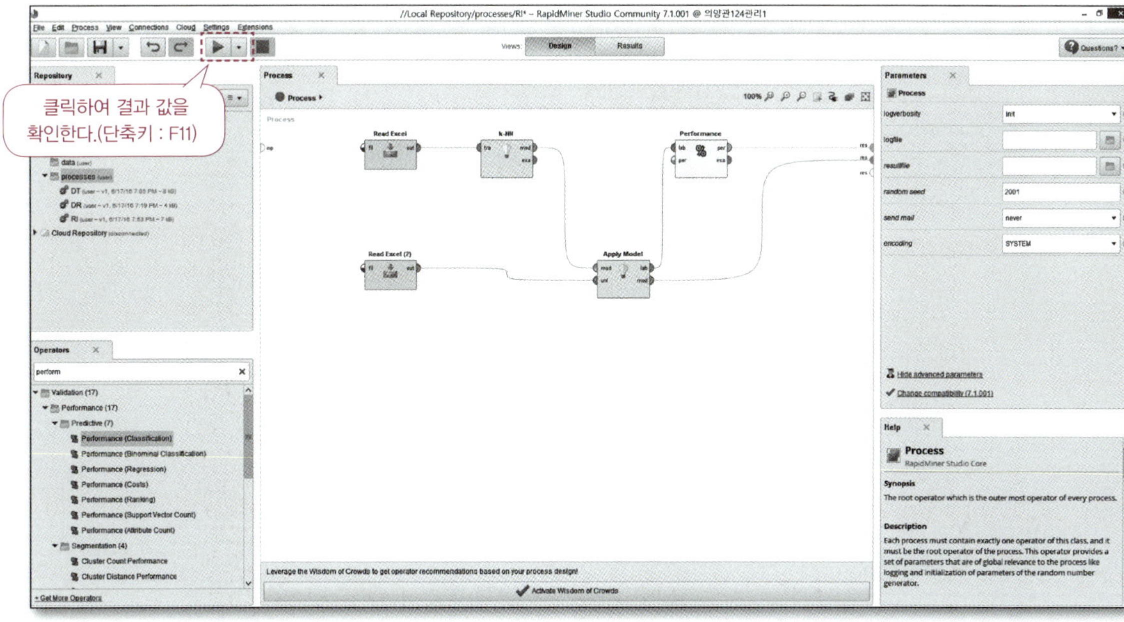
클릭하여 결과 값을
확인한다.(단축키 : F11)

부록 1-17

KNNClassification
'KNNClassification' 탭은 큰 의미는 없다.

부록 1-18

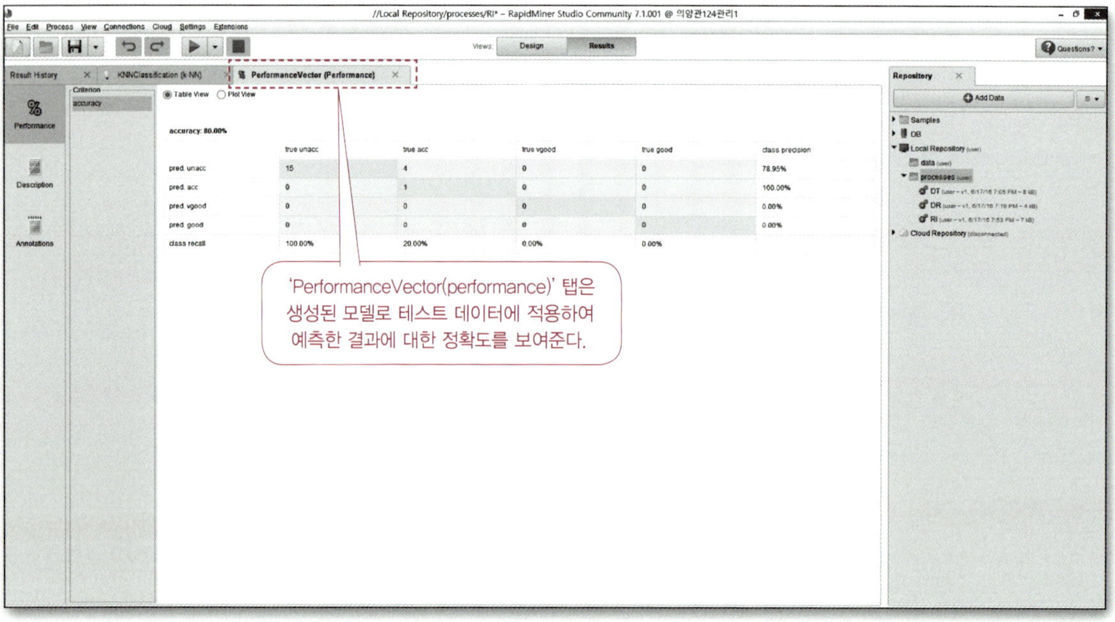
'PerformanceVector(performance)' 탭은
생성된 모델로 테스트 데이터에 적용하여
예측한 결과에 대한 정확도를 보여준다.

부록 1-19

토 닥 토 닥
래 피 드 마 이 너
[기 초 편]

부록 2

Decision Tree 알고리즘 분석 프로세스

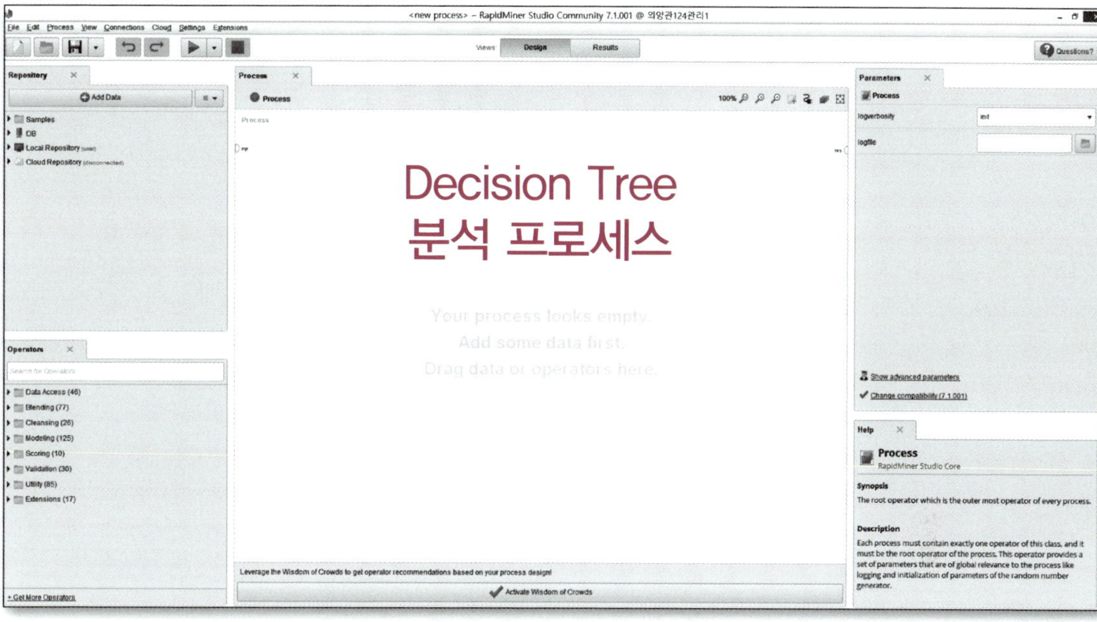
Decision Tree
분석 프로세스

부록 2-1

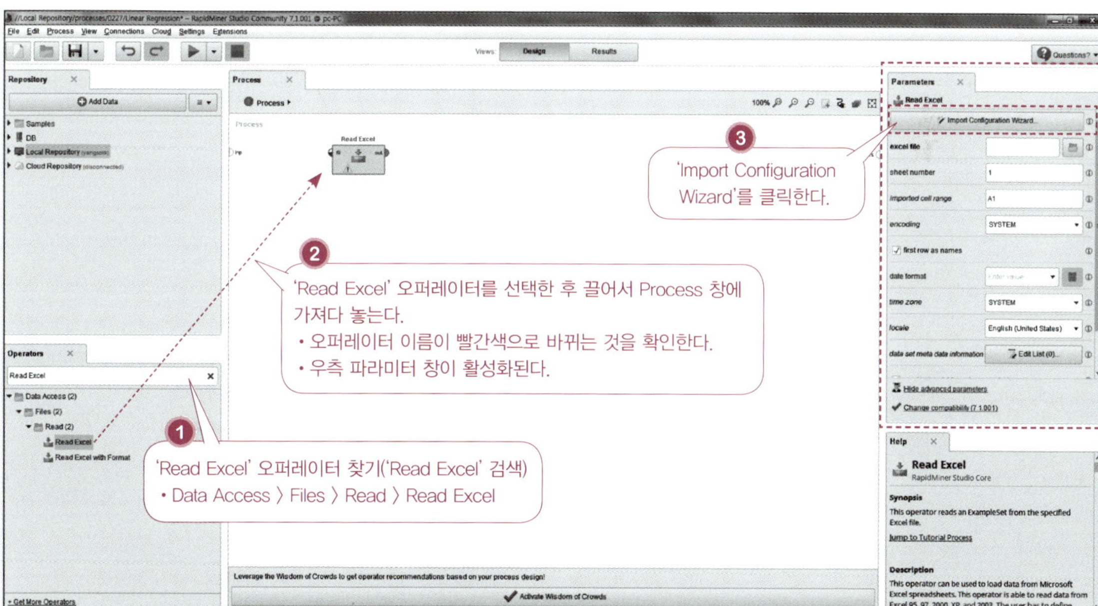
③
'Import Configuration Wizard'를 클릭한다.
②
'Read Excel' 오퍼레이터를 선택한 후 끌어서 Process 창에 가져다 놓는다.
• 오퍼레이터 이름이 빨간색으로 바뀌는 것을 확인한다.
• 우측 파라미터 창이 활성화된다.
①
'Read Excel' 오퍼레이터 찾기('Read Excel' 검색)
• Data Access 〉 Files 〉 Read 〉 Read Excel

부록 2-2

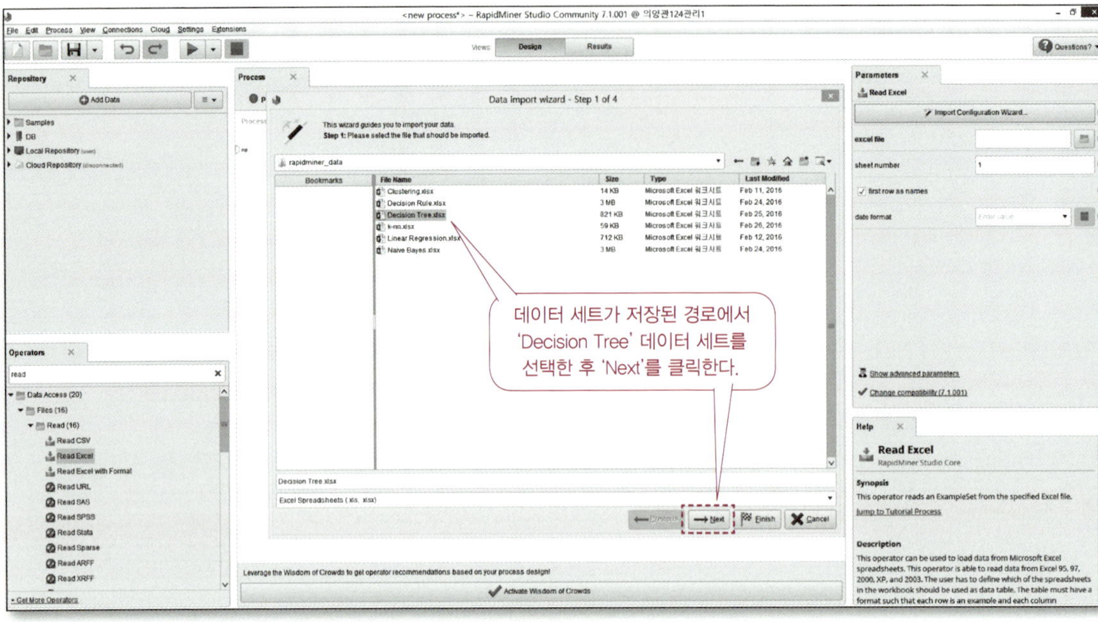
데이터 세트가 저장된 경로에서
'Decision Tree' 데이터 세트를
선택한 후 'Next'를 클릭한다.

부록 2-3

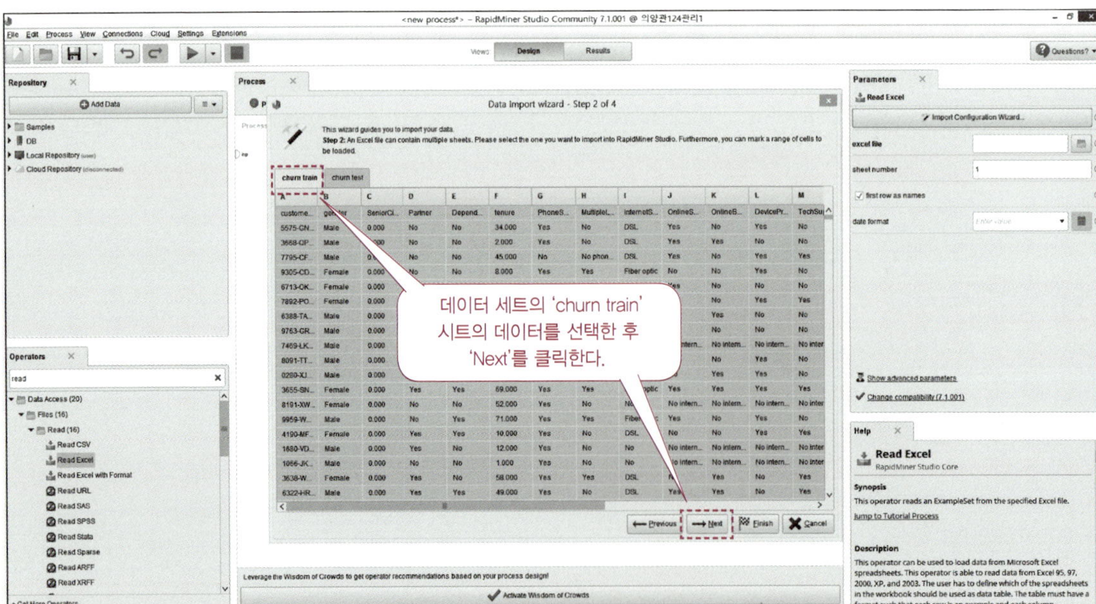
데이터 세트의 'churn train'
시트의 데이터를 선택한 후
'Next'를 클릭한다.

부록 2-4

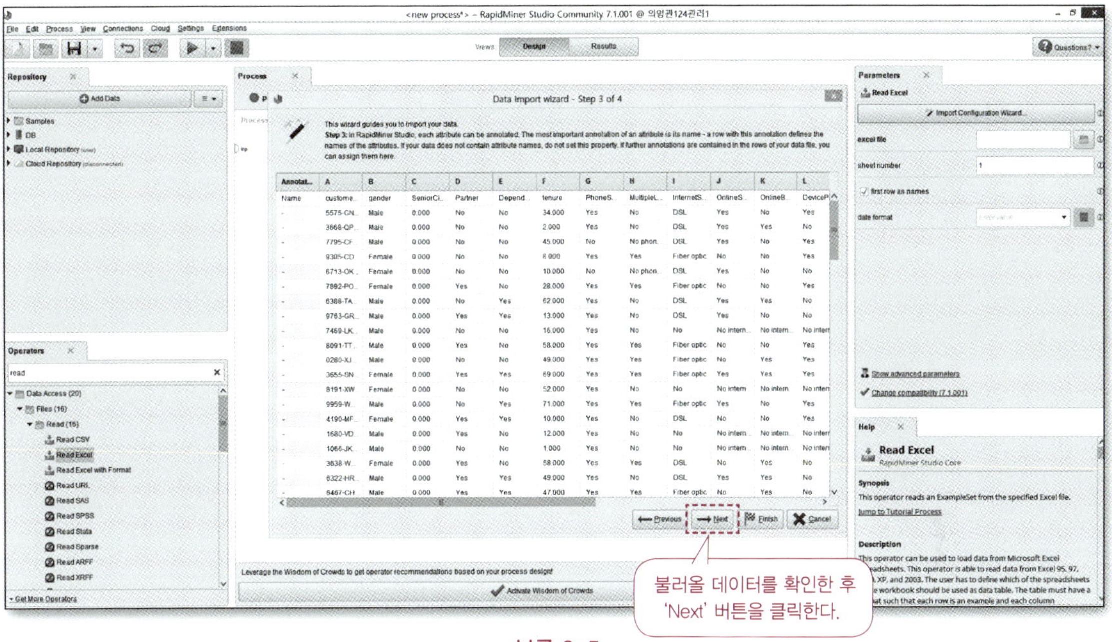
불러올 데이터를 확인한 후
'Next' 버튼을 클릭한다.

부록 2-5

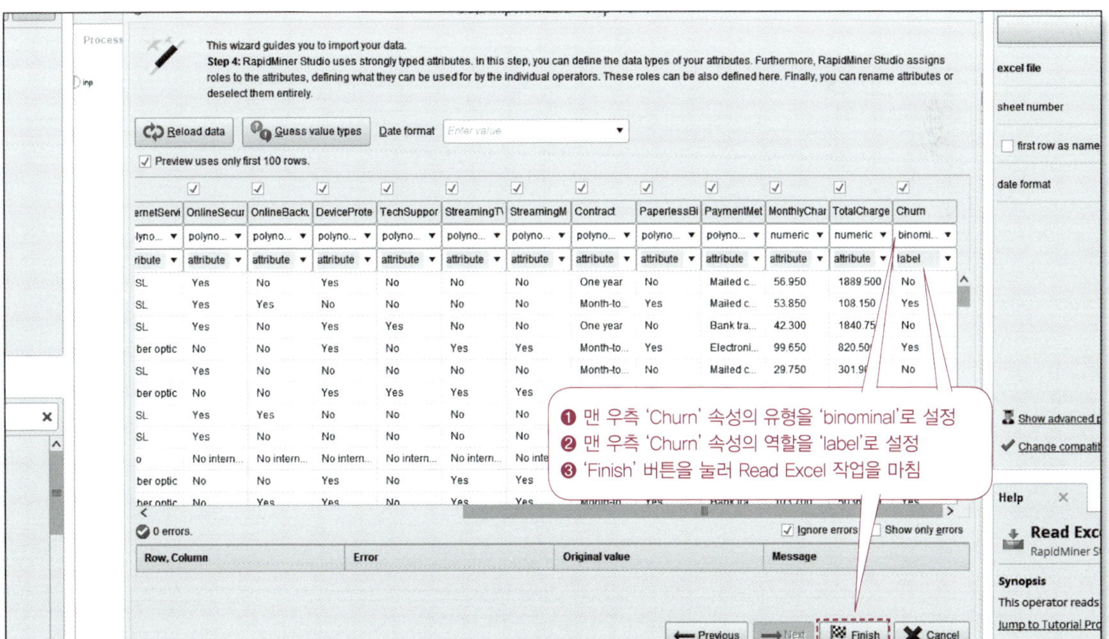
❶ 맨 우측 'Churn' 속성의 유형을 'binominal'로 설정
❷ 맨 우측 'Churn' 속성의 역할을 'label'로 설정
❸ 'Finish' 버튼을 눌러 Read Excel 작업을 마침

부록 2-6

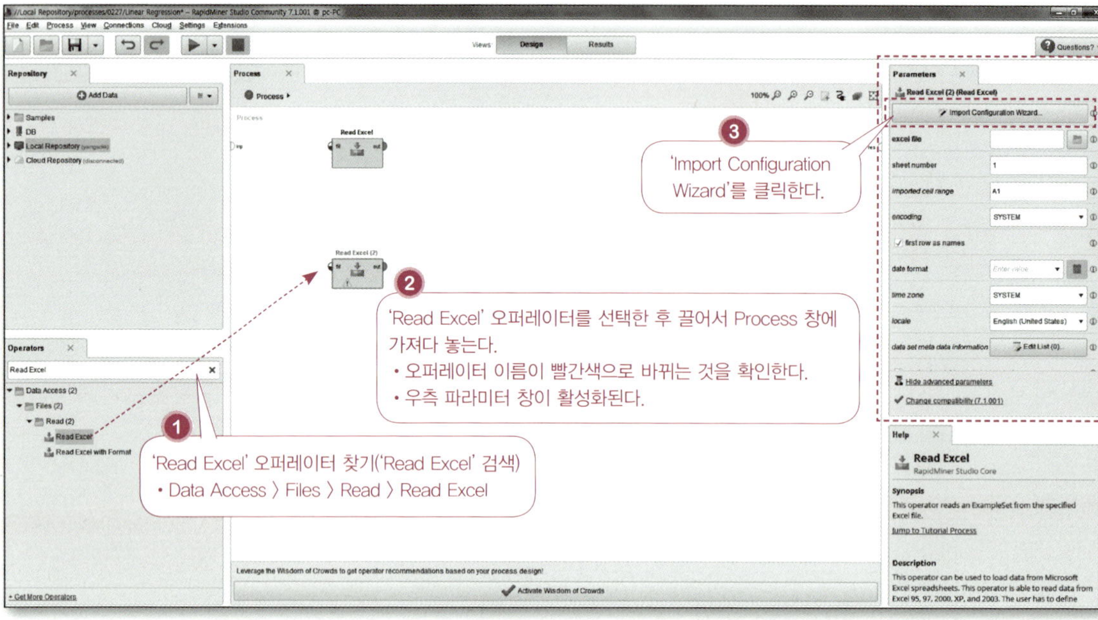

'Import Configuration Wizard'를 클릭한다.
'Read Excel' 오퍼레이터를 선택한 후 끌어서 Process 창에 가져다 놓는다.
• 오퍼레이터 이름이 빨간색으로 바뀌는 것을 확인한다.
• 우측 파라미터 창이 활성화된다.
'Read Excel' 오퍼레이터 찾기('Read Excel' 검색)
• Data Access 〉 Files 〉 Read 〉 Read Excel

부록 2–7

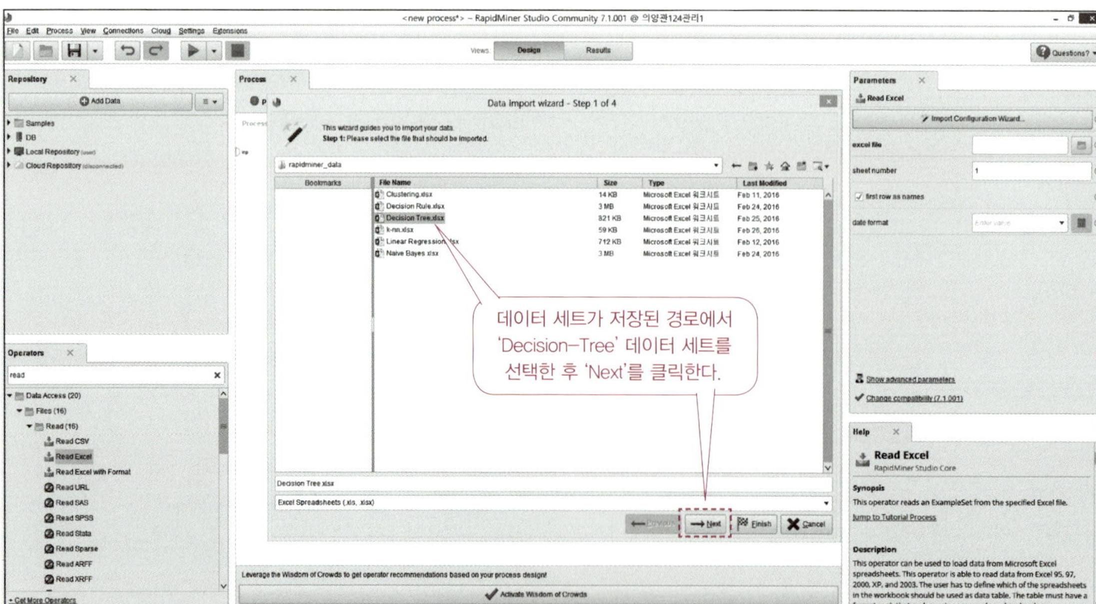

Data import wizard - Step 1 of 4
데이터 세트가 저장된 경로에서 'Decision-Tree' 데이터 세트를 선택한 후 'Next'를 클릭한다.

부록 2–8

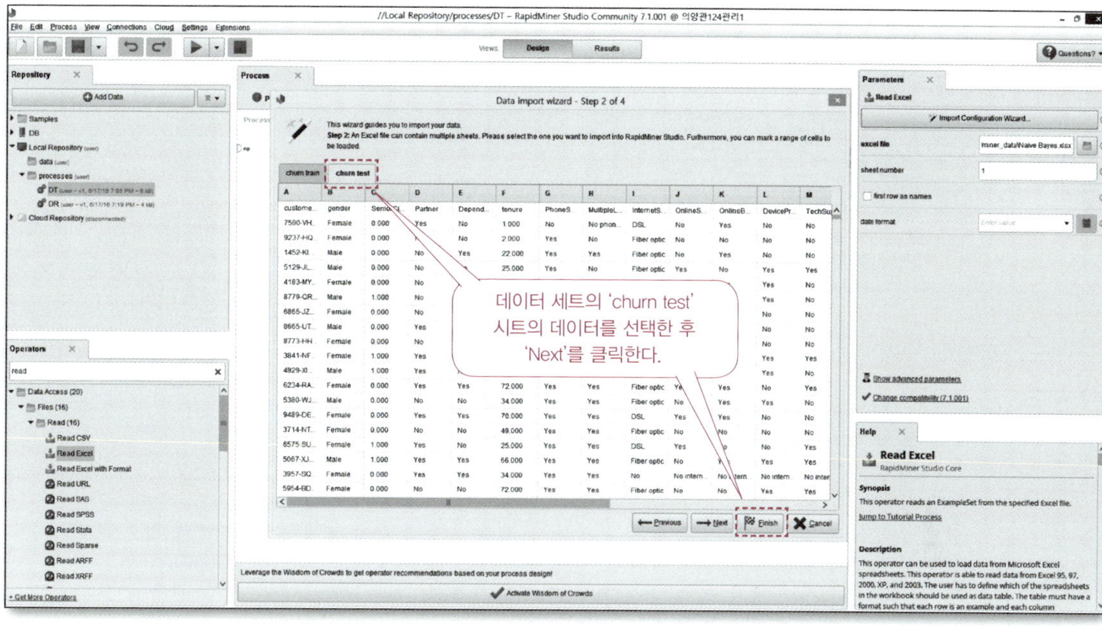
데이터 세트의 'churn test'
시트의 데이터를 선택한 후
'Next'를 클릭한다.

부록 2-9

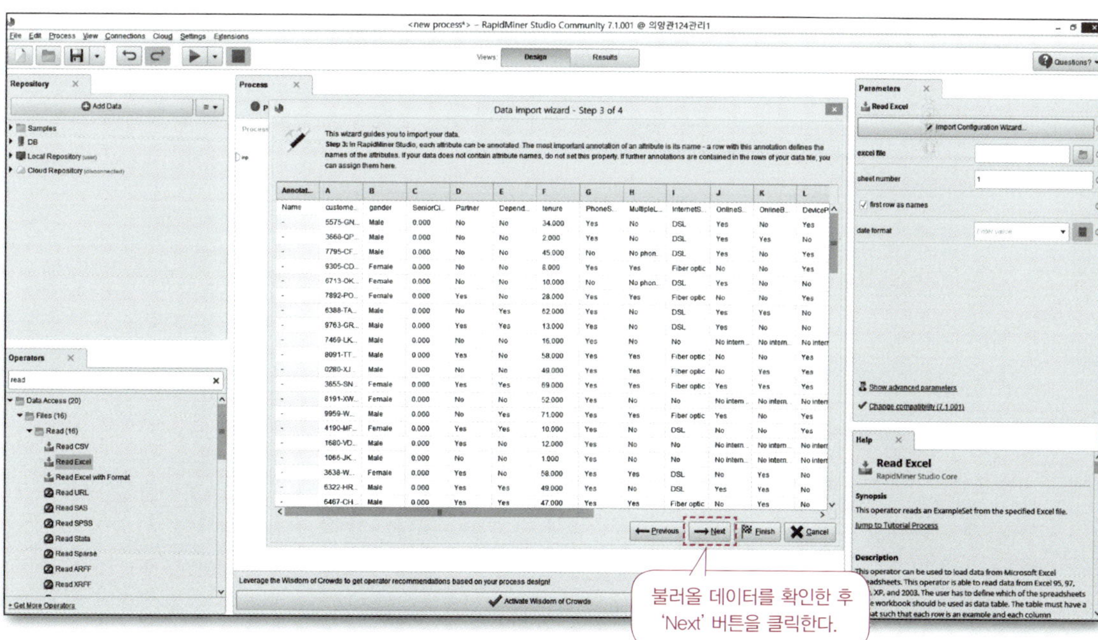
불러올 데이터를 확인한 후
'Next' 버튼을 클릭한다.

부록 2-10

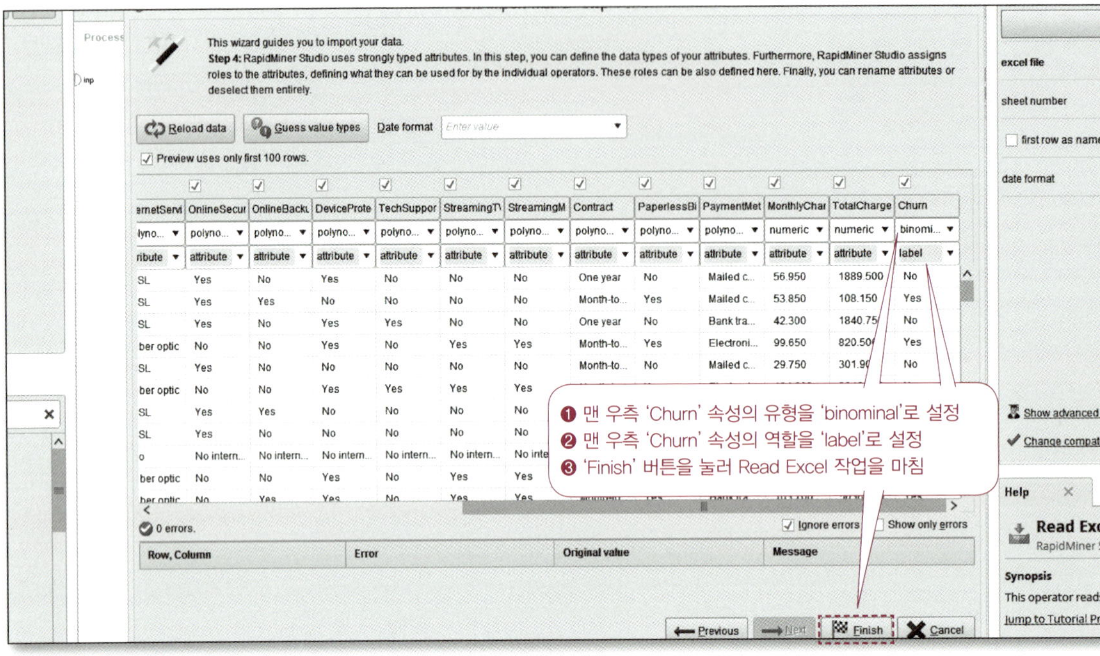
❶ 맨 우측 'Churn' 속성의 유형을 'binominal'로 설정
❷ 맨 우측 'Churn' 속성의 역할을 'label'로 설정
❸ 'Finish' 버튼을 눌러 Read Excel 작업을 마침

부록 2-11

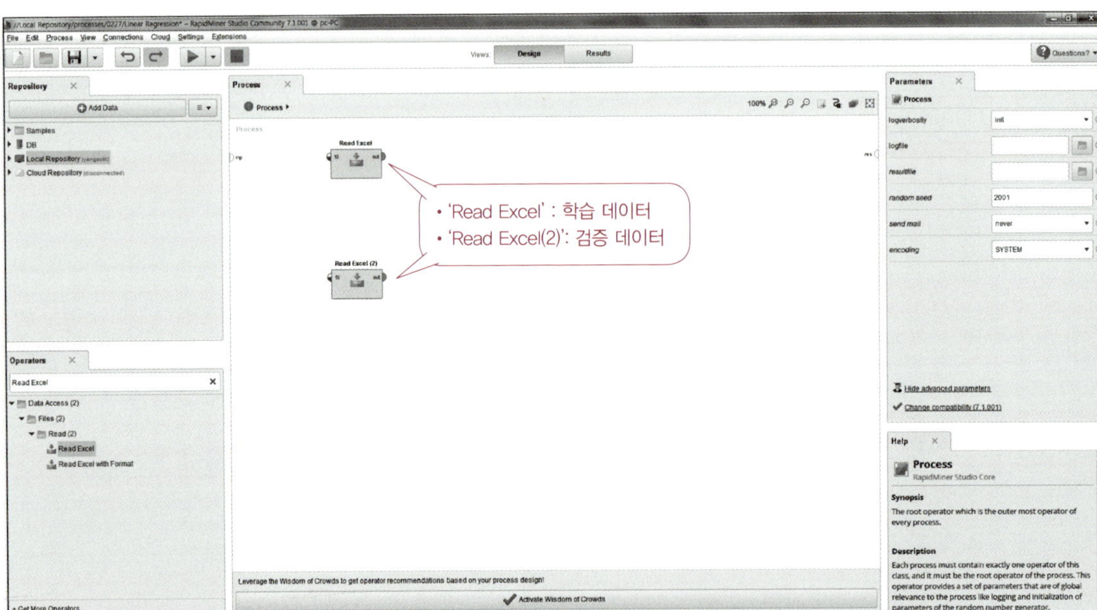
• 'Read Excel' : 학습 데이터
• 'Read Excel(2)': 검증 데이터

부록 2-12

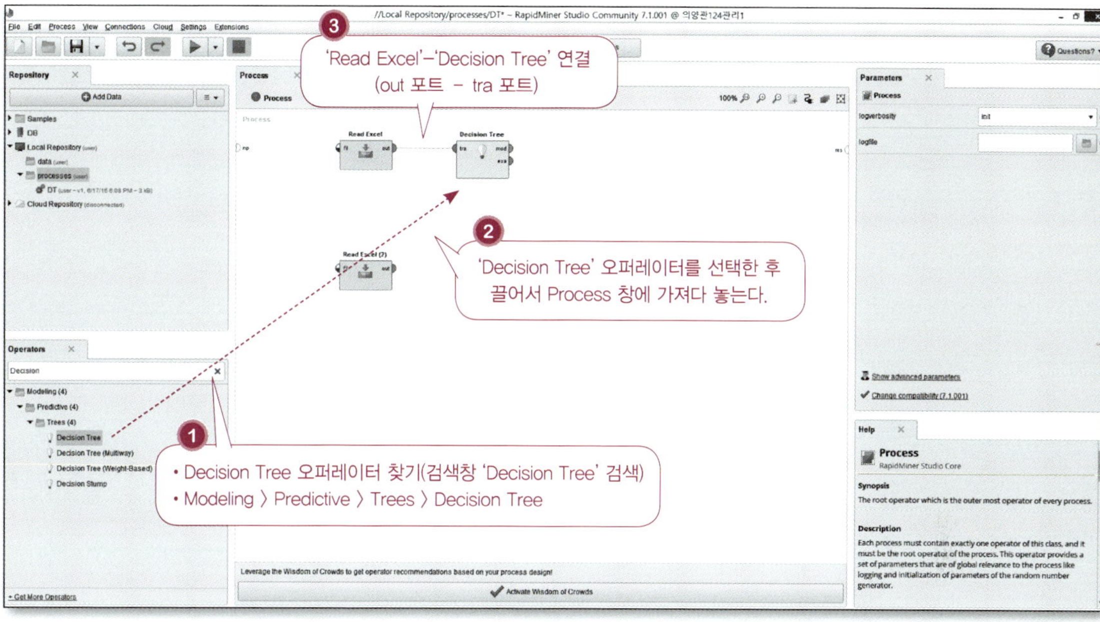
'Read Excel'–'Decision Tree' 연결
(out 포트 – tra 포트)
'Decision Tree' 오퍼레이터를 선택한 후
끌어서 Process 창에 가져다 놓는다.
• Decision Tree 오퍼레이터 찾기(검색창 'Decision Tree' 검색)
• Modeling 〉 Predictive 〉 Trees 〉 Decision Tree

부록 2-13

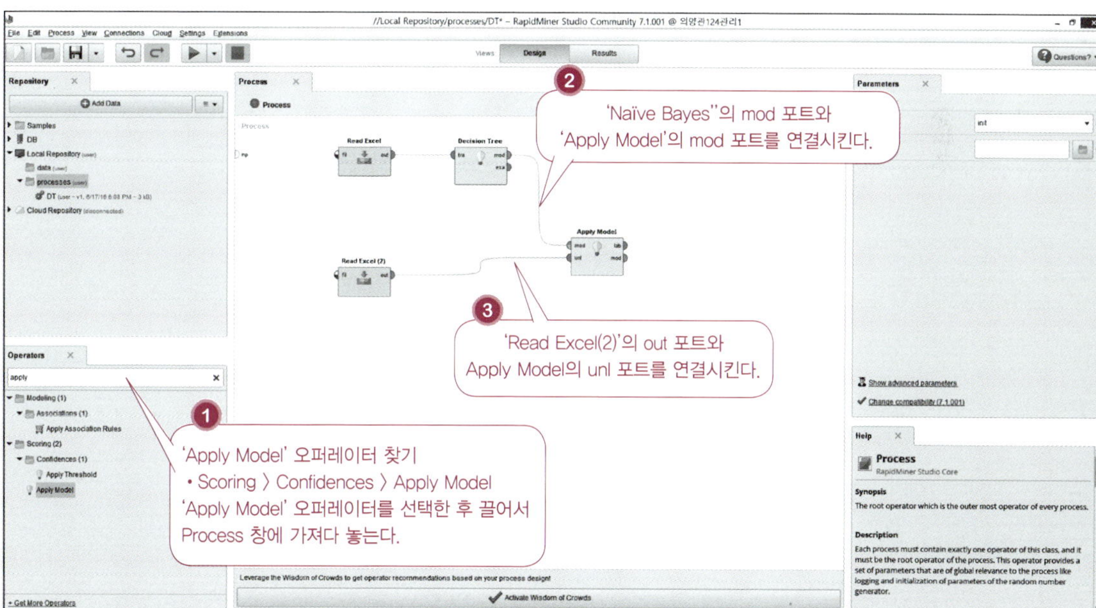
'Naïve Bayes"의 mod 포트와
'Apply Model'의 mod 포트를 연결시킨다.
'Read Excel(2)'의 out 포트와
Apply Model의 unl 포트를 연결시킨다.
'Apply Model' 오퍼레이터 찾기
• Scoring 〉 Confidences 〉 Apply Model
'Apply Model' 오퍼레이터를 선택한 후 끌어서
Process 창에 가져다 놓는다.

부록 2-14

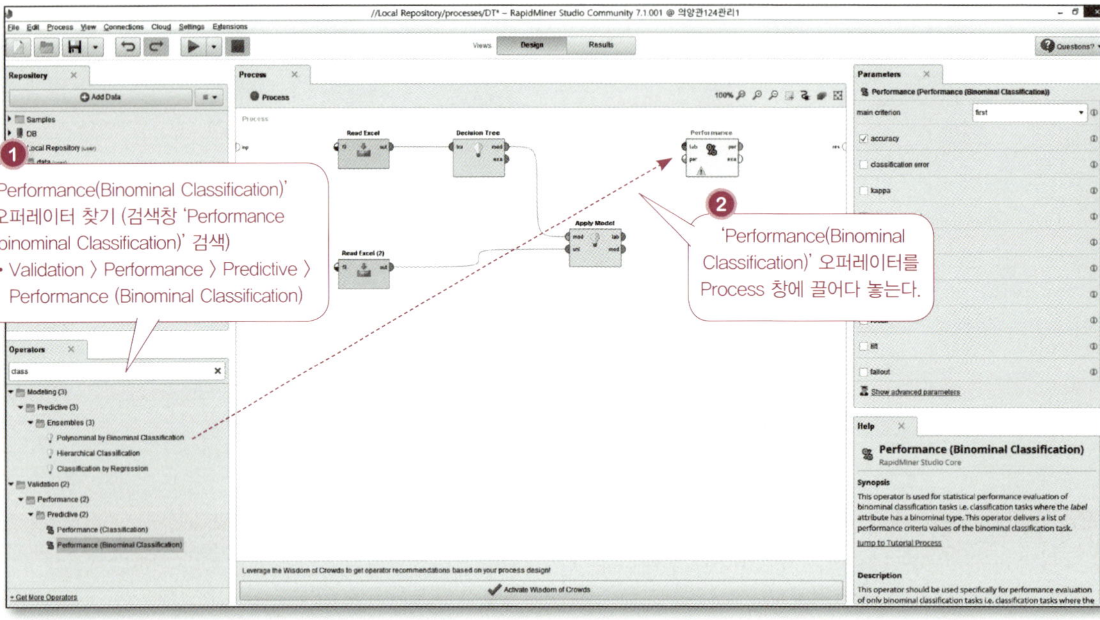
1
'Performance(Binominal Classification)' 오퍼레이터 찾기 (검색창 'Performance (binominal Classification)' 검색)
• Validation 〉 Performance 〉 Predictive 〉 Performance (Binominal Classification)
2
'Performance(Binominal Classification)' 오퍼레이터를 Process 창에 끌어다 놓는다.

부록 2-15

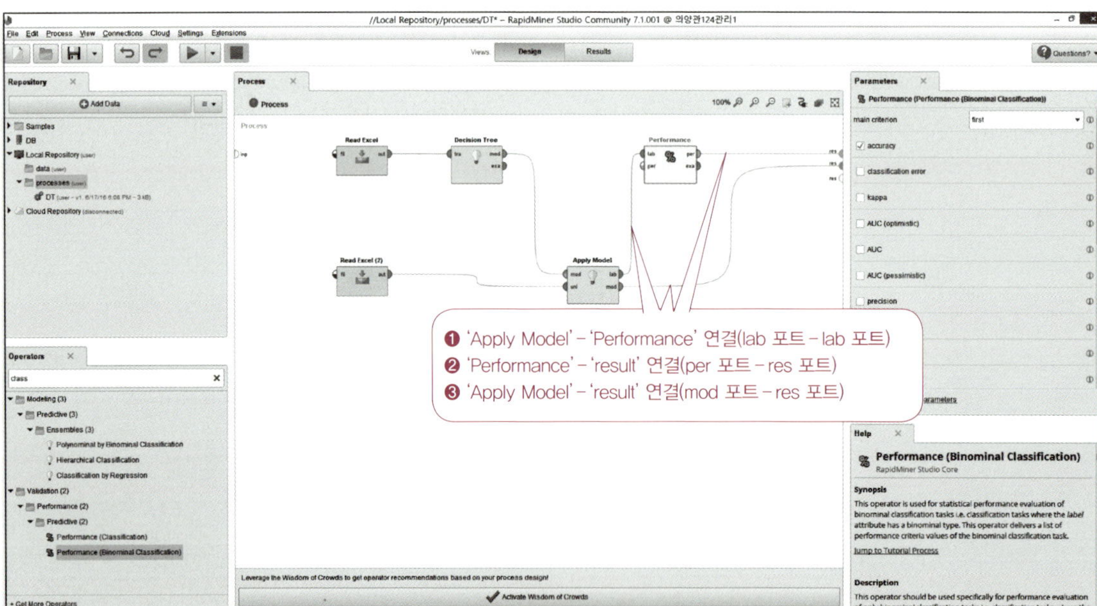
❶ 'Apply Model' – 'Performance' 연결(lab 포트 – lab 포트)
❷ 'Performance' – 'result' 연결(per 포트 – res 포트)
❸ 'Apply Model' – 'result' 연결(mod 포트 – res 포트)

부록 2-16

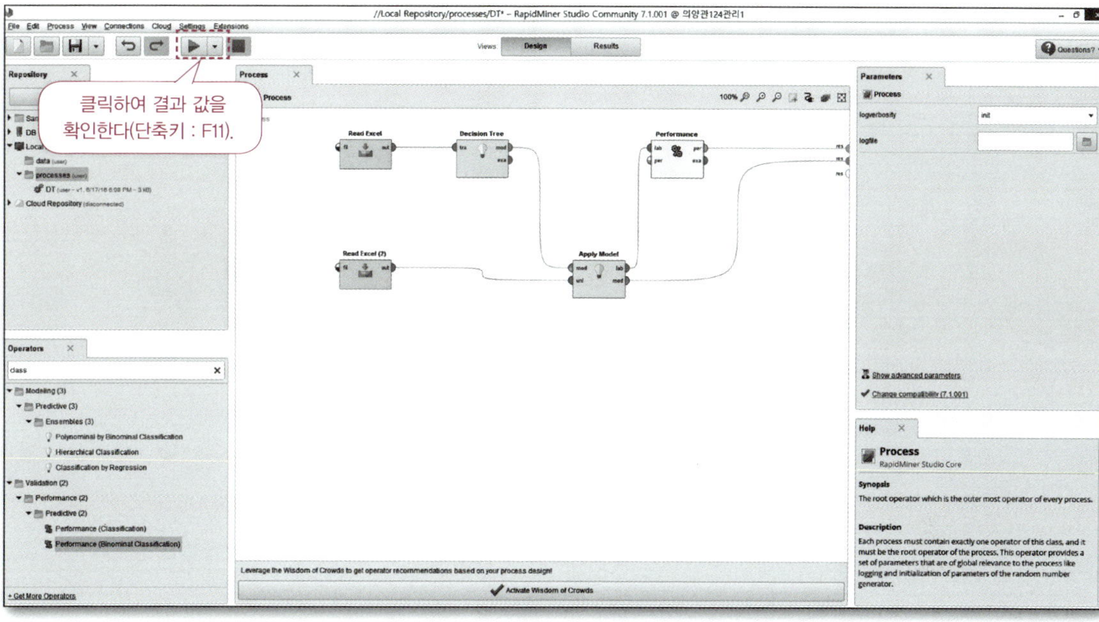

부록 2-17

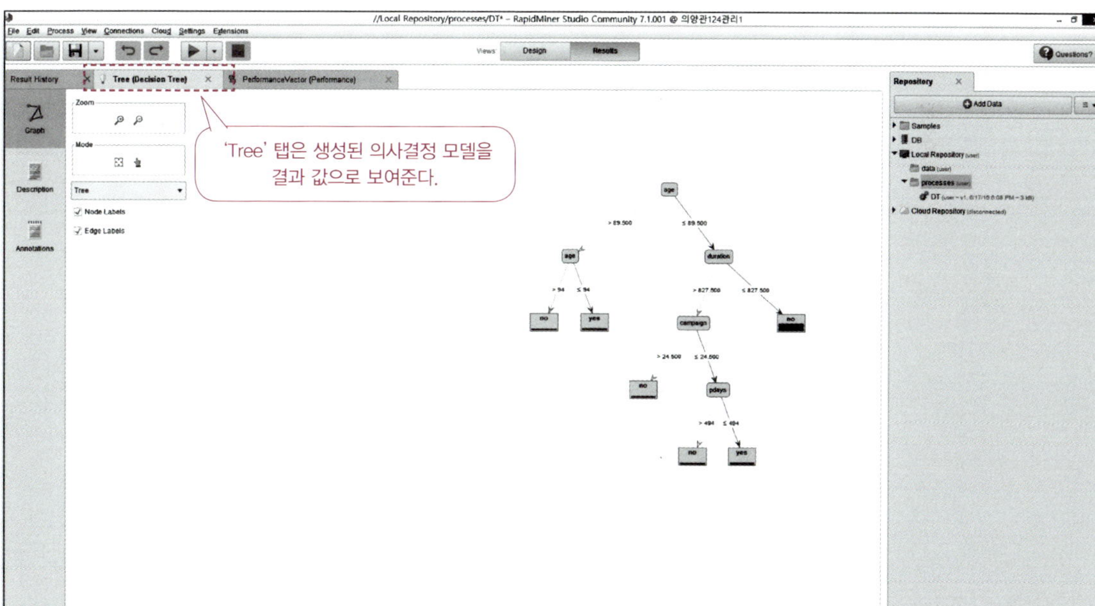

부록 2-18

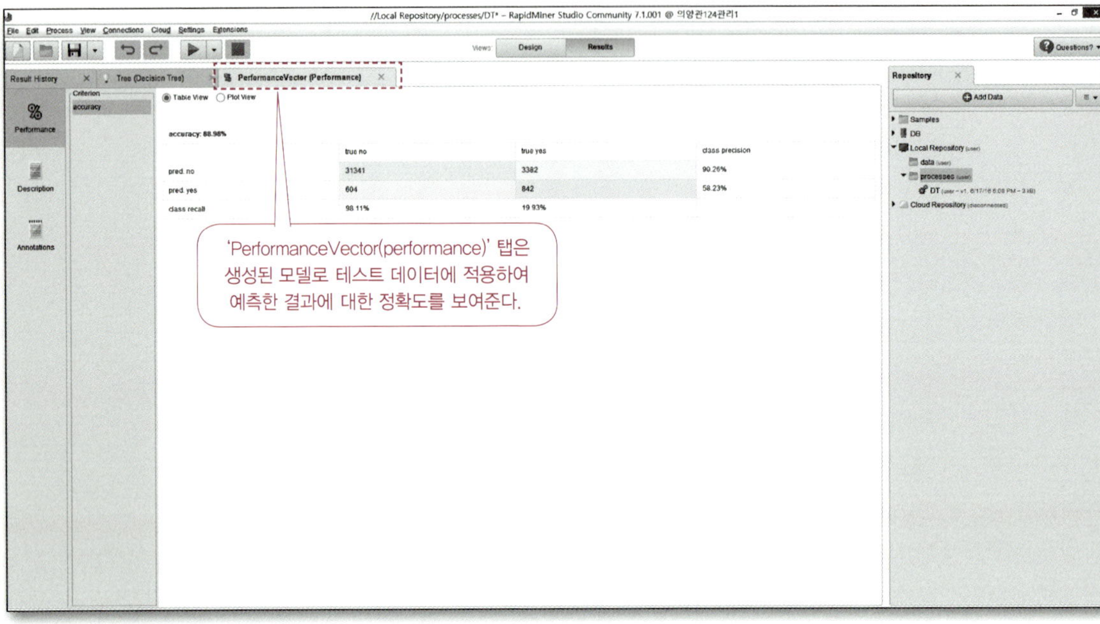
'PerformanceVector(performance)' 탭은
생성된 모델로 테스트 데이터에 적용하여
예측한 결과에 대한 정확도를 보여준다.

부록 2-19

토 닥 토 닥
래 피 드 마 이 너
[기 초 편]

부록 3

Decision Rule 알고리즘 분석 프로세스

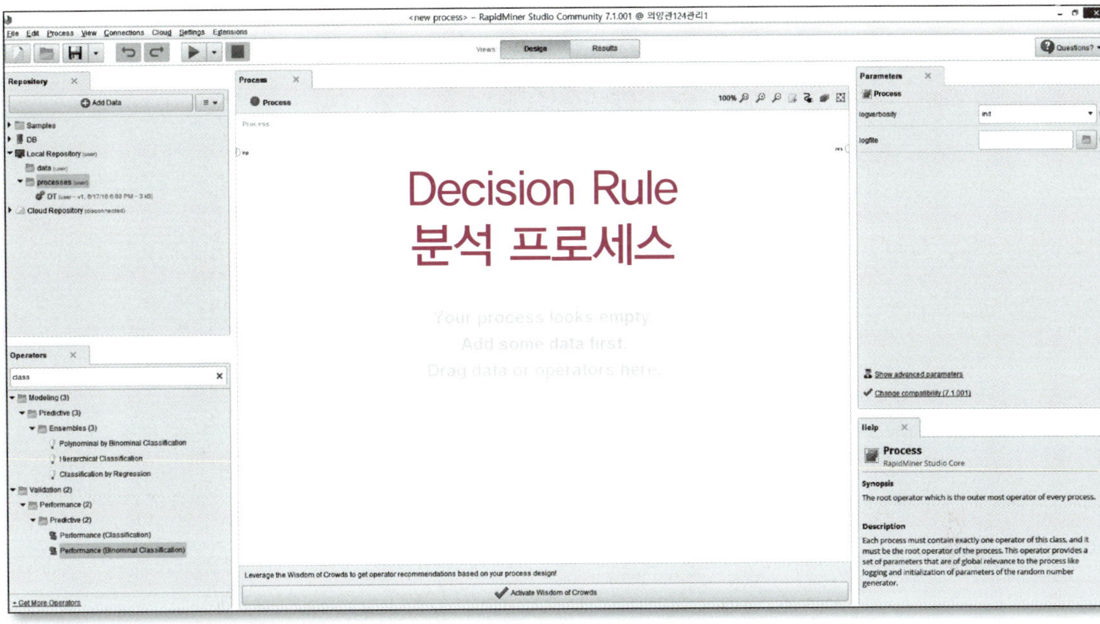
Decision Rule
분석 프로세스

부록 3-1

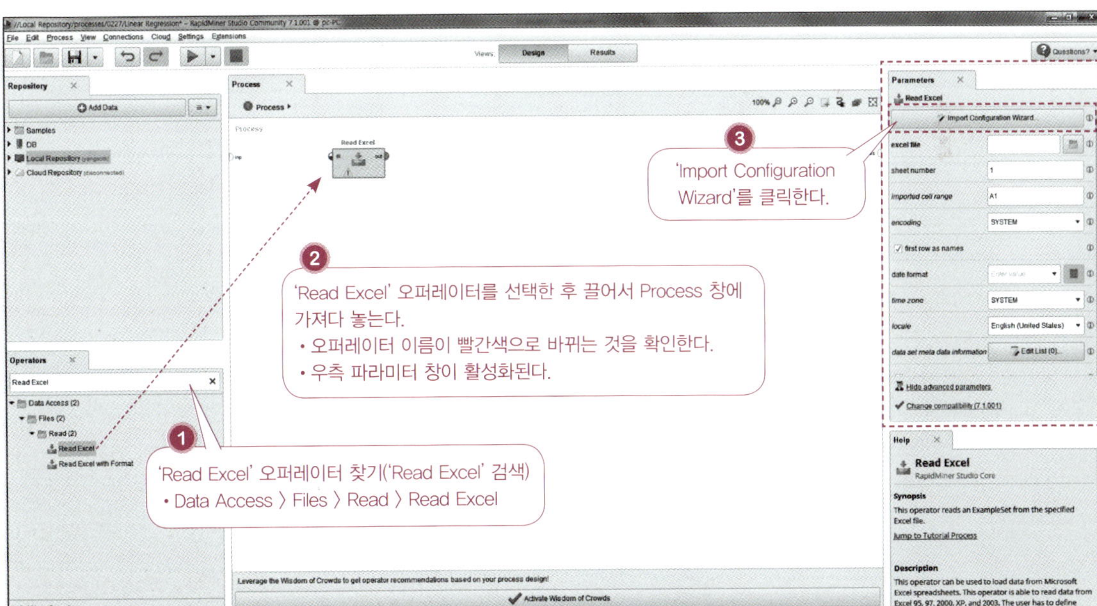
1
'Read Excel' 오퍼레이터 찾기('Read Excel' 검색)
• Data Access 〉 Files 〉 Read 〉 Read Excel
2
'Read Excel' 오퍼레이터를 선택한 후 끌어서 Process 창에 가져다 놓는다.
• 오퍼레이터 이름이 빨간색으로 바뀌는 것을 확인한다.
• 우측 파라미터 창이 활성화된다.
3
'Import Configuration Wizard'를 클릭한다.

부록 3-2

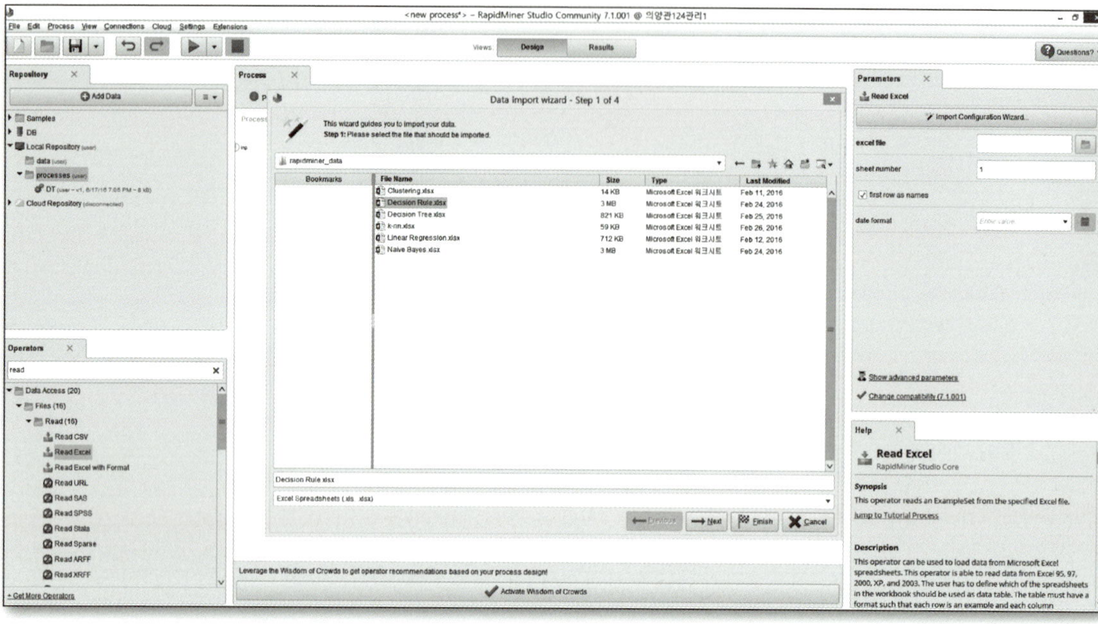

<new process*> – RapidMiner Studio Community 7.1.001 @ 의양관124관리1
Data Import wizard - Step 1 of 4
This wizard guides you to import your data.
Step 1: Please select the file that should be imported.
Clustering.xlsx
Decision Rule.xlsx
Decision Tree.xlsx
k-nn.xlsx
Linear Regression.xlsx
Naive Bayes.xlsx
Read Excel
RapidMiner Studio Core
This operator reads an ExampleSet from the specified Excel file.

부록 3-3

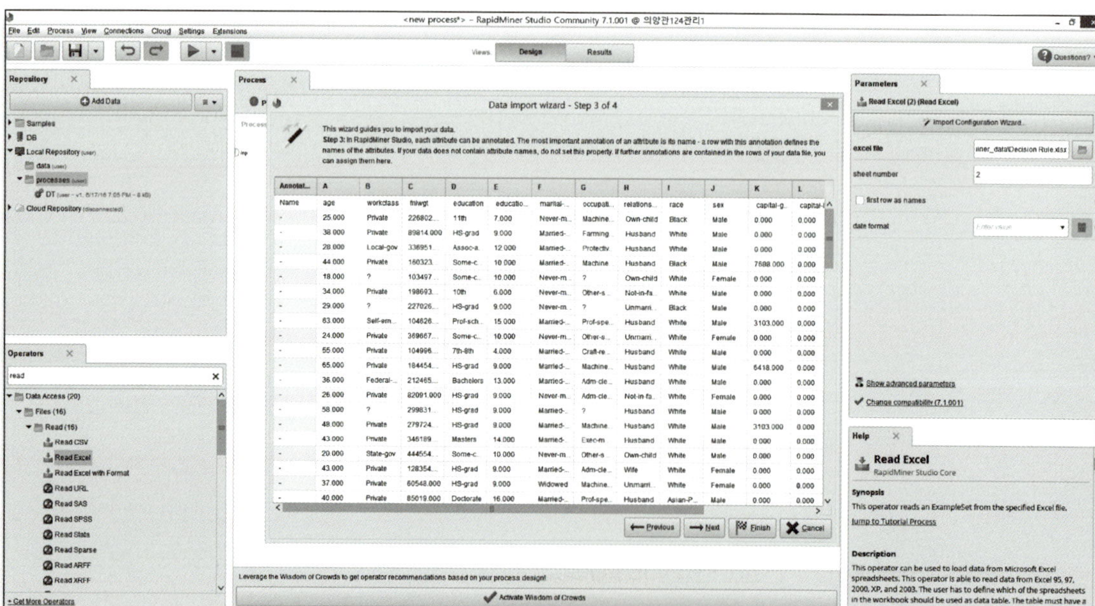

<new process*> – RapidMiner Studio Community 7.1.001 @ 의양관124관리1
Data Import wizard - Step 3 of 4
This wizard guides you to import your data.
Read Excel
RapidMiner Studio Core
This operator reads an ExampleSet from the specified Excel file.

부록 3-4

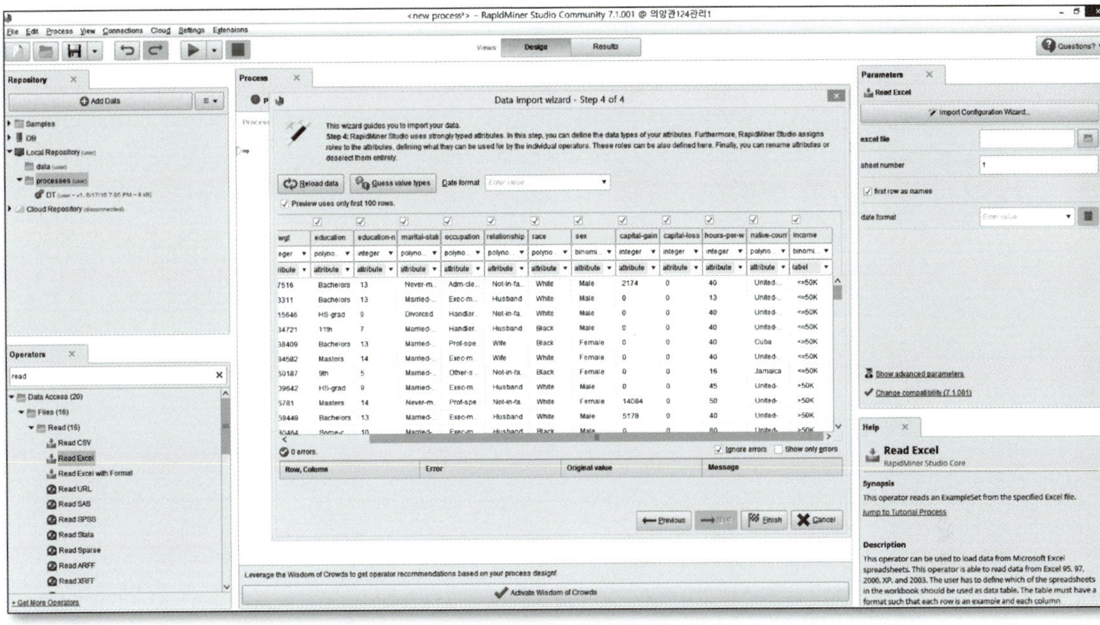

부록 3-5

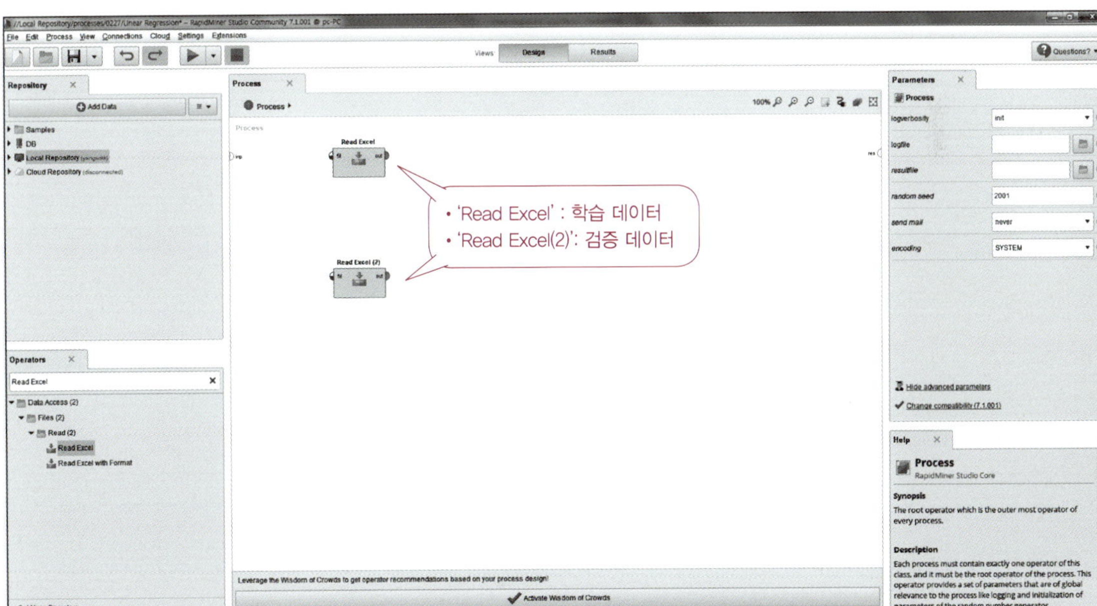

부록 3-6

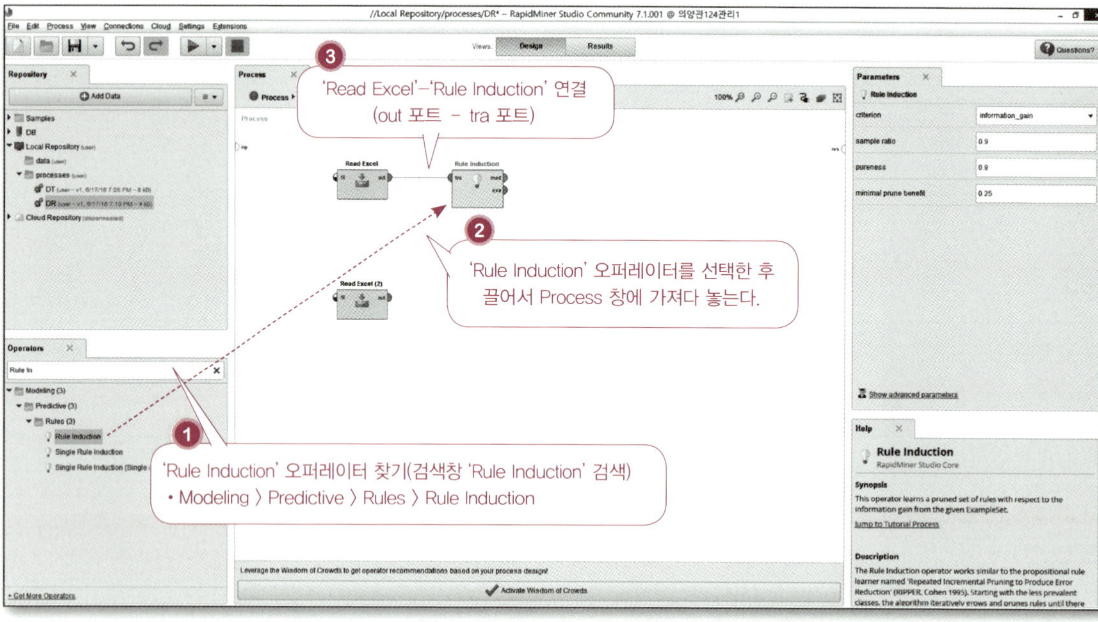

'Read Excel'–'Rule Induction' 연결
(out 포트 – tra 포트)
'Rule Induction' 오퍼레이터를 선택한 후
끌어서 Process 창에 가져다 놓는다.
'Rule Induction' 오퍼레이터 찾기(검색창 'Rule Induction' 검색)
• Modeling 〉 Predictive 〉 Rules 〉 Rule Induction

부록 3-7

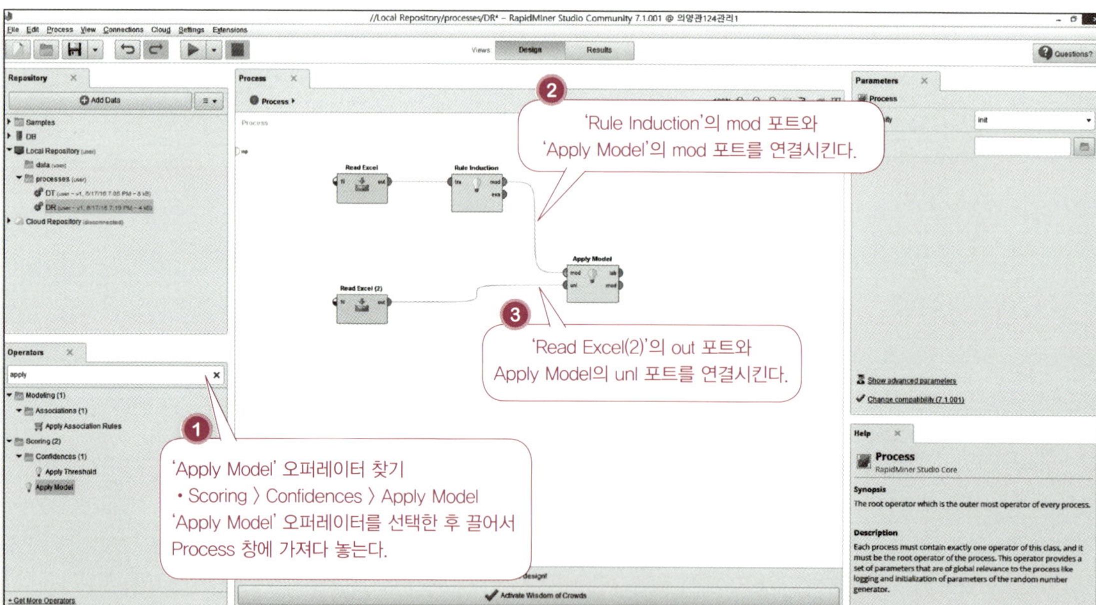

'Rule Induction'의 mod 포트와
'Apply Model'의 mod 포트를 연결시킨다.
'Read Excel(2)'의 out 포트와
Apply Model의 unl 포트를 연결시킨다.
'Apply Model' 오퍼레이터 찾기
• Scoring 〉 Confidences 〉 Apply Model
'Apply Model' 오퍼레이터를 선택한 후 끌어서
Process 창에 가져다 놓는다.

부록 3-8

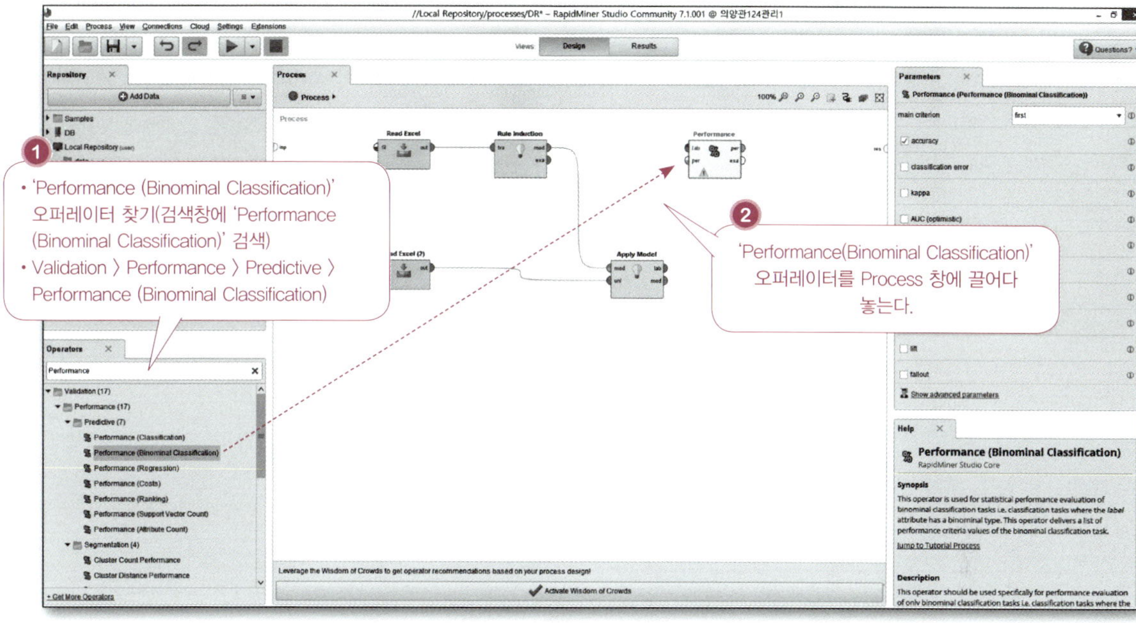
1
• 'Performance (Binominal Classification)' 오퍼레이터 찾기(검색창에 'Performance (Binominal Classification)' 검색)
• Validation 〉 Performance 〉 Predictive 〉 Performance (Binominal Classification)
2
'Performance(Binominal Classification)' 오퍼레이터를 Process 창에 끌어다 놓는다.

부록 3-9

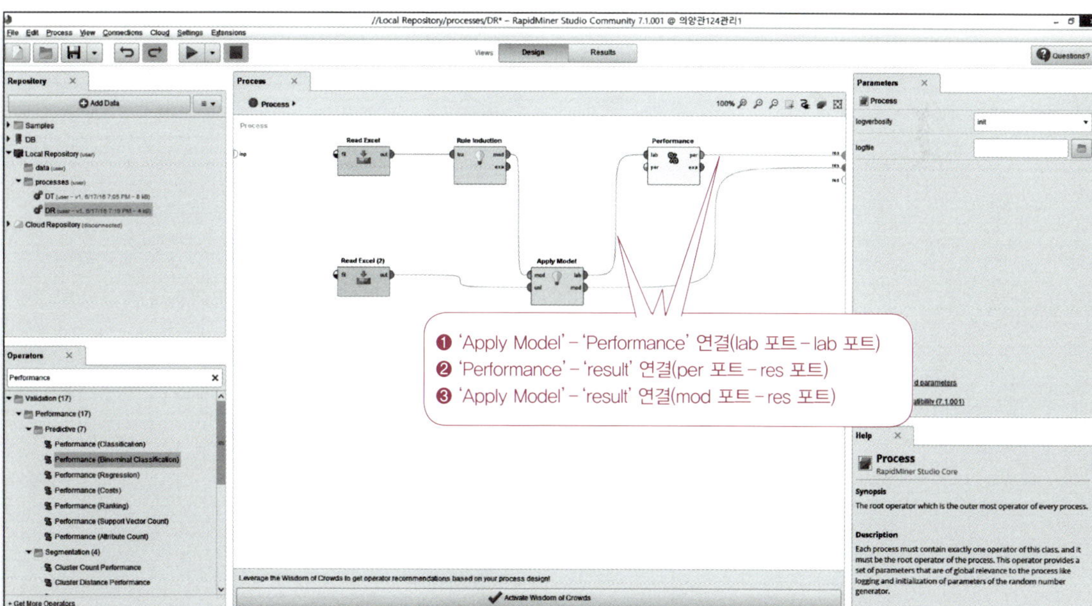
❶ 'Apply Model' – 'Performance' 연결(lab 포트 – lab 포트)
❷ 'Performance' – 'result' 연결(per 포트 – res 포트)
❸ 'Apply Model' – 'result' 연결(mod 포트 – res 포트)

부록 3-10

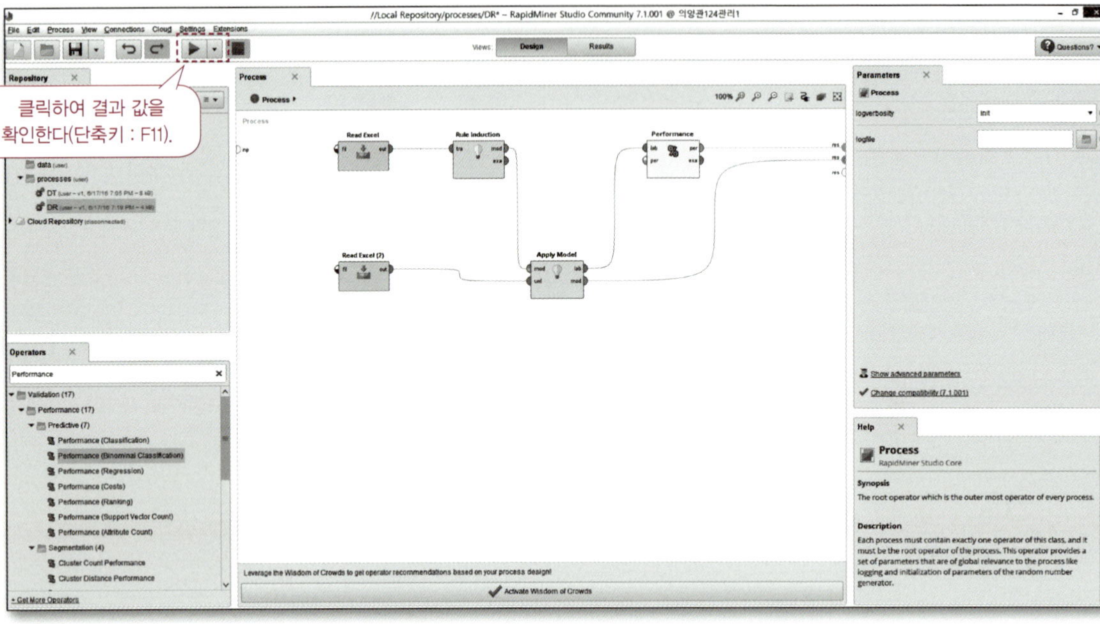
클릭하여 결과 값을
확인한다(단축키 : F11).

부록 3-11

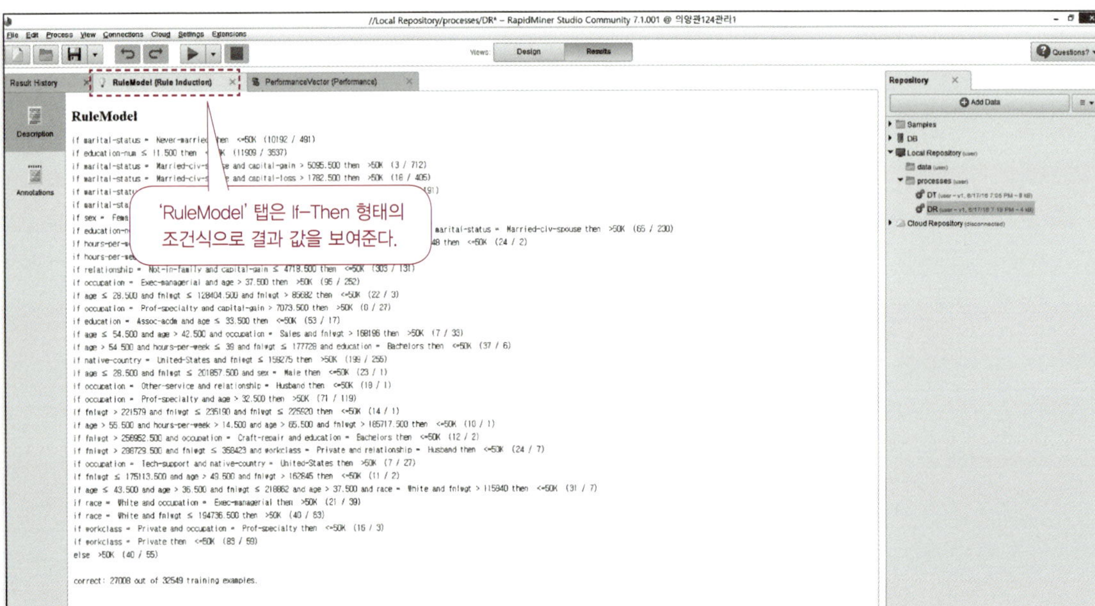
'RuleModel' 탭은 If-Then 형태의
조건식으로 결과 값을 보여준다.

부록 3-12

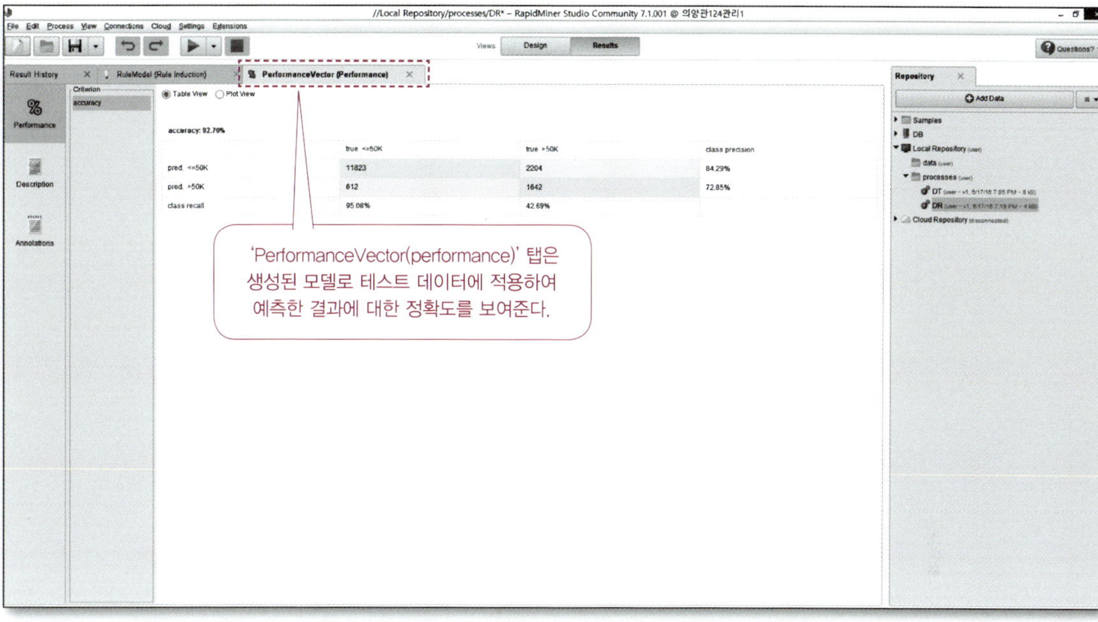
//Local Repository/processes/DR* – RapidMiner Studio Community 7.1.001 @ 의양관124관리1
Result History
RuleModel (Rule Induction)
PerformanceVector (Performance)
Performance
Description
Annotations
Criterion
accuracy
Table View
Plot View
accuracy: 82.70%
true <=50K
true >50K
class precision
pred. <=50K
11823
2204
84.29%
pred. >50K
612
1642
72.85%
class recall
95.08%
42.69%
Repository
Add Data
Samples
DB
Local Repository
data
processes
DT
DR
Cloud Repository
'PerformanceVector(performance)' 탭은
생성된 모델로 테스트 데이터에 적용하여
예측한 결과에 대한 정확도를 보여준다.

부록 3-13

토 닥 토 닥
래 피 드 마 이 너
[기 초 편]

부록 4

Tree to Rules 알고리즘 분석 프로세스

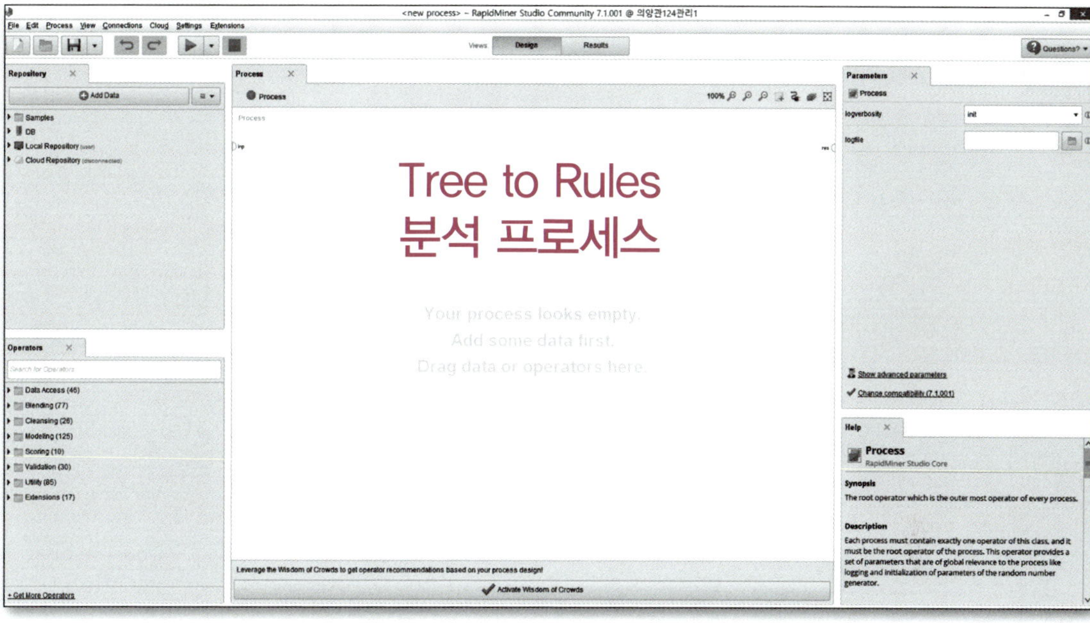
Tree to Rules
분석 프로세스

부록 4-1

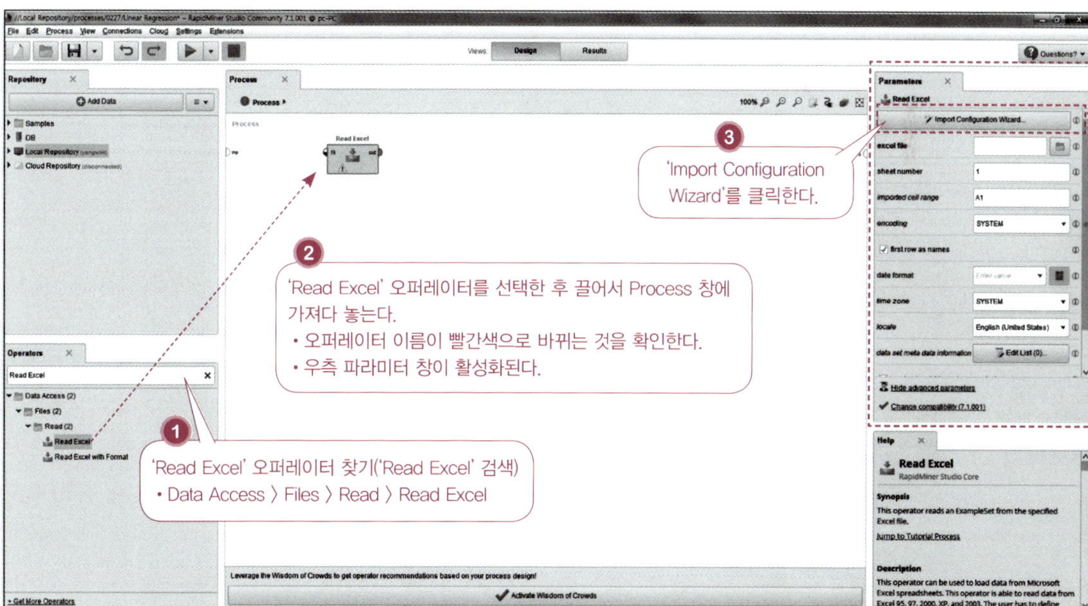
1
'Read Excel' 오퍼레이터 찾기('Read Excel' 검색)
• Data Access 〉 Files 〉 Read 〉 Read Excel
2
'Read Excel' 오퍼레이터를 선택한 후 끌어서 Process 창에 가져다 놓는다.
• 오퍼레이터 이름이 빨간색으로 바뀌는 것을 확인한다.
• 우측 파라미터 창이 활성화된다.
3
'Import Configuration Wizard'를 클릭한다.

부록 4-2

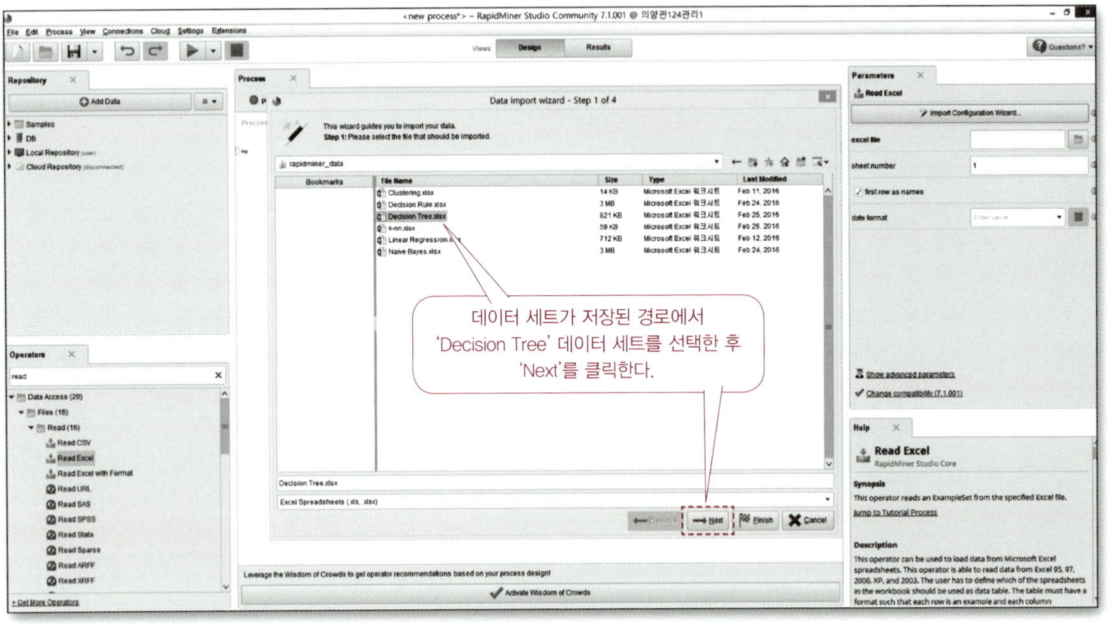
데이터 세트가 저장된 경로에서
'Decision Tree' 데이터 세트를 선택한 후
'Next'를 클릭한다.

부록 4-3

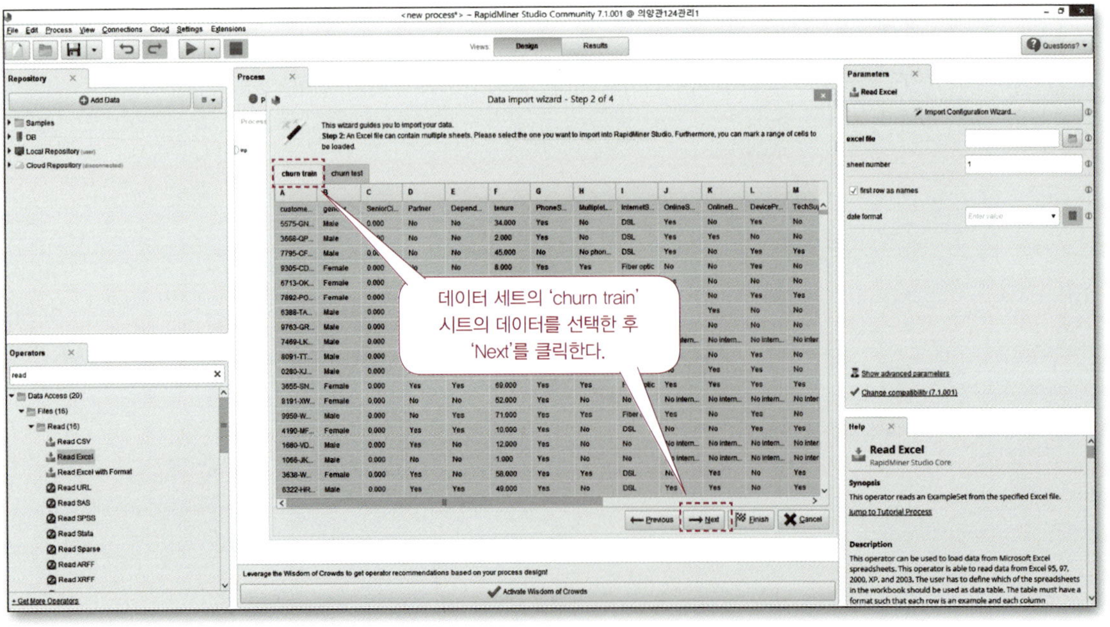
데이터 세트의 'churn train'
시트의 데이터를 선택한 후
'Next'를 클릭한다.

부록 4-4

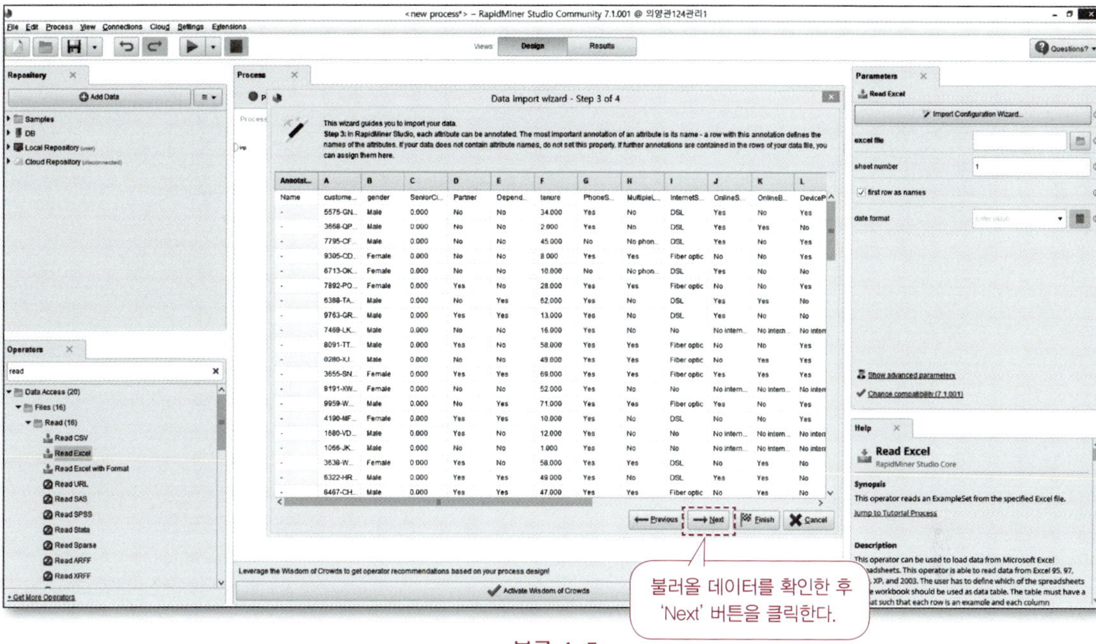
불러올 데이터를 확인한 후
'Next' 버튼을 클릭한다.

부록 4-5

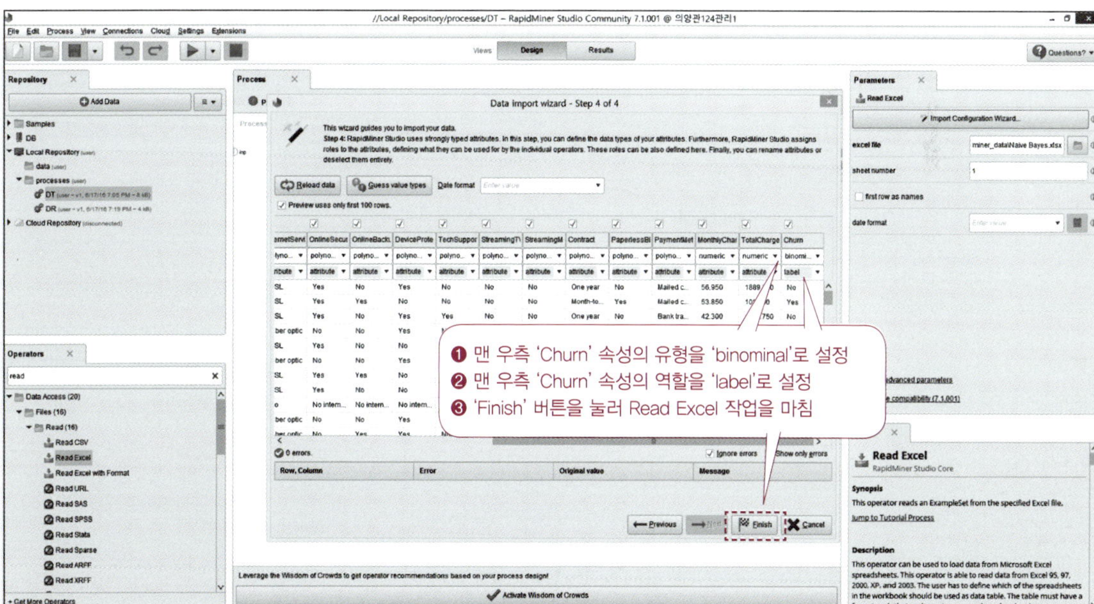
❶ 맨 우측 'Churn' 속성의 유형을 'binominal'로 설정
❷ 맨 우측 'Churn' 속성의 역할을 'label'로 설정
❸ 'Finish' 버튼을 눌러 Read Excel 작업을 마침

부록 4-6

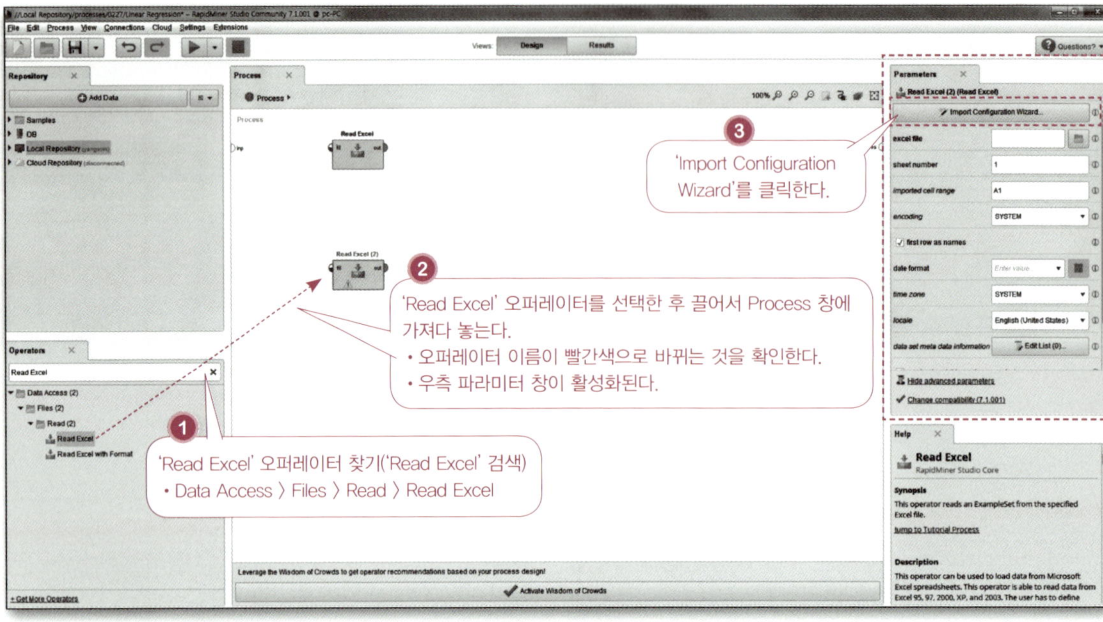
3
'Import Configuration Wizard'를 클릭한다.
2
'Read Excel' 오퍼레이터를 선택한 후 끌어서 Process 창에 가져다 놓는다.
• 오퍼레이터 이름이 빨간색으로 바뀌는 것을 확인한다.
• 우측 파라미터 창이 활성화된다.
1
'Read Excel' 오퍼레이터 찾기('Read Excel' 검색)
• Data Access 〉 Files 〉 Read 〉 Read Excel

부록 4-7

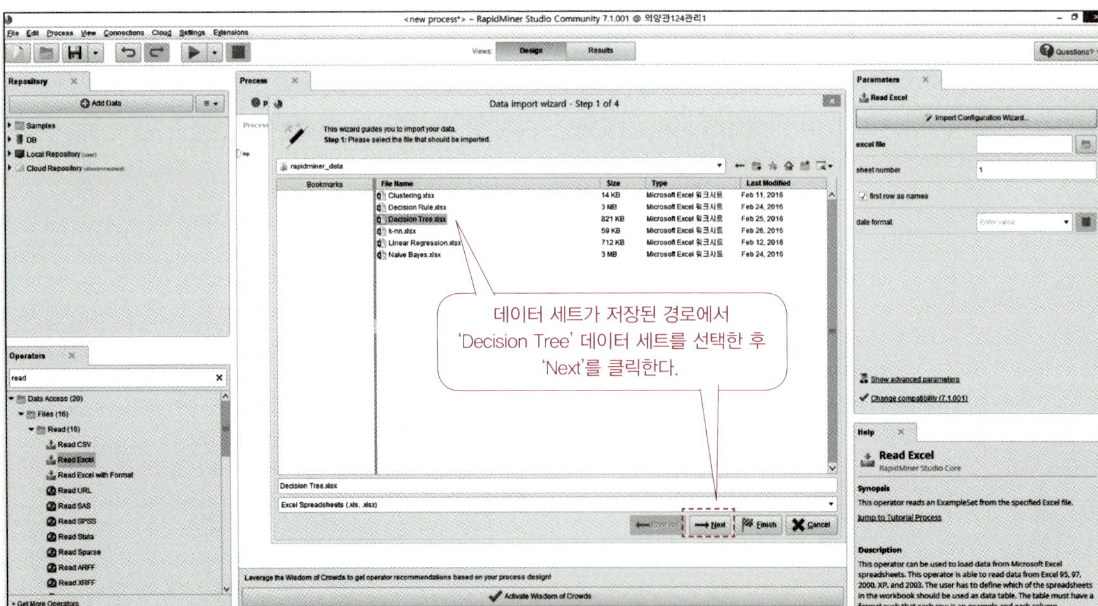
데이터 세트가 저장된 경로에서 'Decision Tree' 데이터 세트를 선택한 후 'Next'를 클릭한다.

부록 4-8

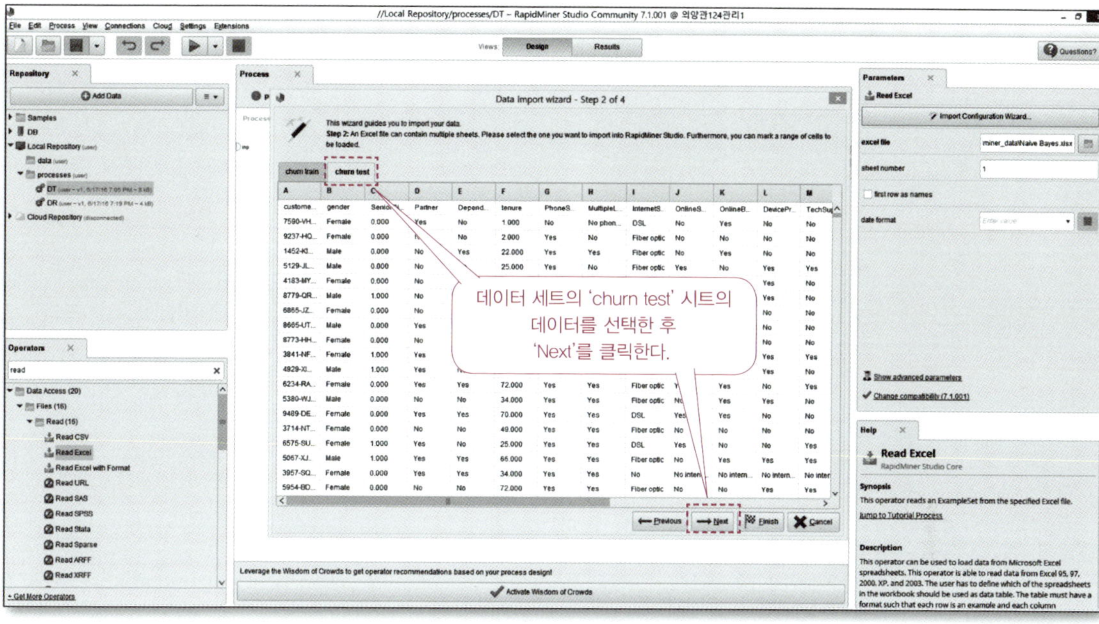
Data Import wizard - Step 2 of 4
데이터 세트의 'churn test' 시트의
데이터를 선택한 후
'Next'를 클릭한다.

부록 4-9

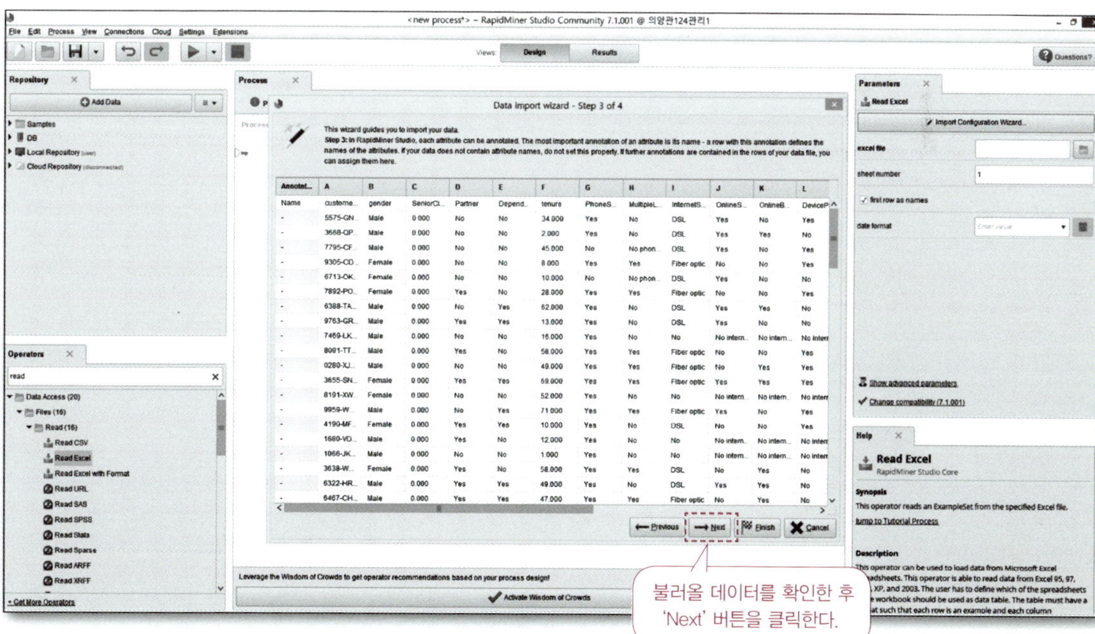
Data Import wizard - Step 3 of 4
불러올 데이터를 확인한 후
'Next' 버튼을 클릭한다.

부록 4-10

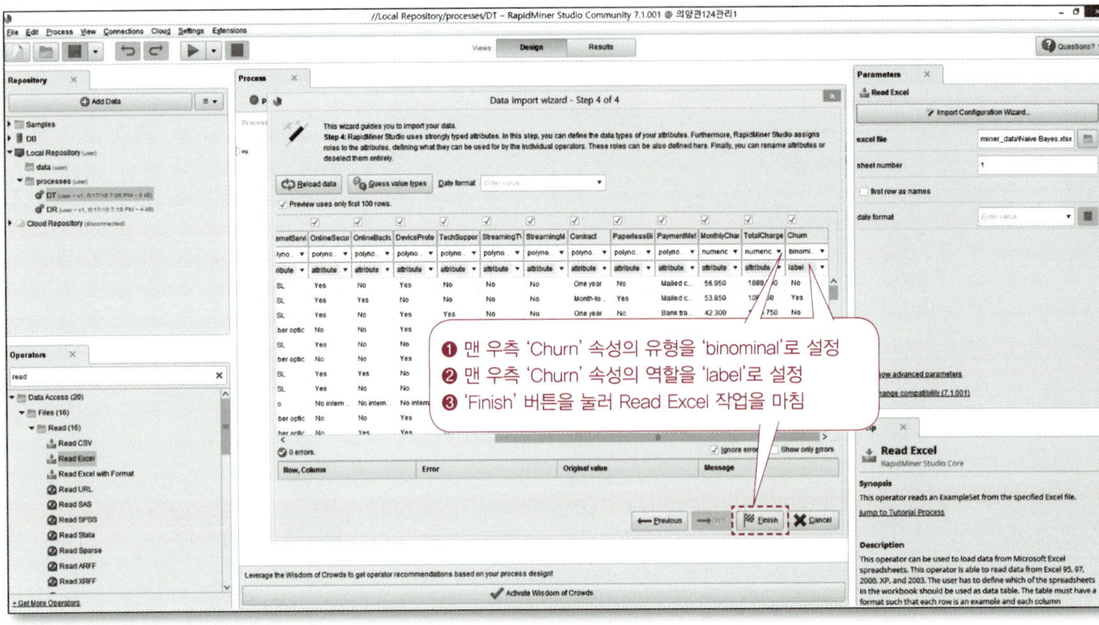
❶ 맨 우측 'Churn' 속성의 유형을 'binominal'로 설정
❷ 맨 우측 'Churn' 속성의 역할을 'label'로 설정
❸ 'Finish' 버튼을 눌러 Read Excel 작업을 마침

부록 4-11

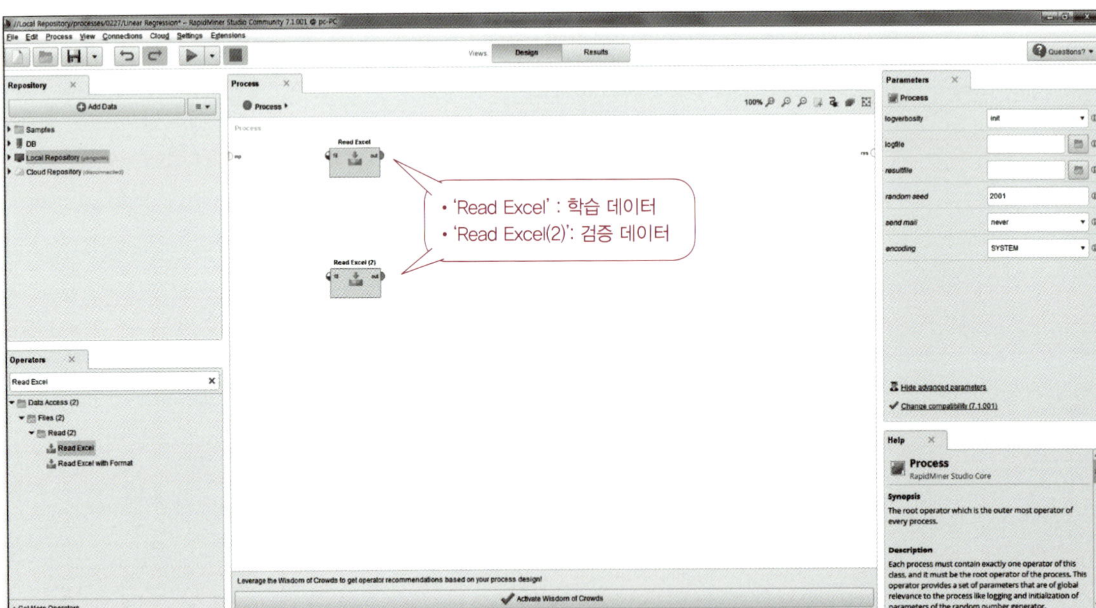
• 'Read Excel' : 학습 데이터
• 'Read Excel(2)': 검증 데이터

부록 4-12

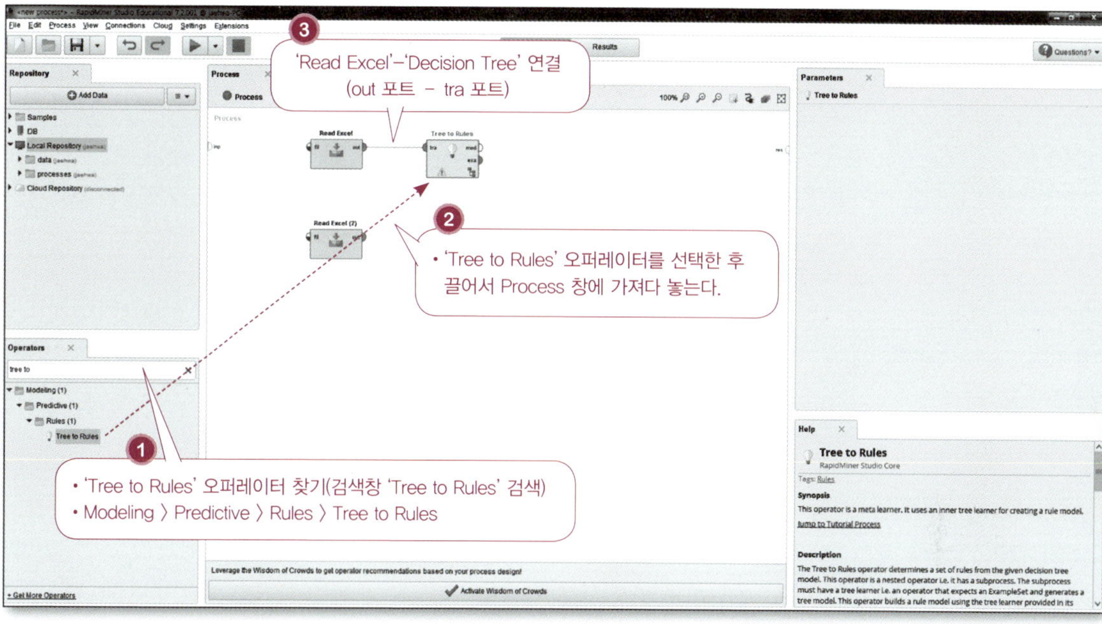
3
'Read Excel'–'Decision Tree' 연결
(out 포트 – tra 포트)
2
• 'Tree to Rules' 오퍼레이터를 선택한 후
끌어서 Process 창에 가져다 놓는다.
1
• 'Tree to Rules' 오퍼레이터 찾기(검색창 'Tree to Rules' 검색)
• Modeling 〉 Predictive 〉 Rules 〉 Tree to Rules

부록 4–13

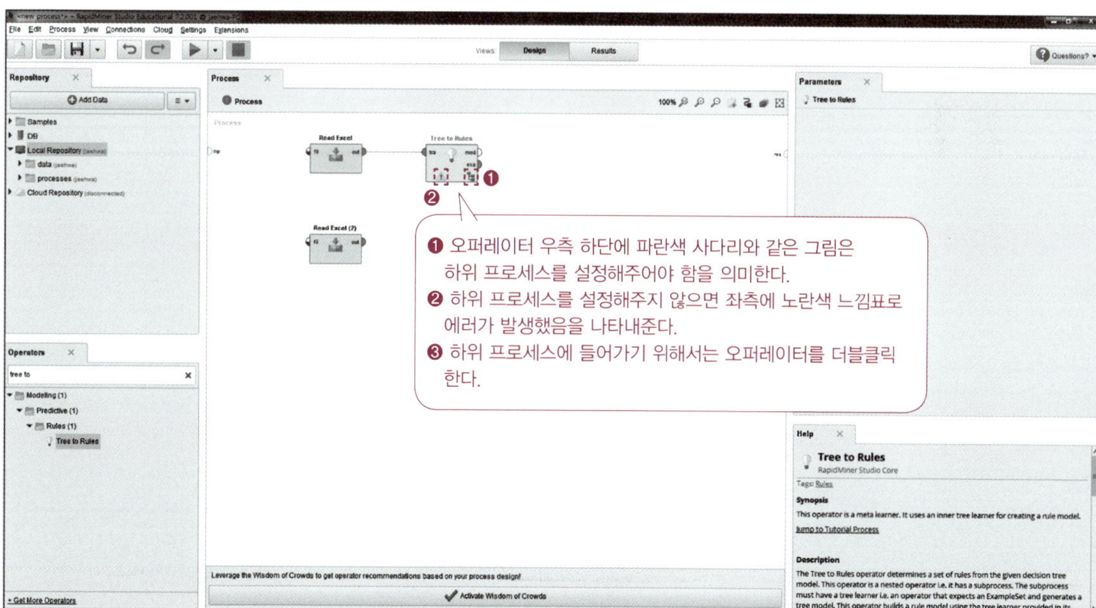
❶ 오퍼레이터 우측 하단에 파란색 사다리와 같은 그림은
하위 프로세스를 설정해주어야 함을 의미한다.
❷ 하위 프로세스를 설정해주지 않으면 좌측에 노란색 느낌표로
에러가 발생했음을 나타내준다.
❸ 하위 프로세스에 들어가기 위해서는 오퍼레이터를 더블클릭
한다.

부록 4–14

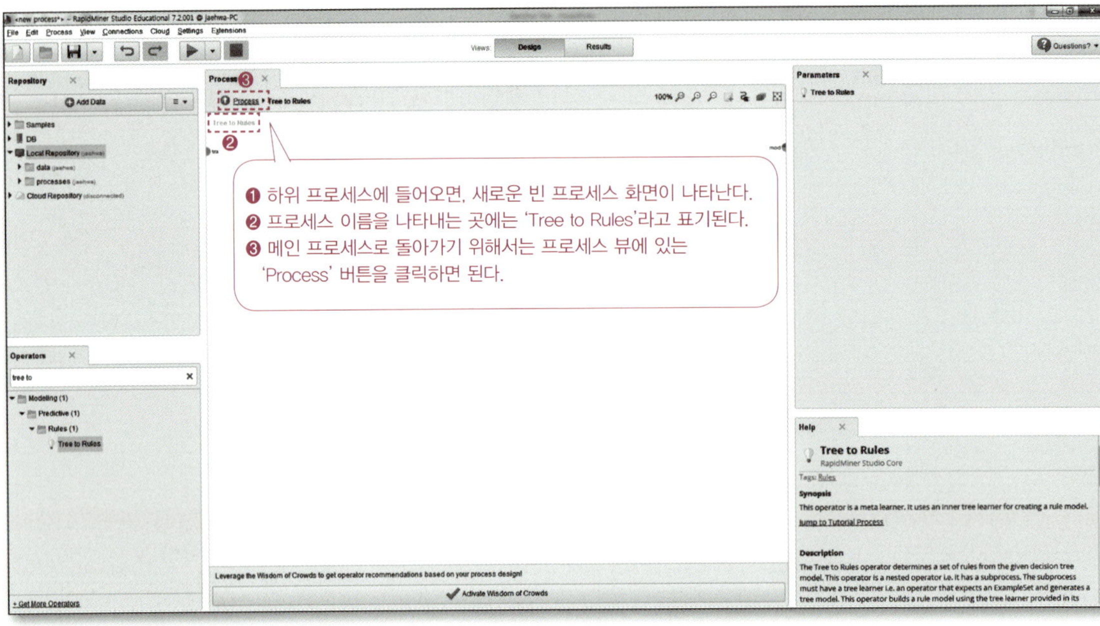
❶ 하위 프로세스에 들어오면, 새로운 빈 프로세스 화면이 나타난다.
❷ 프로세스 이름을 나타내는 곳에는 'Tree to Rules'라고 표기된다.
❸ 메인 프로세스로 돌아가기 위해서는 프로세스 뷰에 있는 'Process' 버튼을 클릭하면 된다.

부록 4-15

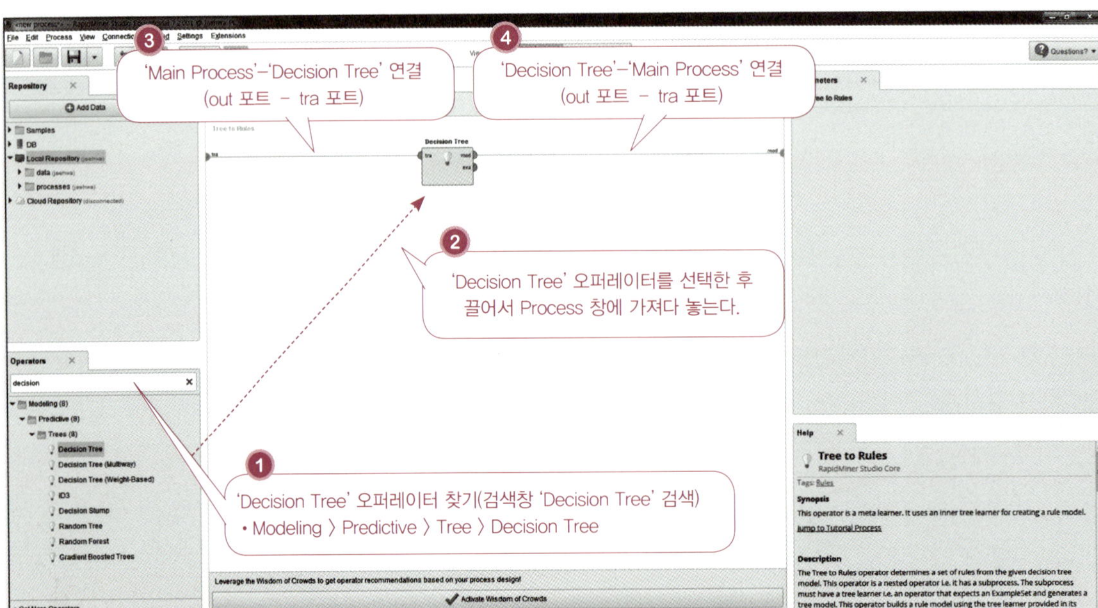
3 'Main Process'-'Decision Tree' 연결 (out 포트 - tra 포트)
4 'Decision Tree'-'Main Process' 연결 (out 포트 - tra 포트)
2 'Decision Tree' 오퍼레이터를 선택한 후 끌어서 Process 창에 가져다 놓는다.
1 'Decision Tree' 오퍼레이터 찾기(검색창 'Decision Tree' 검색)
• Modeling 〉 Predictive 〉 Tree 〉 Decision Tree

부록 4-16

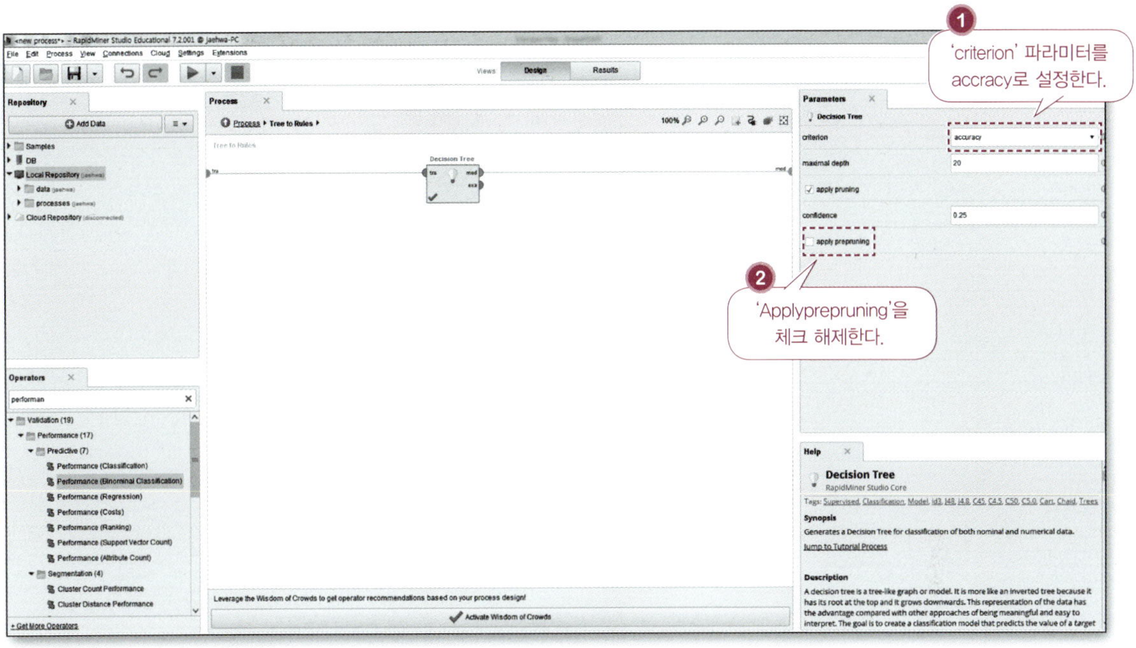
1
'criterion' 파라미터를
accracy로 설정한다.
2
'Applyprepruning'을
체크 해제한다.

부록 4-17

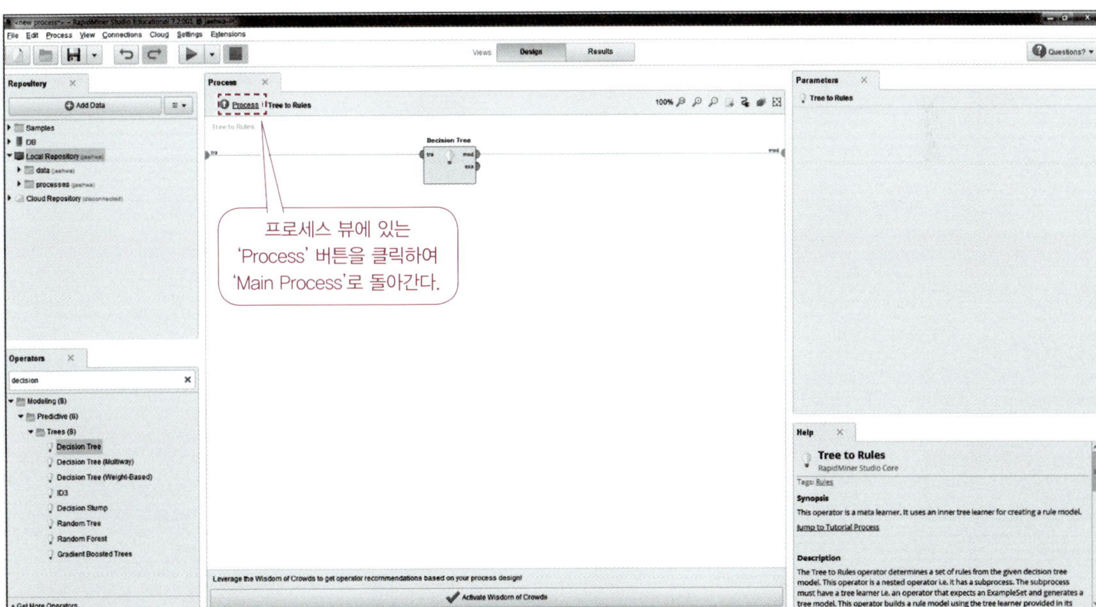
프로세스 뷰에 있는
'Process' 버튼을 클릭하여
'Main Process'로 돌아간다.

부록 4-18

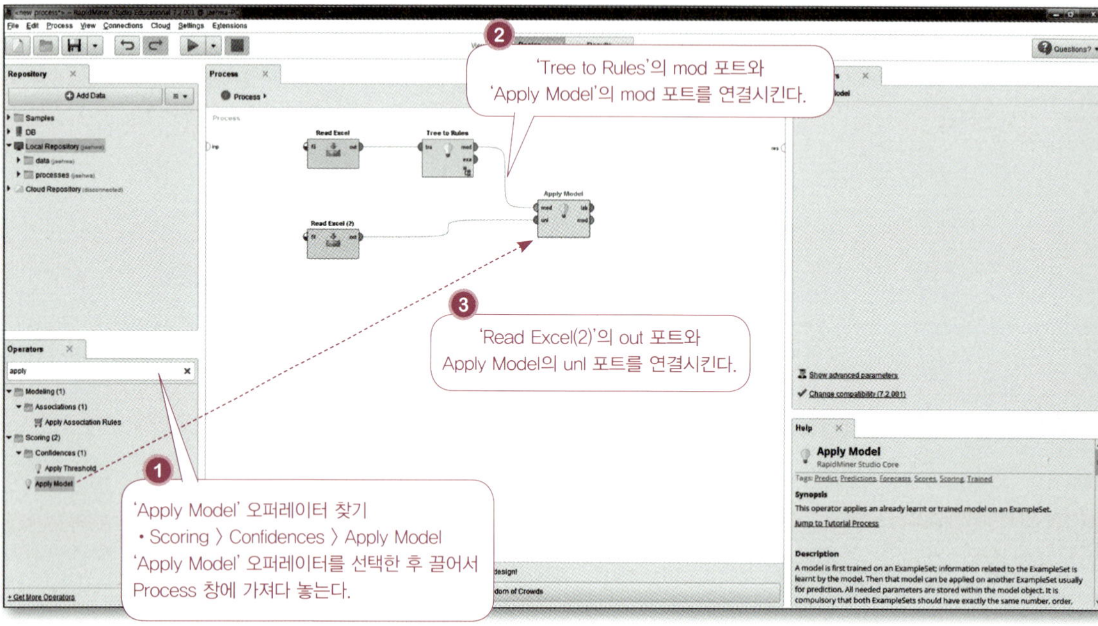
'Tree to Rules'의 mod 포트와
'Apply Model'의 mod 포트를 연결시킨다.
'Read Excel(2)'의 out 포트와
Apply Model의 unl 포트를 연결시킨다.
'Apply Model' 오퍼레이터 찾기
• Scoring 〉 Confidences 〉 Apply Model
'Apply Model' 오퍼레이터를 선택한 후 끌어서
Process 창에 가져다 놓는다.

부록 4-19

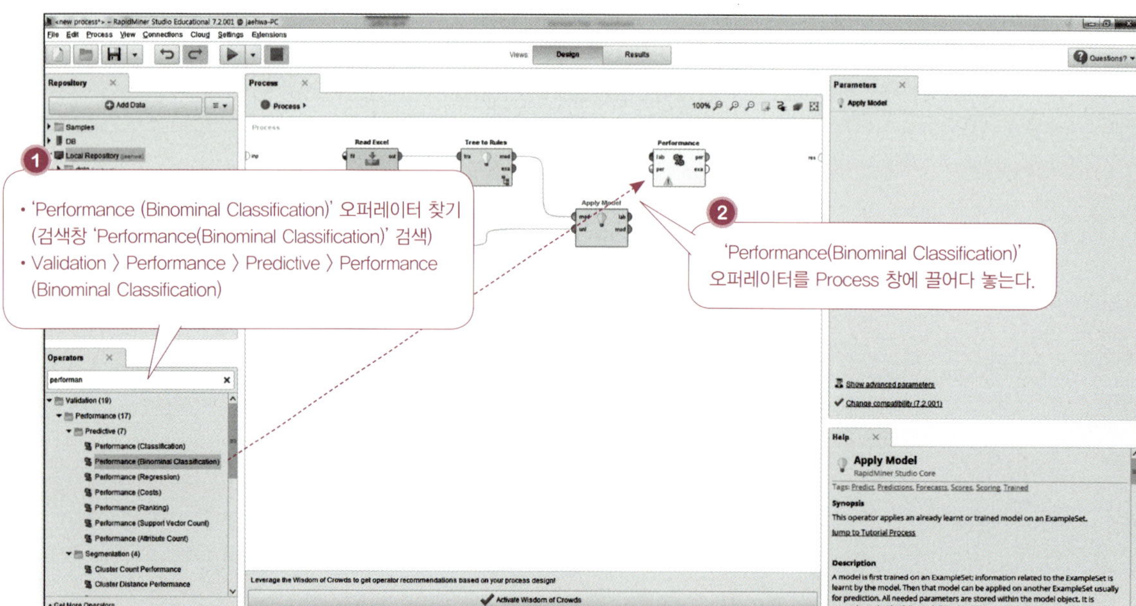
• 'Performance (Binominal Classification)' 오퍼레이터 찾기
(검색창 'Performance(Binominal Classification)' 검색)
• Validation 〉 Performance 〉 Predictive 〉 Performance
(Binominal Classification)
'Performance(Binominal Classification)'
오퍼레이터를 Process 창에 끌어다 놓는다.

부록 4-20

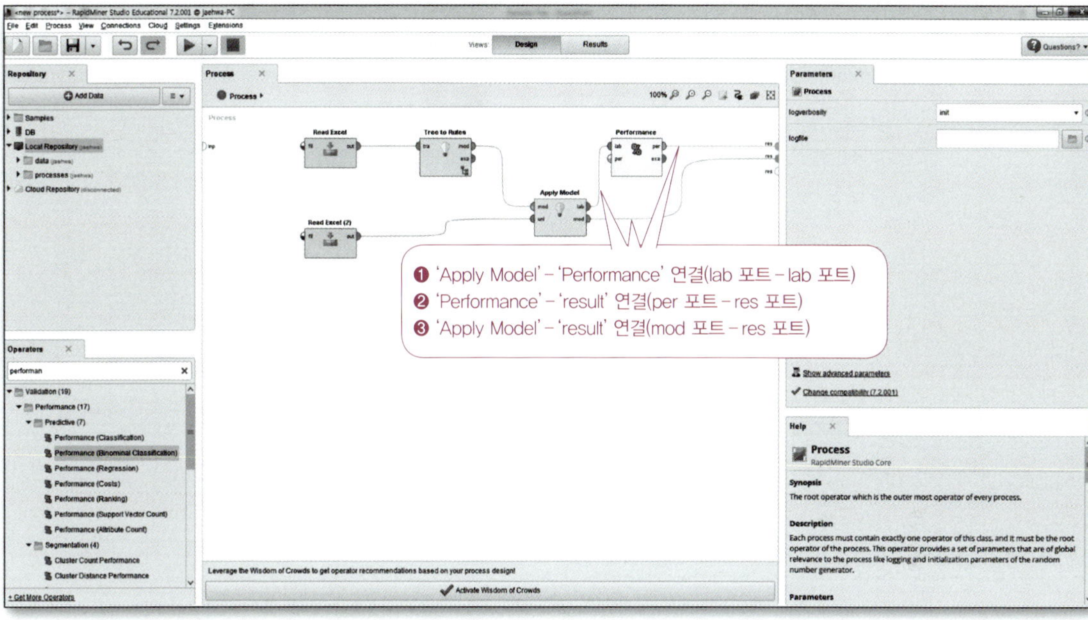
❶ 'Apply Model' – 'Performance' 연결(lab 포트 – lab 포트)
❷ 'Performance' – 'result' 연결(per 포트 – res 포트)
❸ 'Apply Model' – 'result' 연결(mod 포트 – res 포트)

부록 4–21

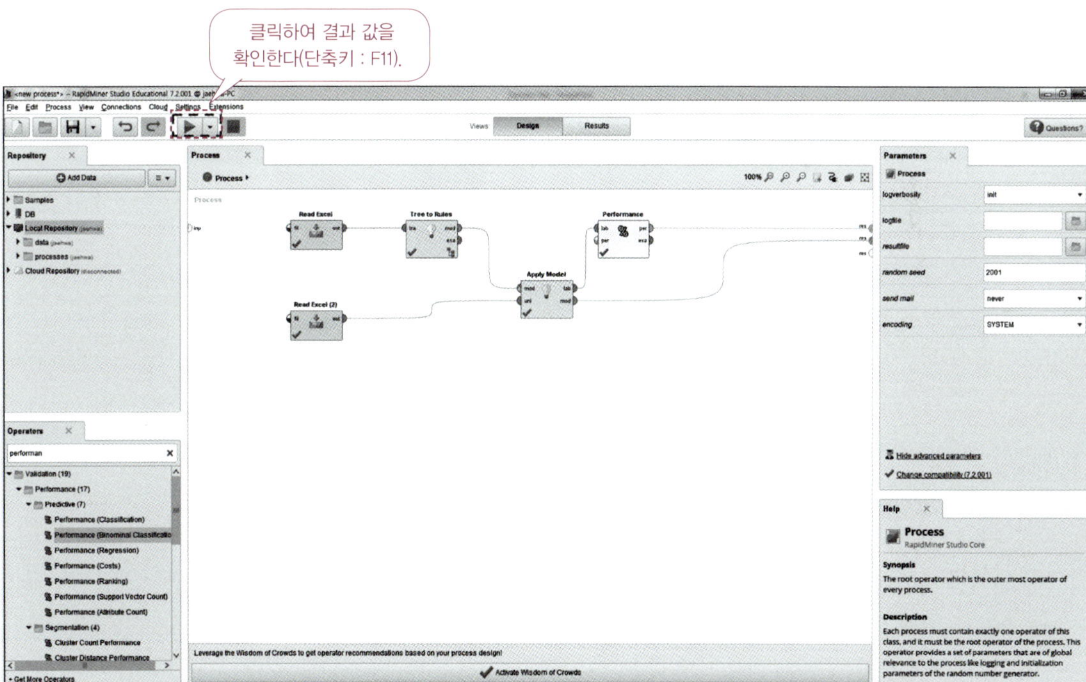
클릭하여 결과 값을
확인한다(단축키 : F11).

부록 4–22

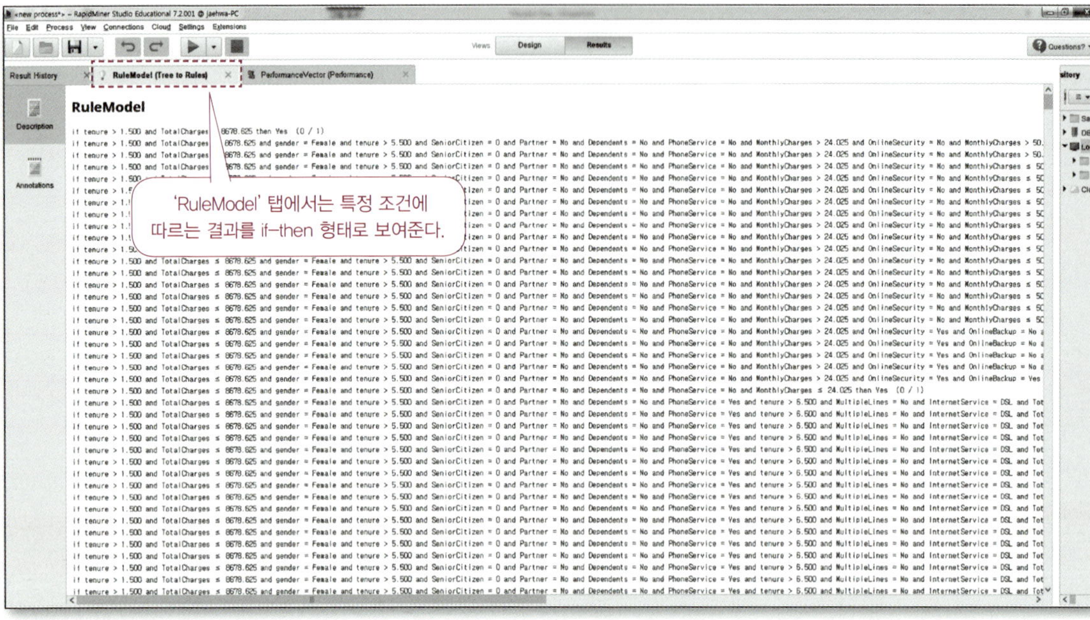
RuleModel
'RuleModel' 탭에서는 특정 조건에
따르는 결과를 if-then 형태로 보여준다.

부록 4-23

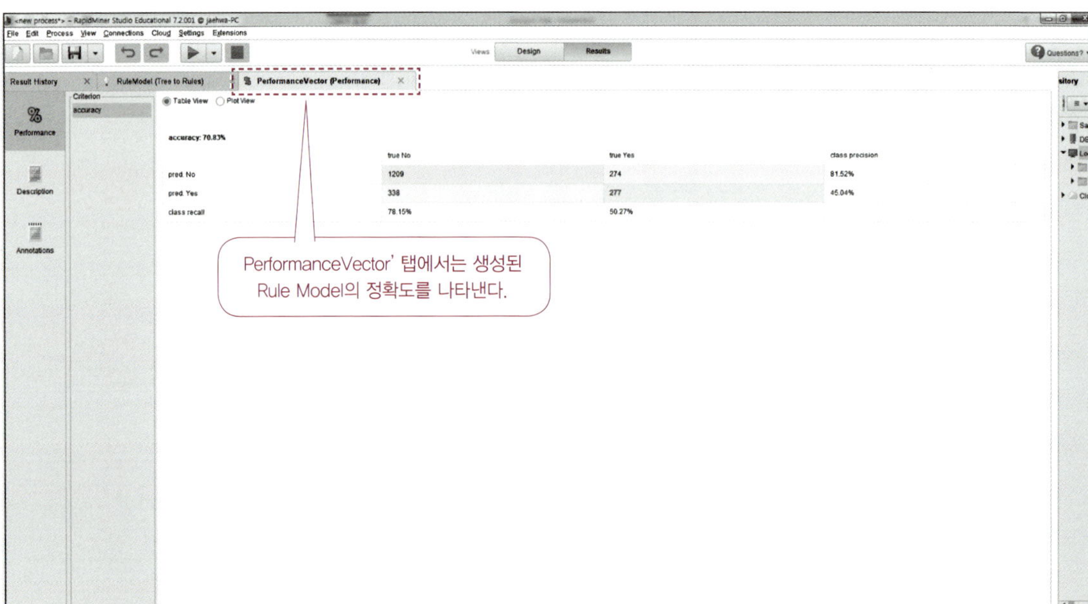
PerformanceVector (Performance)
accuracy: 70.83%
PerformanceVector' 탭에서는 생성된
Rule Model의 정확도를 나타낸다.

부록 4-24

부록 5

Naïve Bayes 알고리즘 분석 프로세스

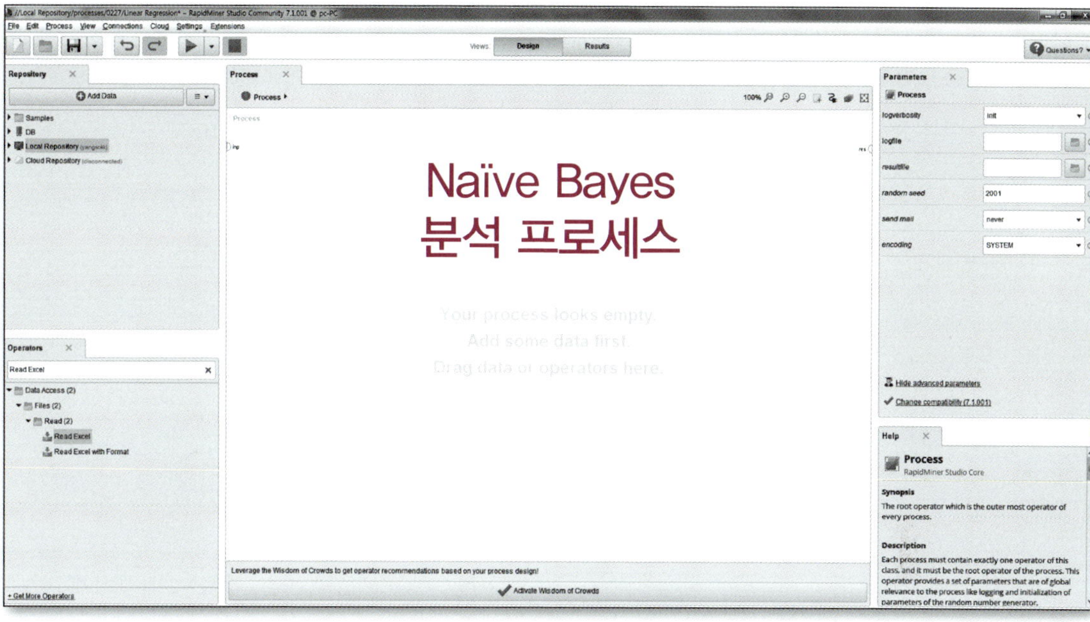
Naïve Bayes
분석 프로세스

부록 5-1

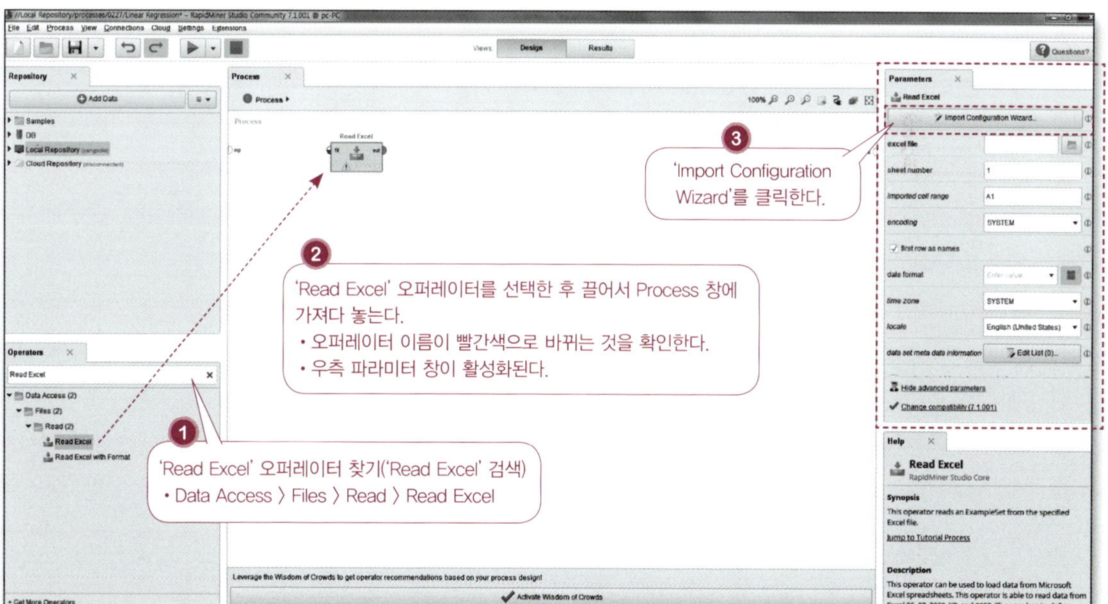
3
'Import Configuration Wizard'를 클릭한다.
2
'Read Excel' 오퍼레이터를 선택한 후 끌어서 Process 창에 가져다 놓는다.
• 오퍼레이터 이름이 빨간색으로 바뀌는 것을 확인한다.
• 우측 파라미터 창이 활성화된다.
1
'Read Excel' 오퍼레이터 찾기('Read Excel' 검색)
• Data Access 〉 Files 〉 Read 〉 Read Excel

부록 5-2

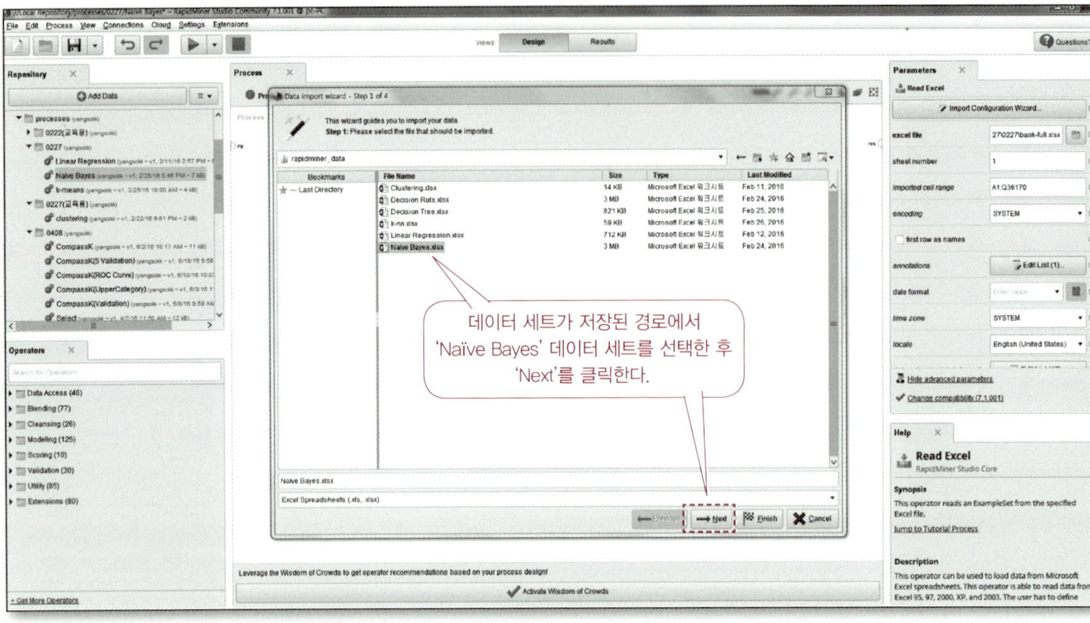
데이터 세트가 저장된 경로에서
'Naïve Bayes' 데이터 세트를 선택한 후
'Next'를 클릭한다.

부록 5-3

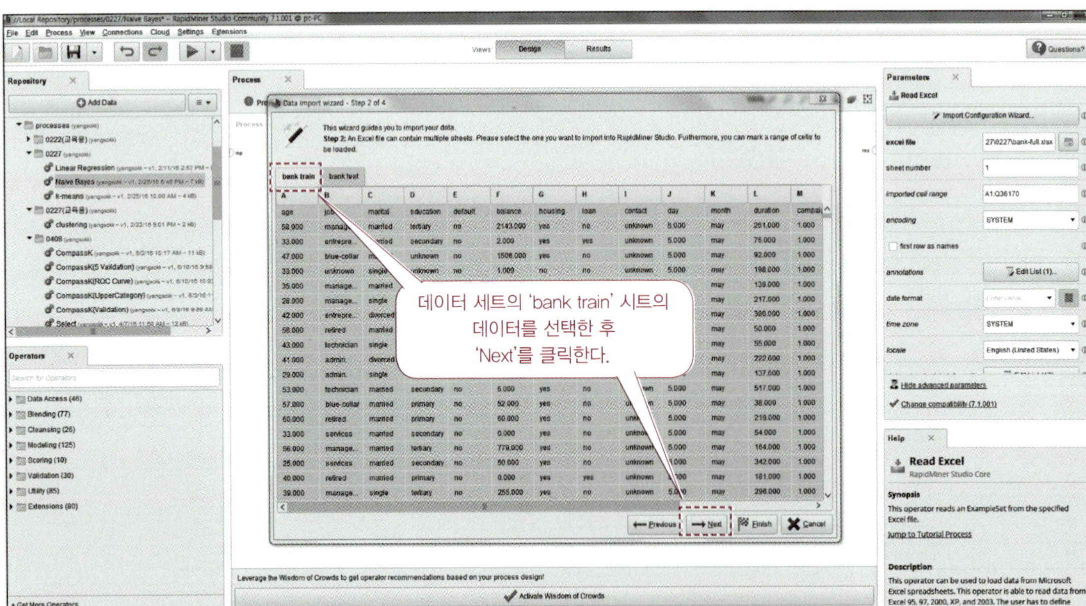
데이터 세트의 'bank train' 시트의
데이터를 선택한 후
'Next'를 클릭한다.

부록 5-4

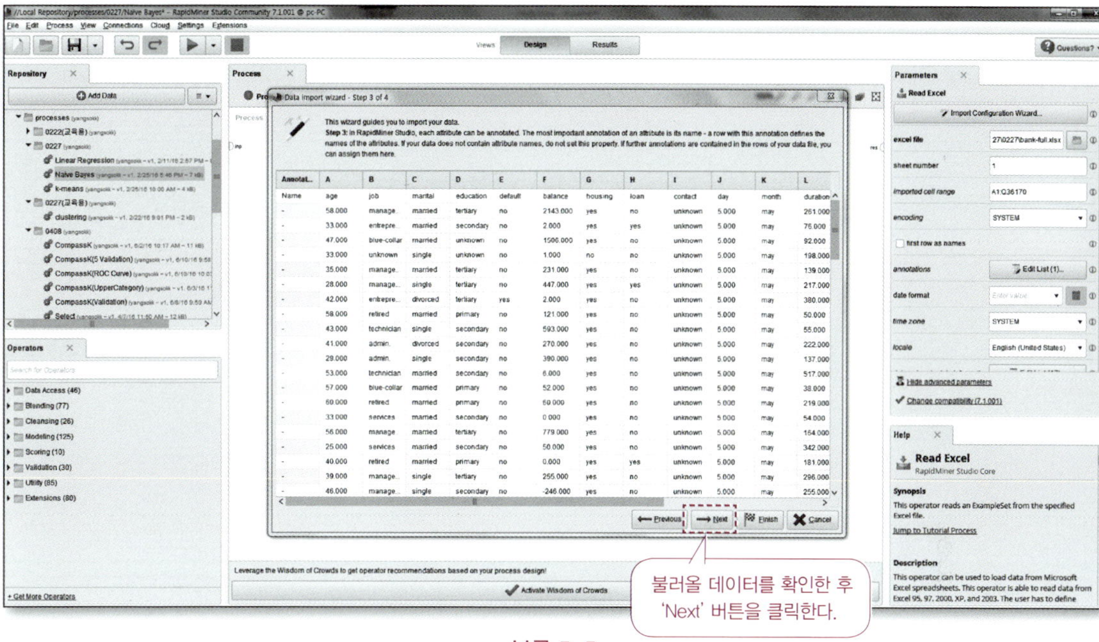
불러올 데이터를 확인한 후
'Next' 버튼을 클릭한다.

부록 5–5

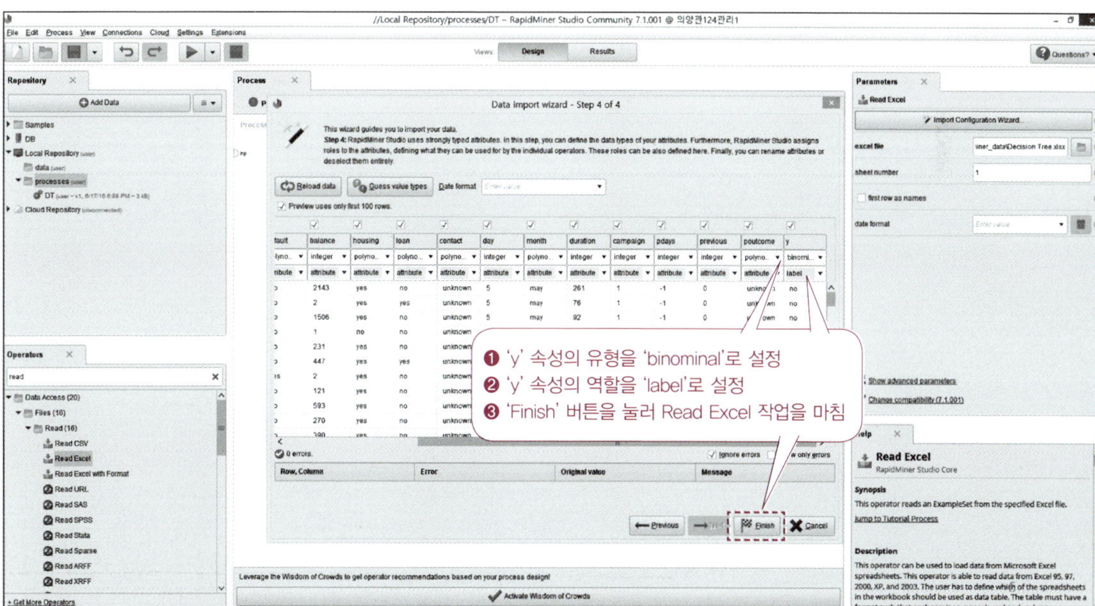
❶ 'y' 속성의 유형을 'binominal'로 설정
❷ 'y' 속성의 역할을 'label'로 설정
❸ 'Finish' 버튼을 눌러 Read Excel 작업을 마침

부록 5–6

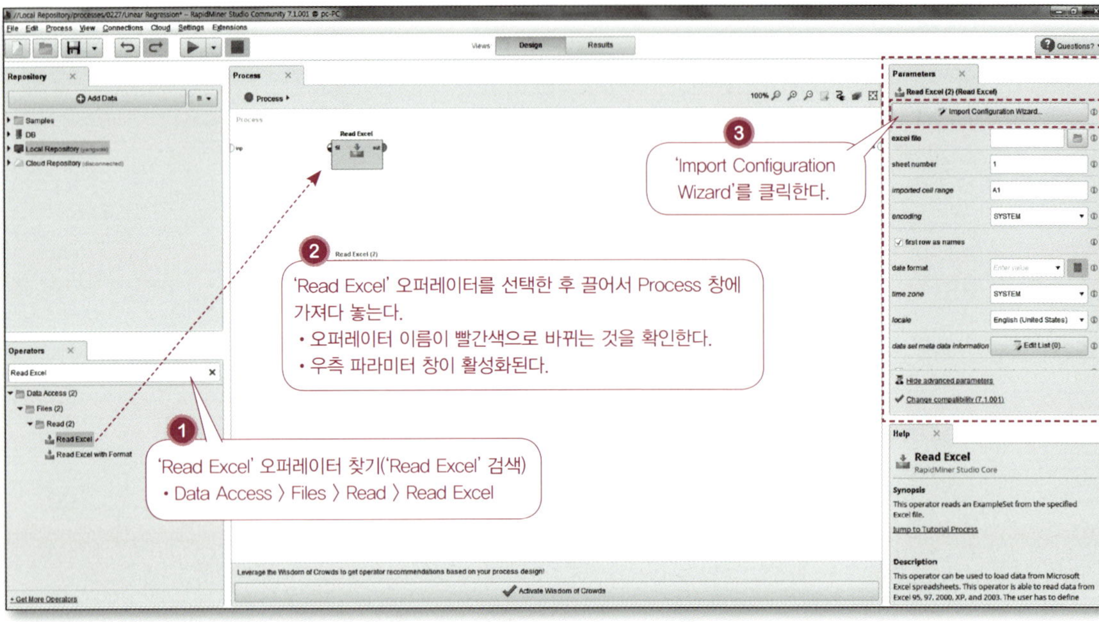

'Import Configuration Wizard'를 클릭한다.
'Read Excel' 오퍼레이터를 선택한 후 끌어서 Process 창에 가져다 놓는다.
• 오퍼레이터 이름이 빨간색으로 바뀌는 것을 확인한다.
• 우측 파라미터 창이 활성화된다.
'Read Excel' 오퍼레이터 찾기('Read Excel' 검색)
• Data Access 〉 Files 〉 Read 〉 Read Excel

부록 5-7

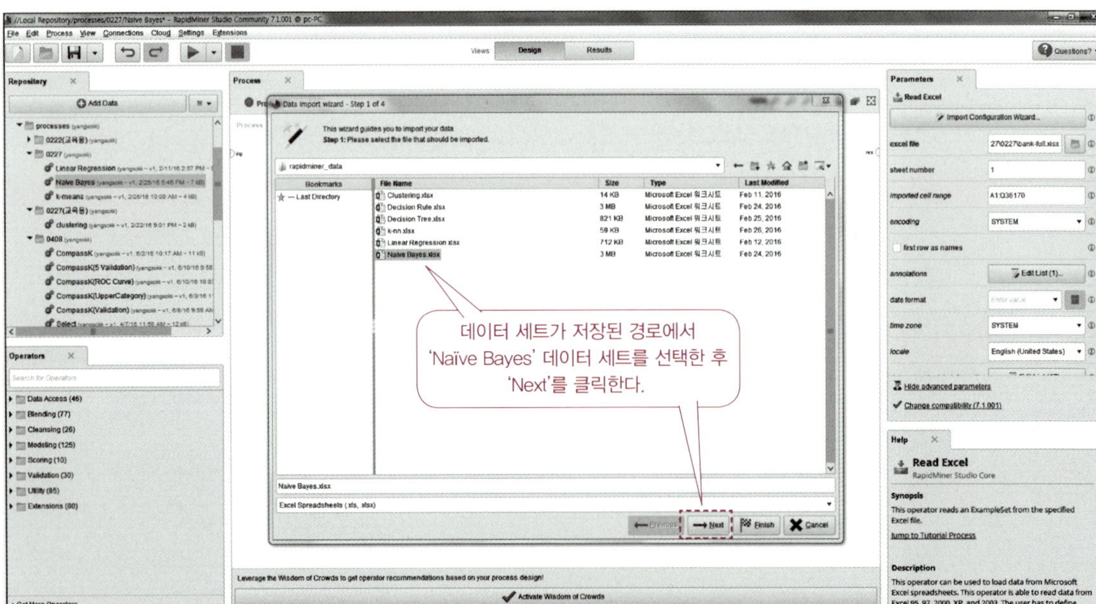

데이터 세트가 저장된 경로에서 'Naïve Bayes' 데이터 세트를 선택한 후 'Next'를 클릭한다.

부록 5-8

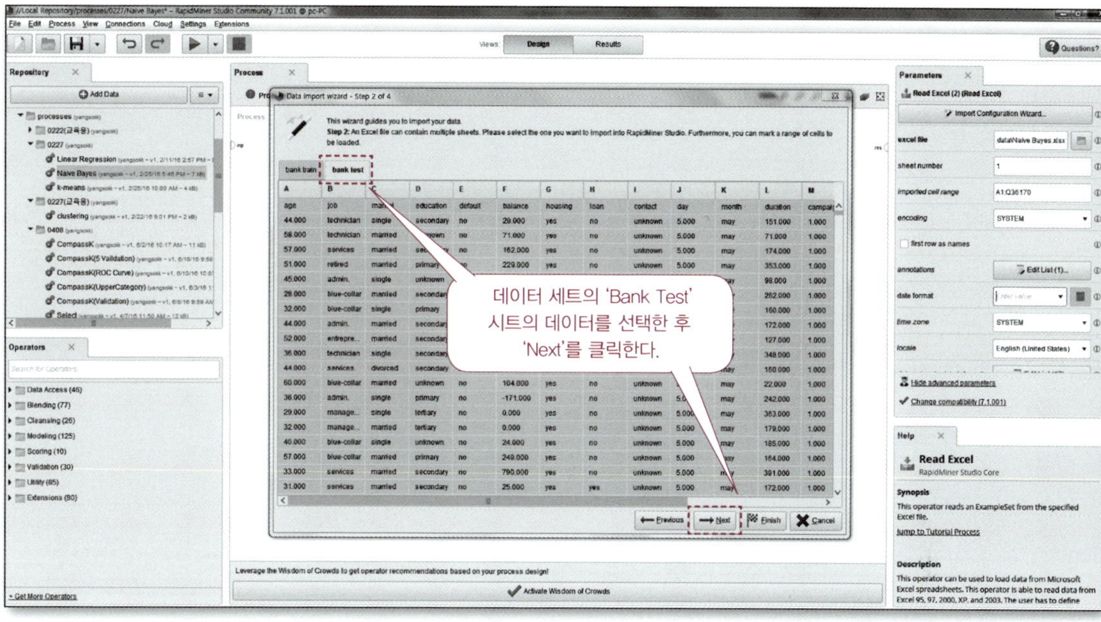
데이터 세트의 'Bank Test'
시트의 데이터를 선택한 후
'Next'를 클릭한다.

부록 5-9

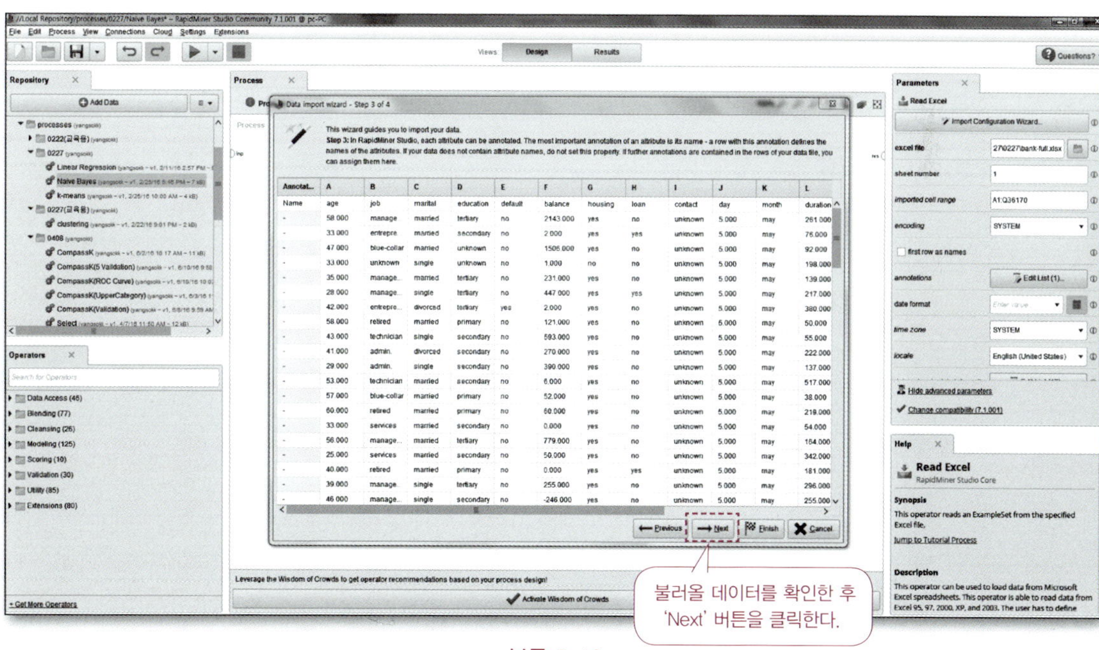
불러올 데이터를 확인한 후
'Next' 버튼을 클릭한다.

부록 5-10

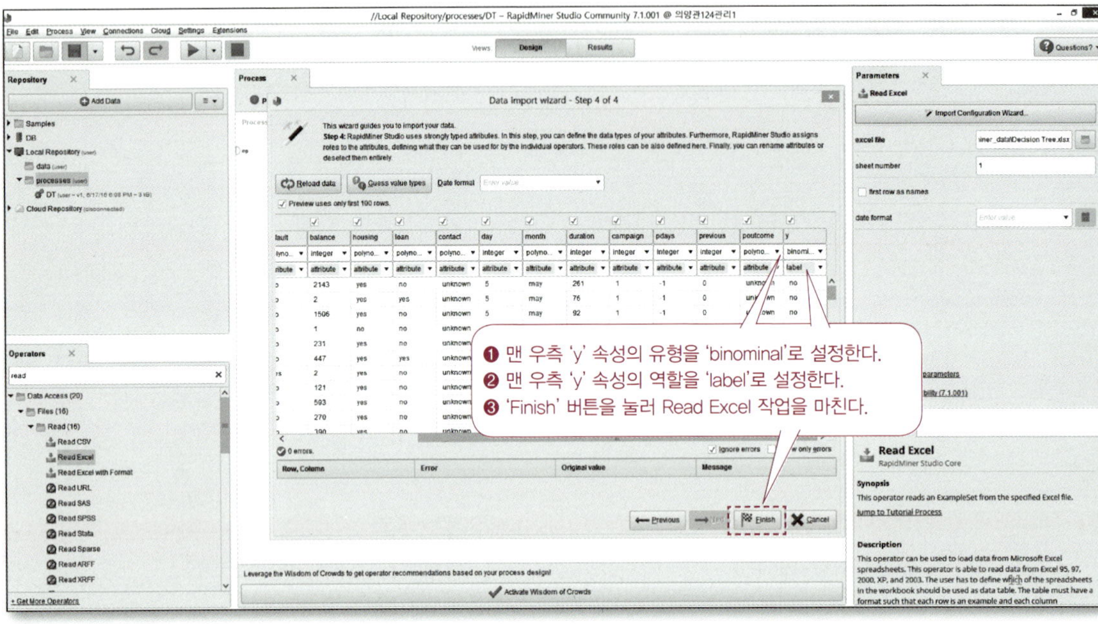
❶ 맨 우측 'y' 속성의 유형을 'binominal'로 설정한다.
❷ 맨 우측 'y' 속성의 역할을 'label'로 설정한다.
❸ 'Finish' 버튼을 눌러 Read Excel 작업을 마친다.

부록 5-11

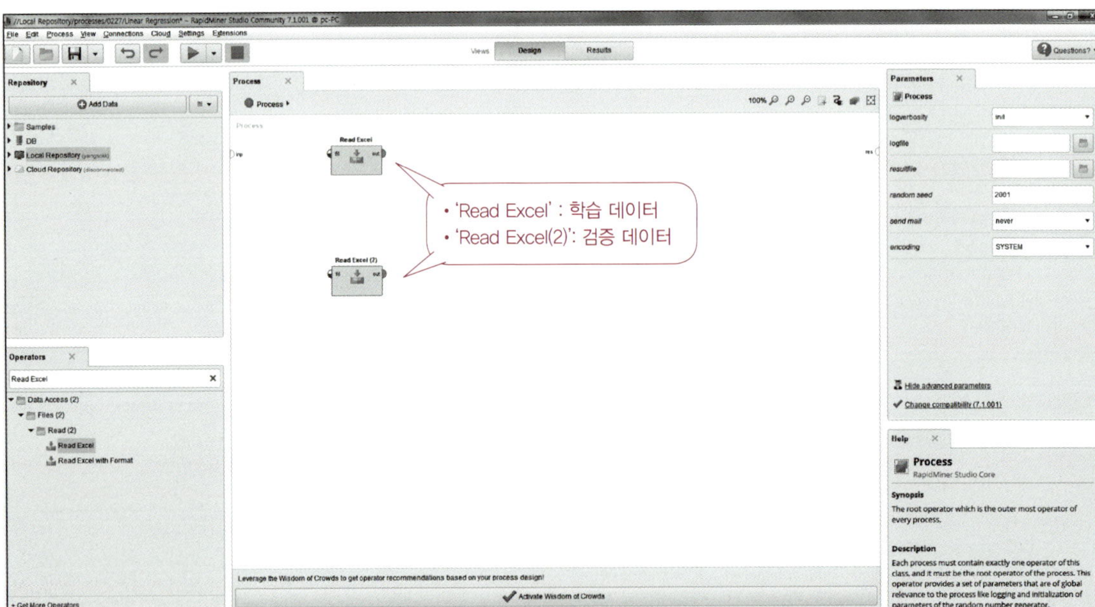
• 'Read Excel' : 학습 데이터
• 'Read Excel(2)': 검증 데이터

부록 5-12

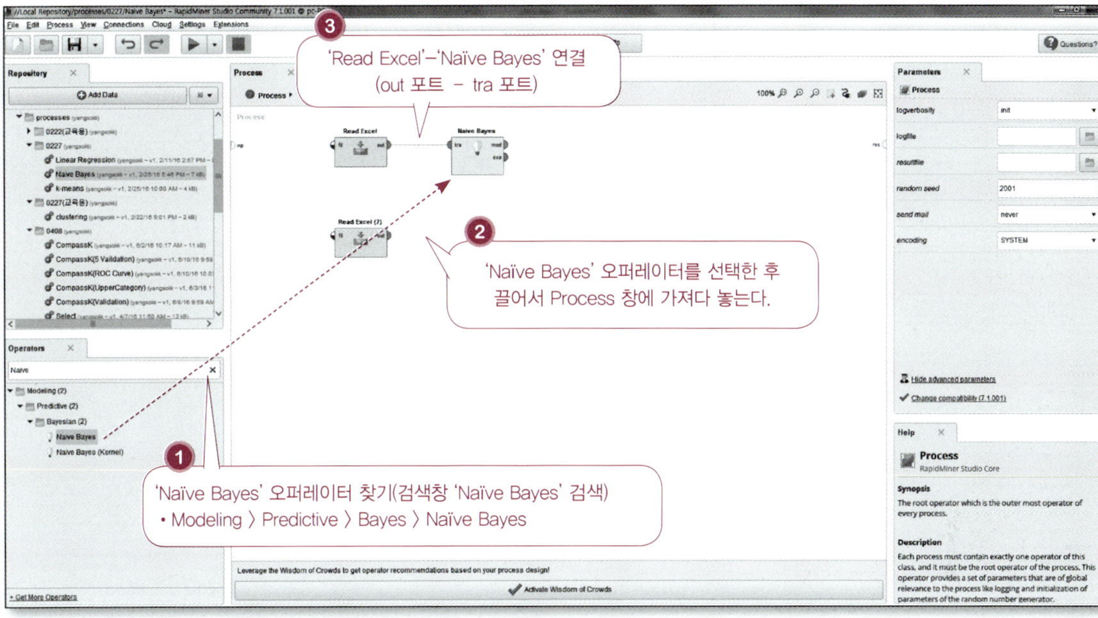
3
'Read Excel'–'Naïve Bayes' 연결
(out 포트 – tra 포트)
2
'Naïve Bayes' 오퍼레이터를 선택한 후
끌어서 Process 창에 가져다 놓는다.
1
'Naïve Bayes' 오퍼레이터 찾기(검색창 'Naïve Bayes' 검색)
• Modeling 〉 Predictive 〉 Bayes 〉 Naïve Bayes

부록 5–13

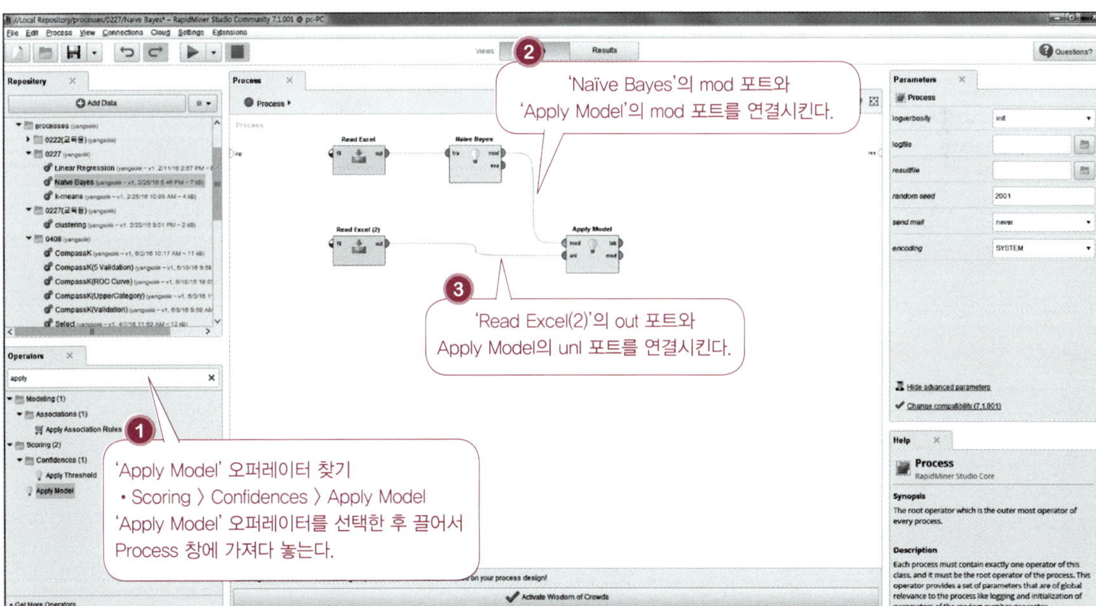
2
'Naïve Bayes'의 mod 포트와
'Apply Model'의 mod 포트를 연결시킨다.
3
'Read Excel(2)'의 out 포트와
Apply Model의 unl 포트를 연결시킨다.
1
'Apply Model' 오퍼레이터 찾기
• Scoring 〉 Confidences 〉 Apply Model
'Apply Model' 오퍼레이터를 선택한 후 끌어서
Process 창에 가져다 놓는다.

부록 5–14

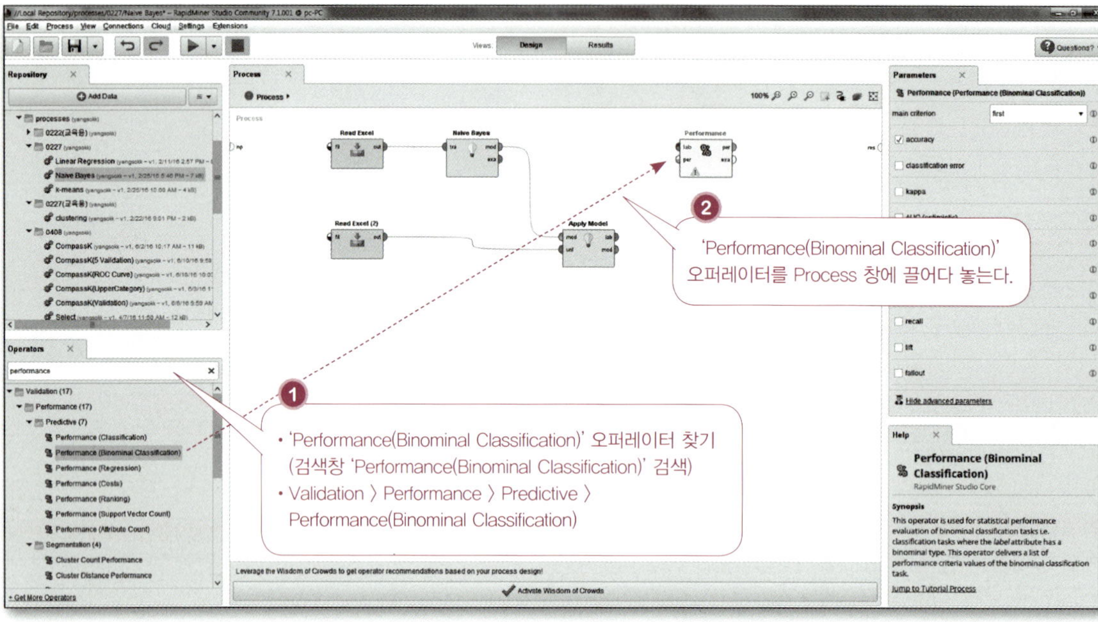
'Performance(Binominal Classification)'
오퍼레이터를 Process 창에 끌어다 놓는다.
• 'Performance(Binominal Classification)' 오퍼레이터 찾기
(검색창 'Performance(Binominal Classification)' 검색)
• Validation 〉 Performance 〉 Predictive 〉
Performance(Binominal Classification)

부록 5-15

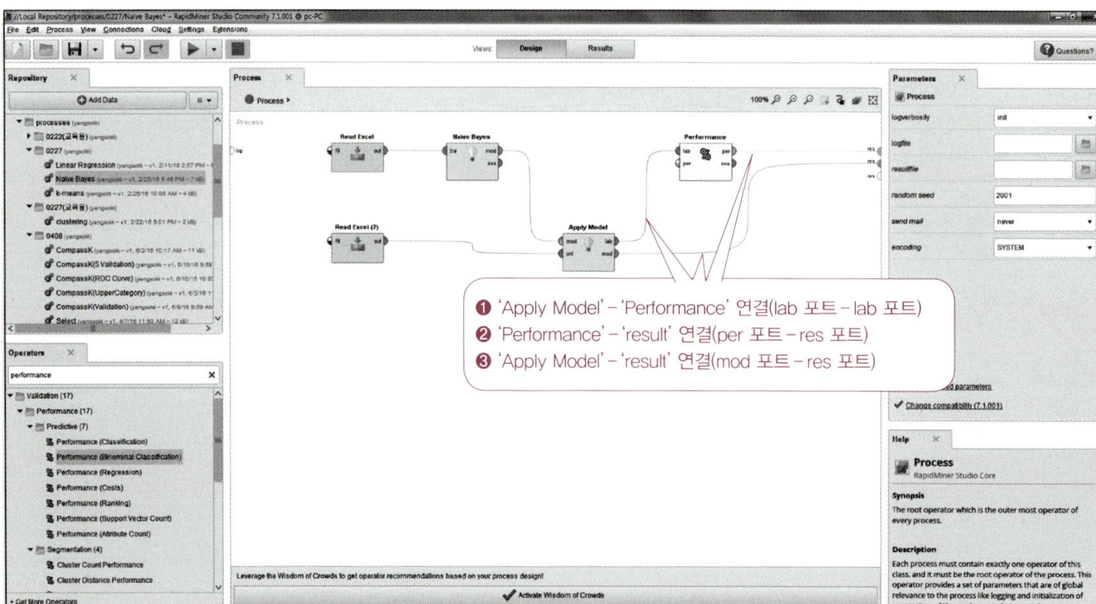
❶ 'Apply Model' – 'Performance' 연결(lab 포트 – lab 포트)
❷ 'Performance' – 'result' 연결(per 포트 – res 포트)
❸ 'Apply Model' – 'result' 연결(mod 포트 – res 포트)

부록 5-16

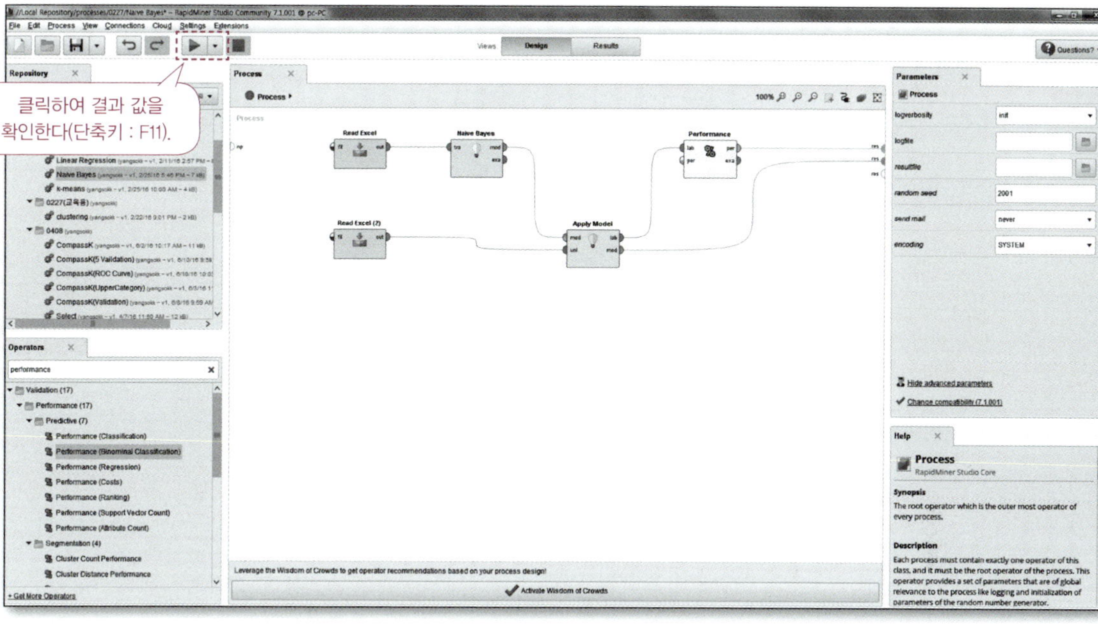
클릭하여 결과 값을
확인한다(단축키 : F11).

부록 5-17

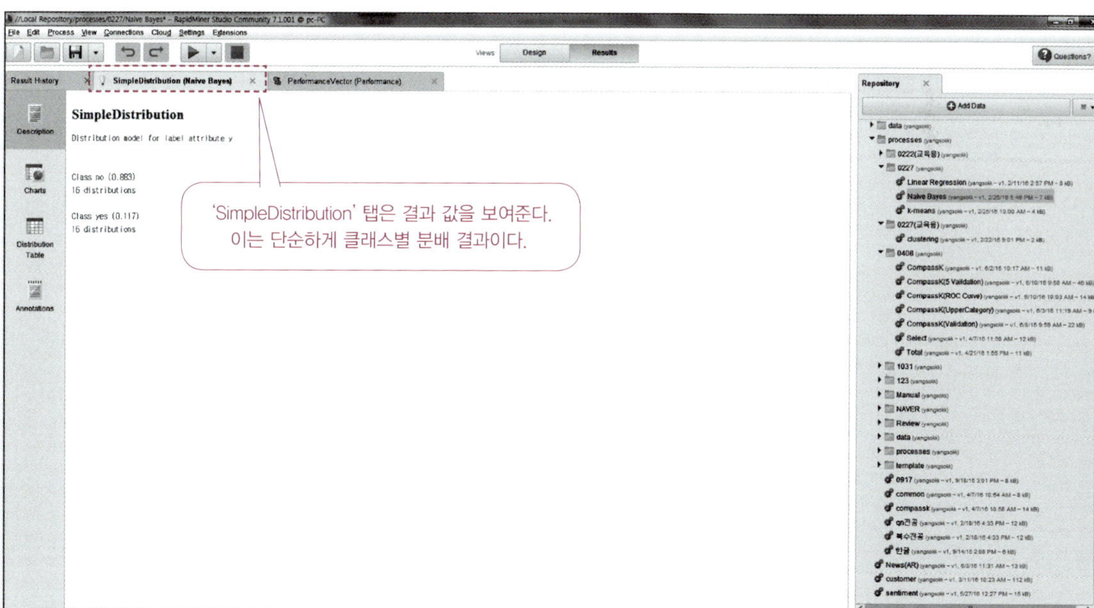
'SimpleDistribution' 탭은 결과 값을 보여준다.
이는 단순하게 클래스별 분배 결과이다.
SimpleDistribution
Distribution model for label attribute y
Class no (0.883)
16 distributions
Class yes (0.117)
16 distributions

부록 5-18

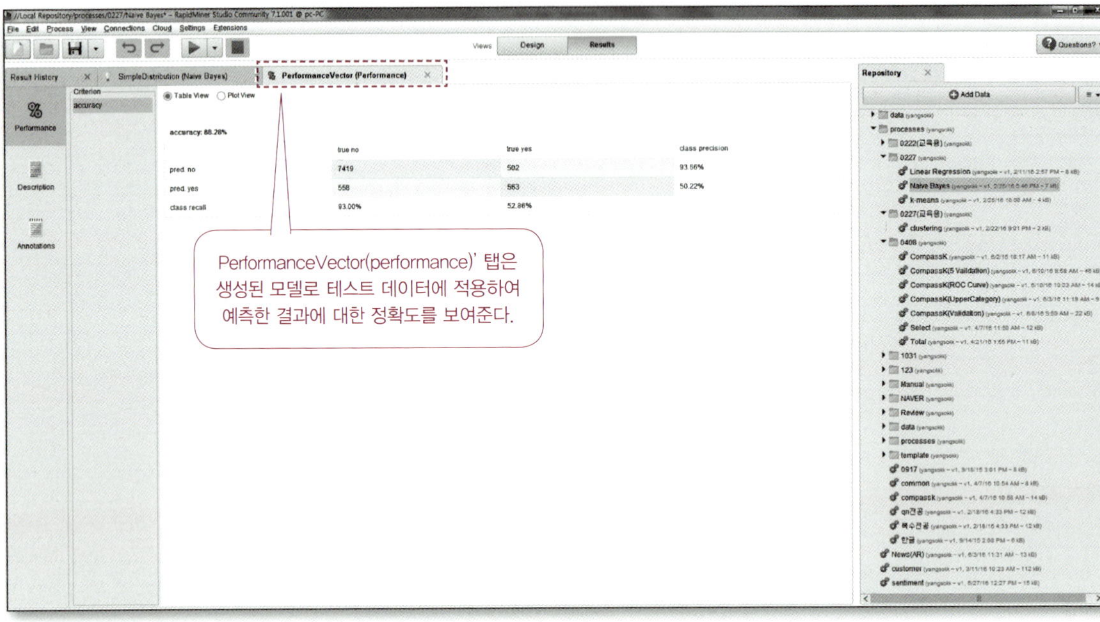
Result History
SimpleDistribution (Naive Bayes)
PerformanceVector (Performance)
Performance
Description
Annotations
Criterion
accuracy
Table View
Plot View
accuracy: 88.28%
true no
true yes
class precision
pred. no
7419
502
93.66%
pred. yes
558
563
50.22%
class recall
93.00%
52.86%
PerformanceVector(performance)' 탭은 생성된 모델로 테스트 데이터에 적용하여 예측한 결과에 대한 정확도를 보여준다.
Repository
Add Data
Design
Results

부록 5-19

토 닥 토 닥
래 피 드 마 이 너
[기 초 편]

부록 6

Linear Regression 알고리즘 분석 프로세스

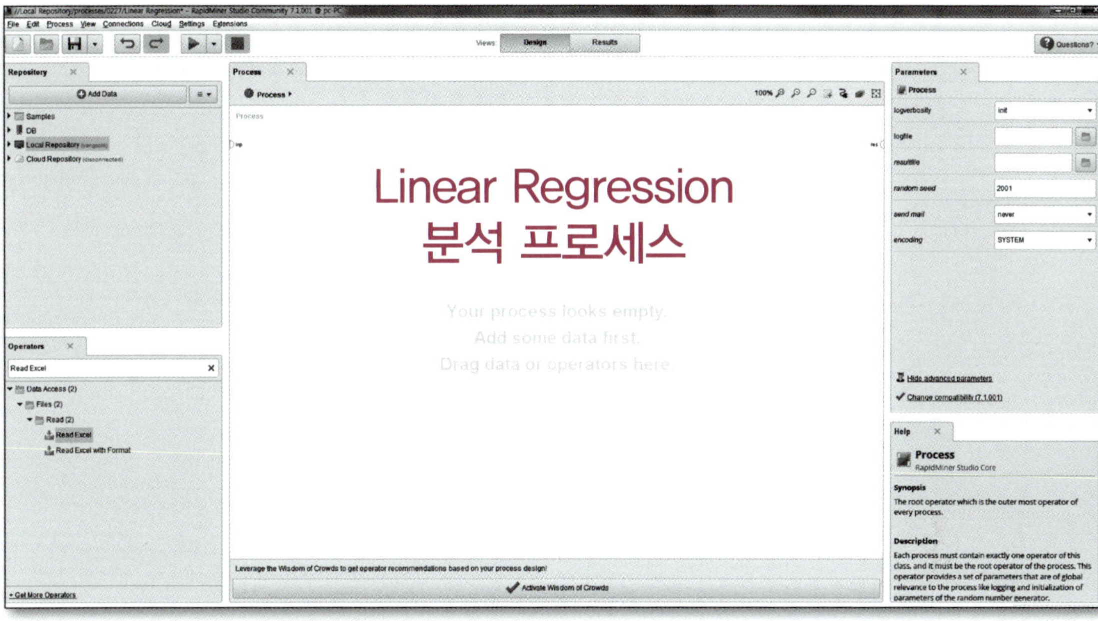
Linear Regression
분석 프로세스
Your process looks empty.
Add some data first.
Drag data or operators here.

부록 6-1

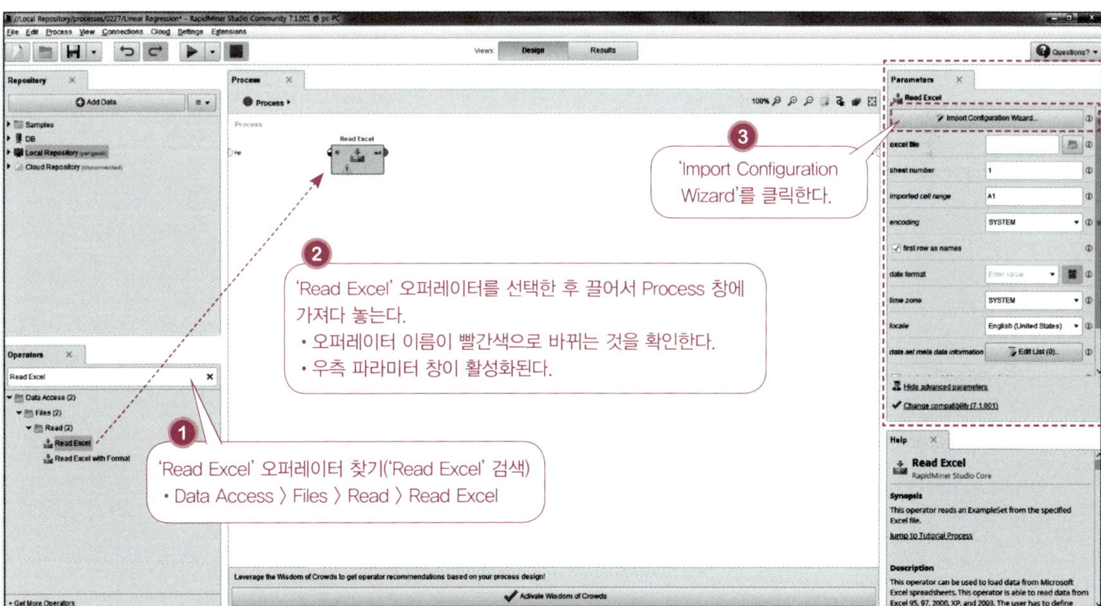
3
'Import Configuration Wizard'를 클릭한다.
2
'Read Excel' 오퍼레이터를 선택한 후 끌어서 Process 창에 가져다 놓는다.
• 오퍼레이터 이름이 빨간색으로 바뀌는 것을 확인한다.
• 우측 파라미터 창이 활성화된다.
1
'Read Excel' 오퍼레이터 찾기('Read Excel' 검색)
• Data Access 〉 Files 〉 Read 〉 Read Excel

부록 6-2

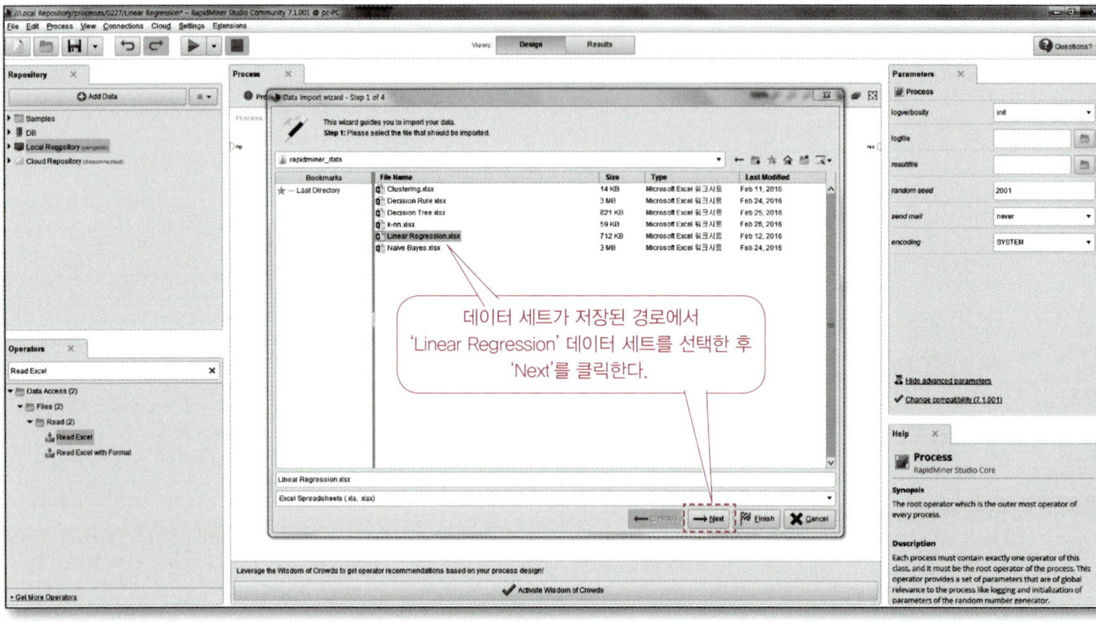
데이터 세트가 저장된 경로에서
'Linear Regression' 데이터 세트를 선택한 후
'Next'를 클릭한다.

부록 6-3

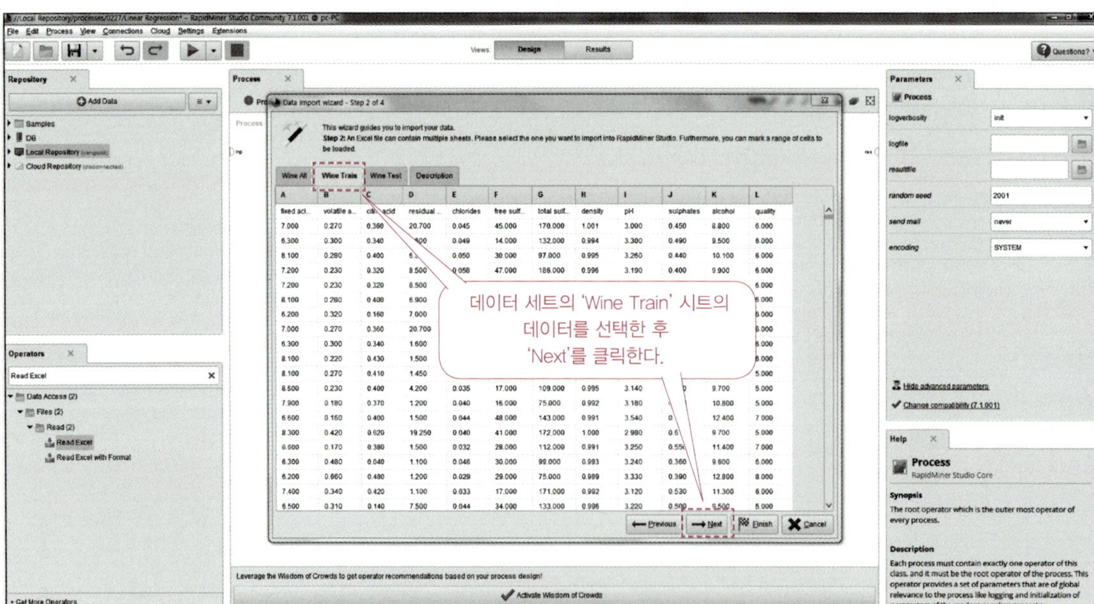
데이터 세트의 'Wine Train' 시트의
데이터를 선택한 후
'Next'를 클릭한다.

부록 6-4

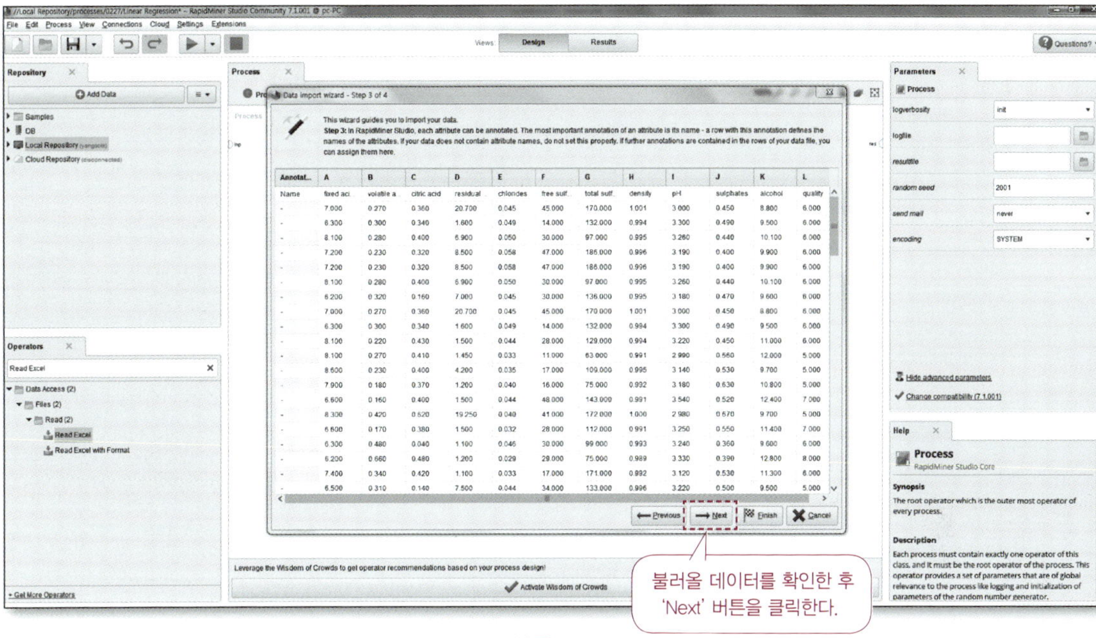
불러올 데이터를 확인한 후 'Next' 버튼을 클릭한다.

부록 6-5

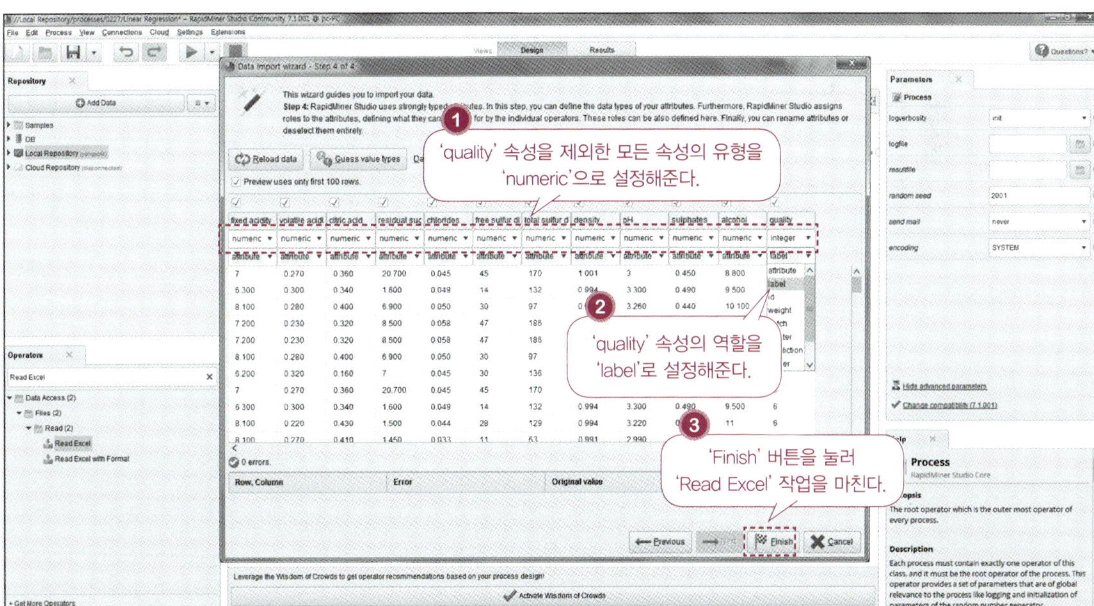
1 'quality' 속성을 제외한 모든 속성의 유형을 'numeric'으로 설정해준다.
2 'quality' 속성의 역할을 'label'로 설정해준다.
3 'Finish' 버튼을 눌러 'Read Excel' 작업을 마친다.

부록 6-6

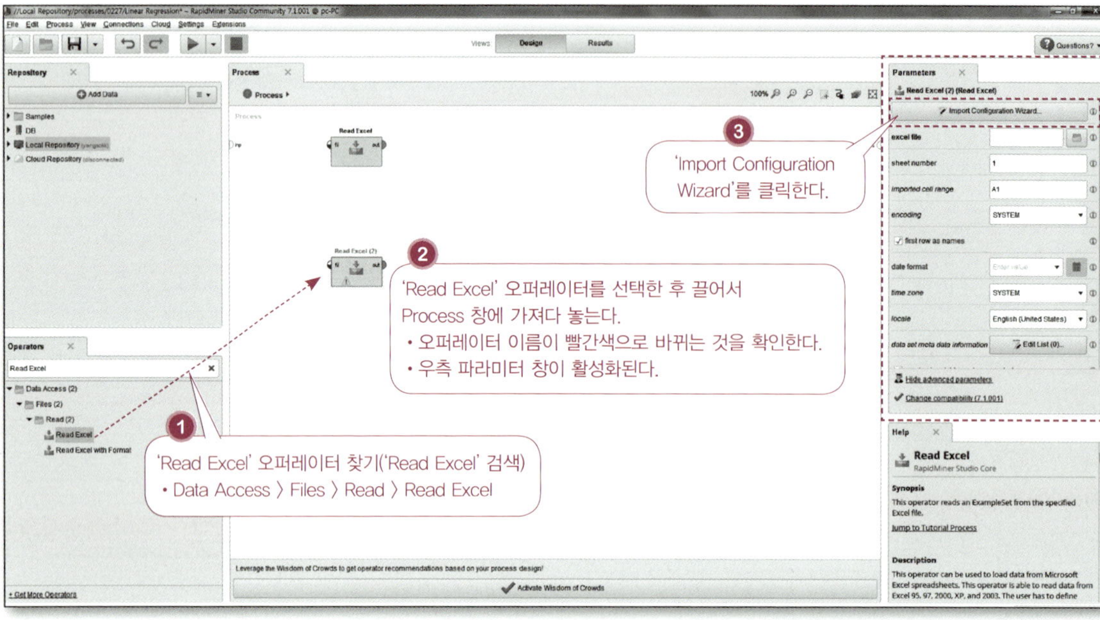
'Read Excel' 오퍼레이터 찾기('Read Excel' 검색)
• Data Access 〉 Files 〉 Read 〉 Read Excel
'Read Excel' 오퍼레이터를 선택한 후 끌어서
Process 창에 가져다 놓는다.
• 오퍼레이터 이름이 빨간색으로 바뀌는 것을 확인한다.
• 우측 파라미터 창이 활성화된다.
'Import Configuration
Wizard'를 클릭한다.

부록 6–7

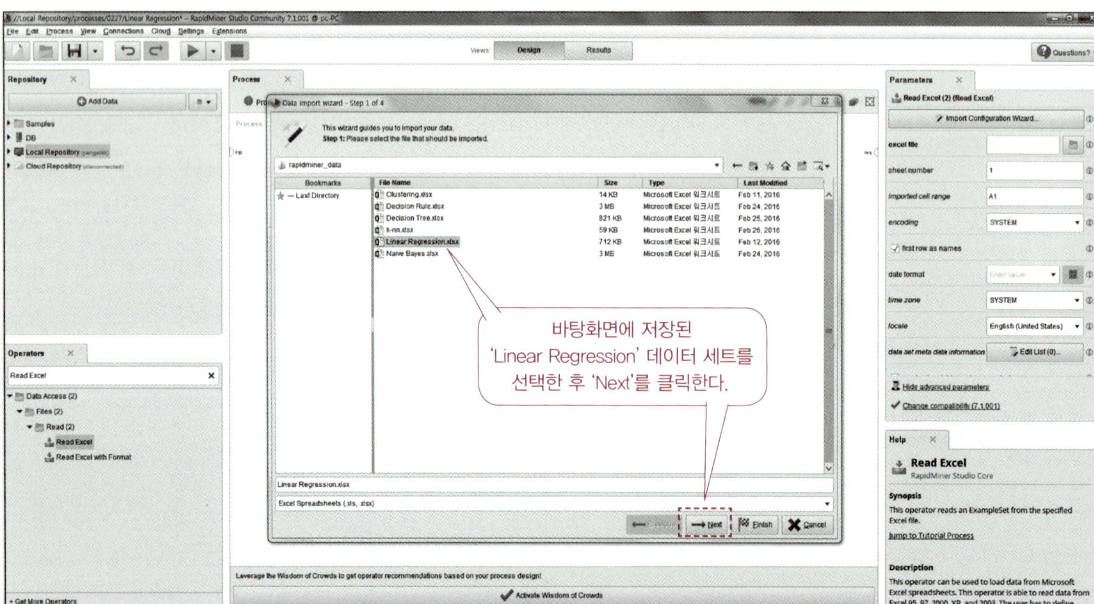
바탕화면에 저장된
'Linear Regression' 데이터 세트를
선택한 후 'Next'를 클릭한다.

부록 6–8

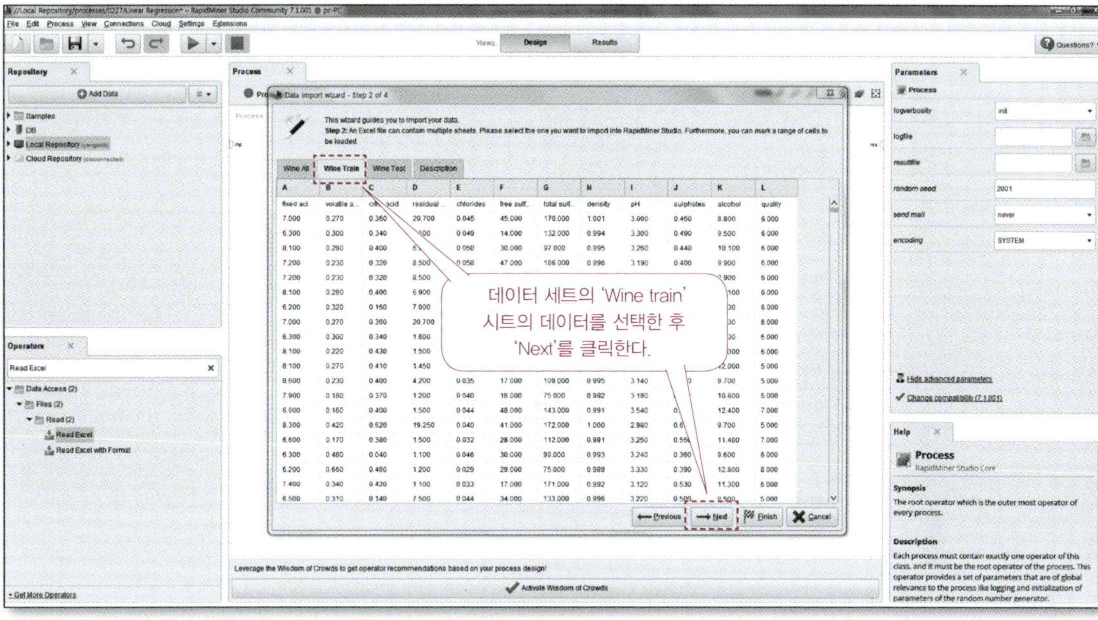
데이터 세트의 'Wine train'
시트의 데이터를 선택한 후
'Next'를 클릭한다.

부록 6-9

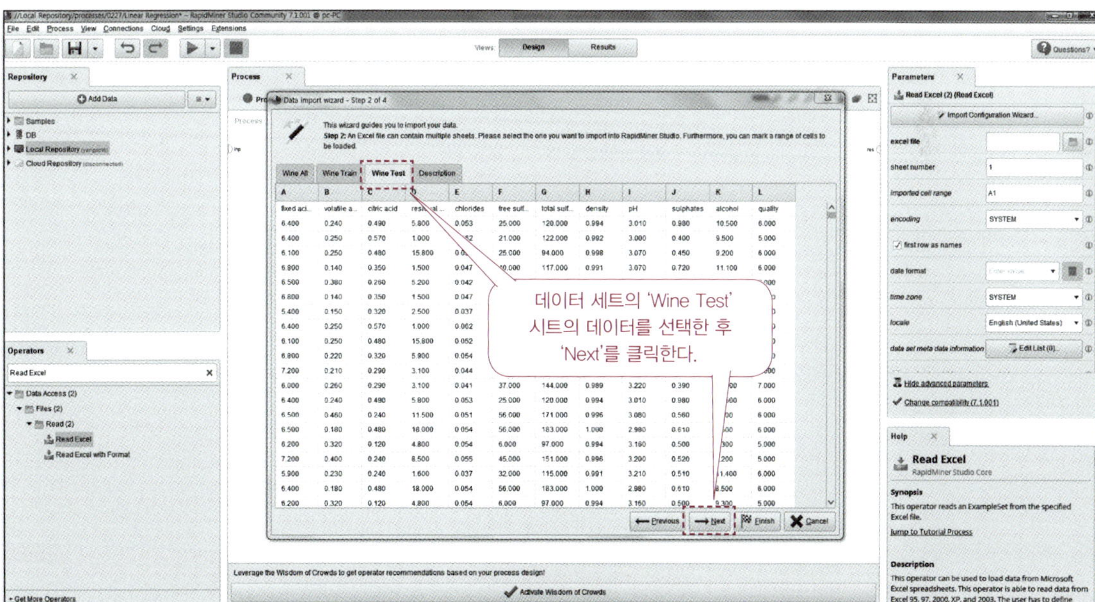
데이터 세트의 'Wine Test'
시트의 데이터를 선택한 후
'Next'를 클릭한다.

부록 6-10

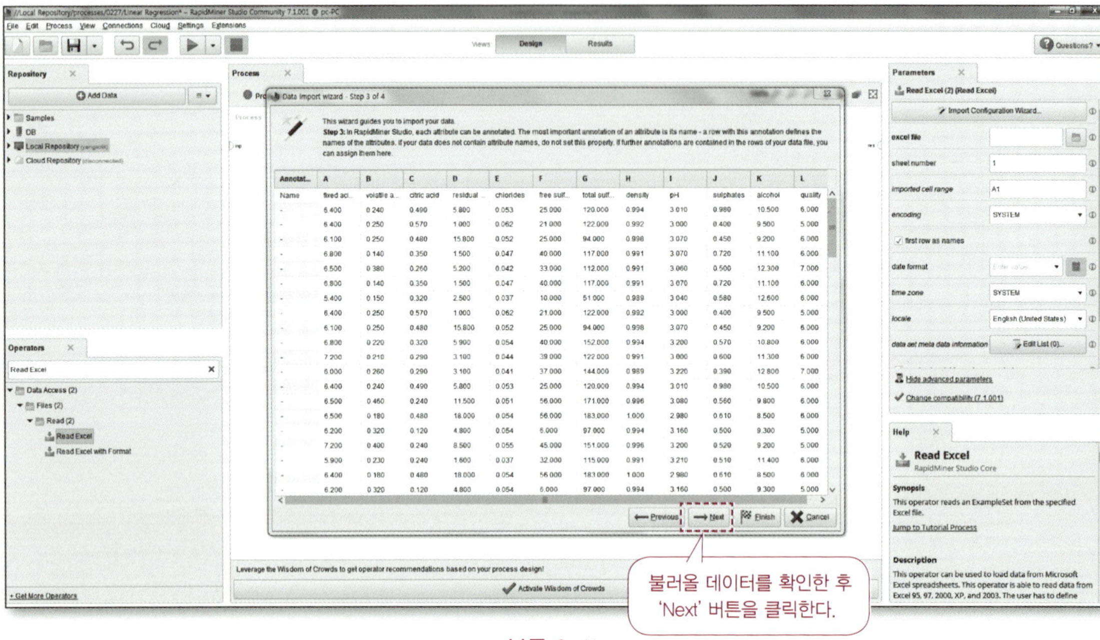
불러올 데이터를 확인한 후
'Next' 버튼을 클릭한다.

부록 6-11

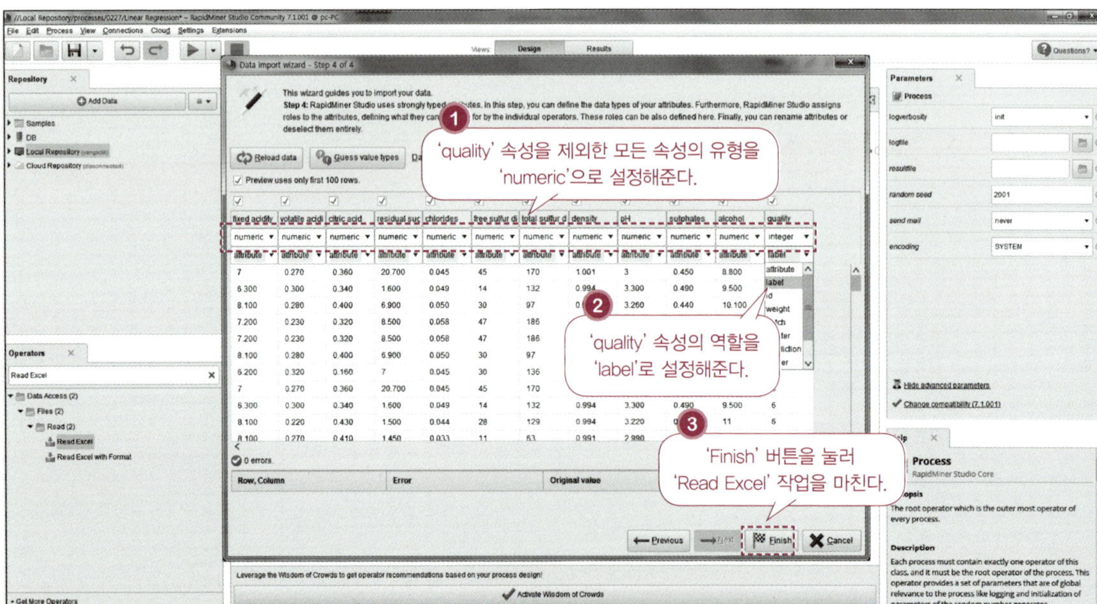
1
'quality' 속성을 제외한 모든 속성의 유형을
'numeric'으로 설정해준다.
2
'quality' 속성의 역할을
'label'로 설정해준다.
3
'Finish' 버튼을 눌러
'Read Excel' 작업을 마친다.

부록 6-12

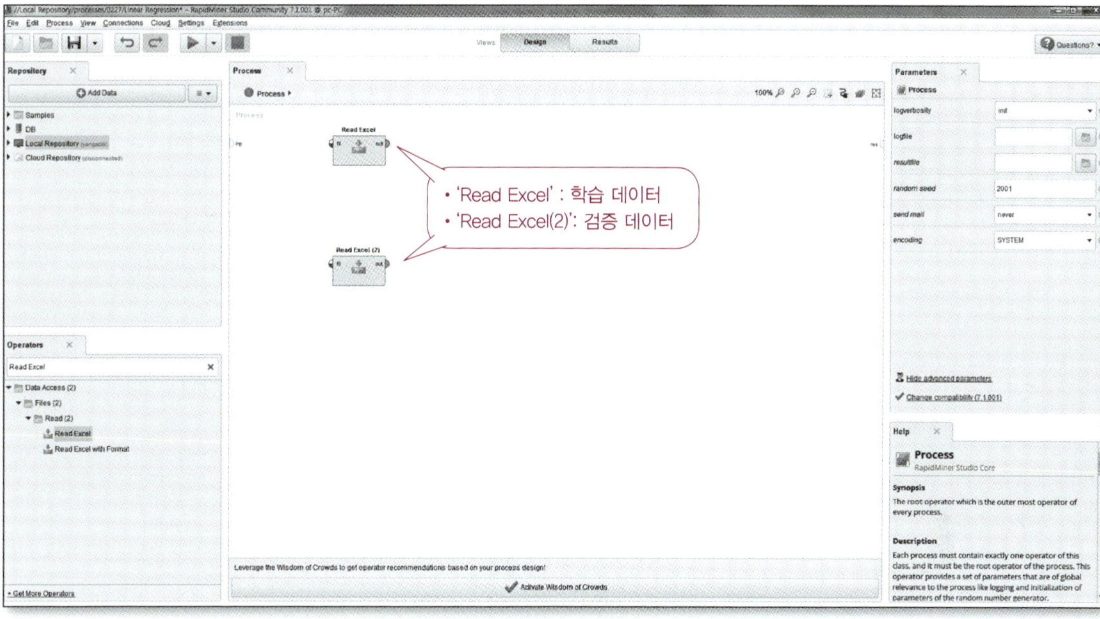
• 'Read Excel' : 학습 데이터
• 'Read Excel(2)': 검증 데이터

부록 6-13

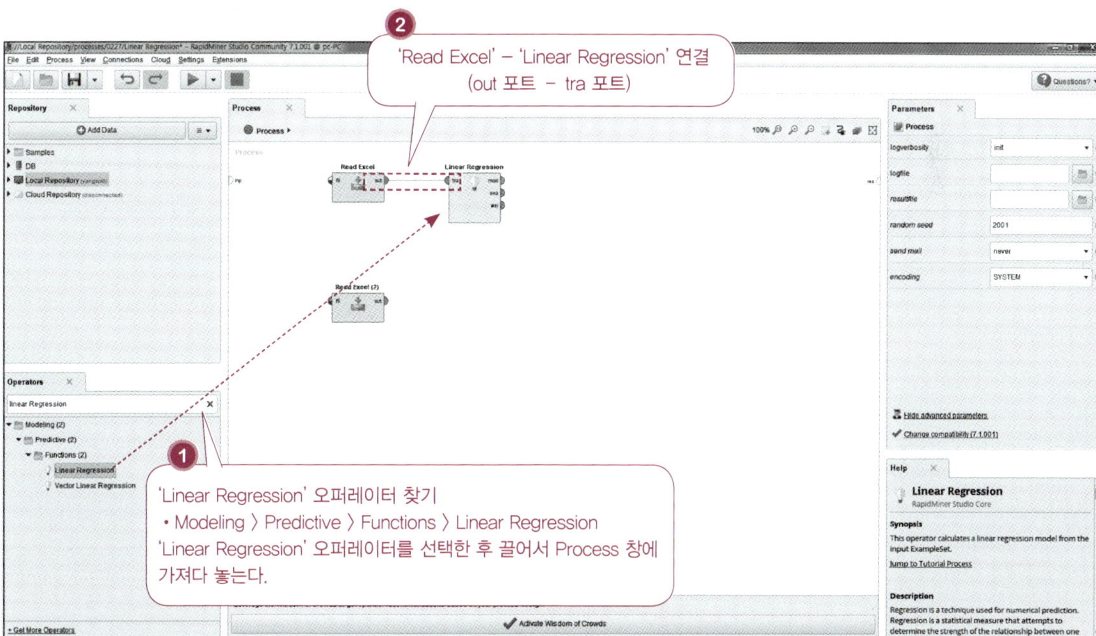
2
'Read Excel' – 'Linear Regression' 연결
(out 포트 – tra 포트)
1
'Linear Regression' 오퍼레이터 찾기
• Modeling 〉 Predictive 〉 Functions 〉 Linear Regression
'Linear Regression' 오퍼레이터를 선택한 후 끌어서 Process 창에
가져다 놓는다.

부록 6-14

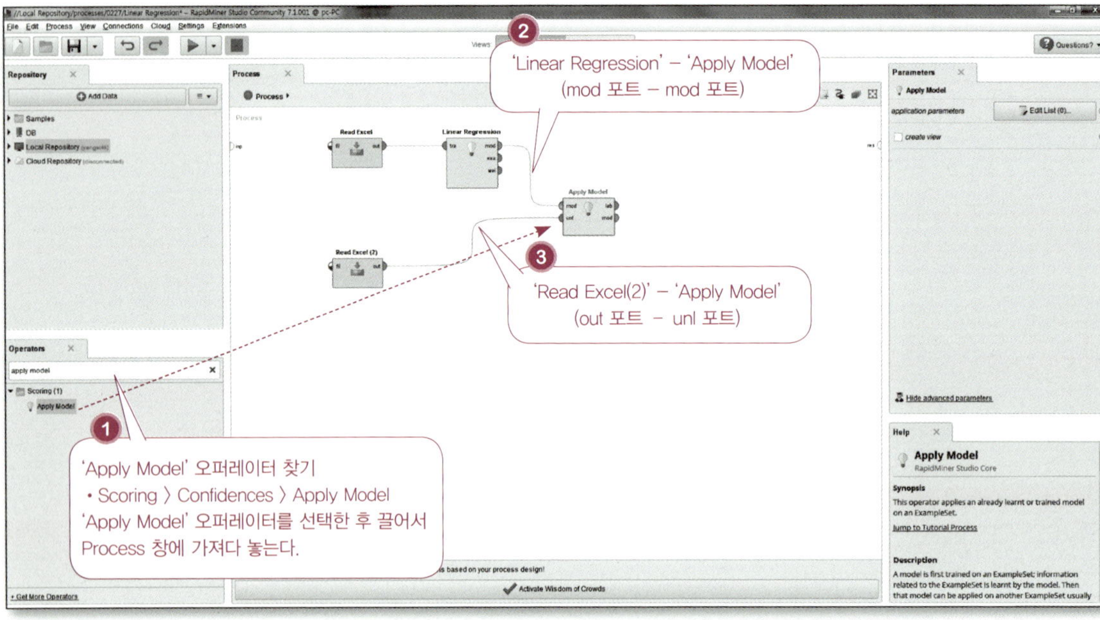
'Linear Regression' – 'Apply Model'
(mod 포트 – mod 포트)
'Read Excel(2)' – 'Apply Model'
(out 포트 – unl 포트)
'Apply Model' 오퍼레이터 찾기
• Scoring 〉 Confidences 〉 Apply Model
'Apply Model' 오퍼레이터를 선택한 후 끌어서
Process 창에 가져다 놓는다.

부록 6–15

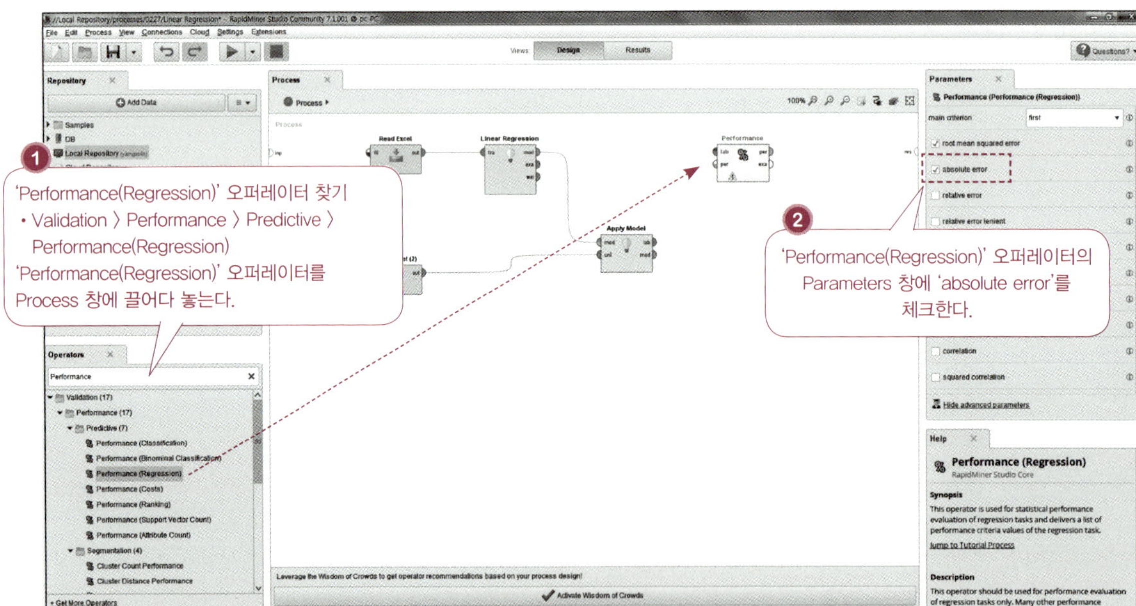
'Performance(Regression)' 오퍼레이터 찾기
• Validation 〉 Performance 〉 Predictive 〉
Performance(Regression)
'Performance(Regression)' 오퍼레이터를
Process 창에 끌어다 놓는다.
'Performance(Regression)' 오퍼레이터의
Parameters 창에 'absolute error'를
체크한다.

부록 6–16

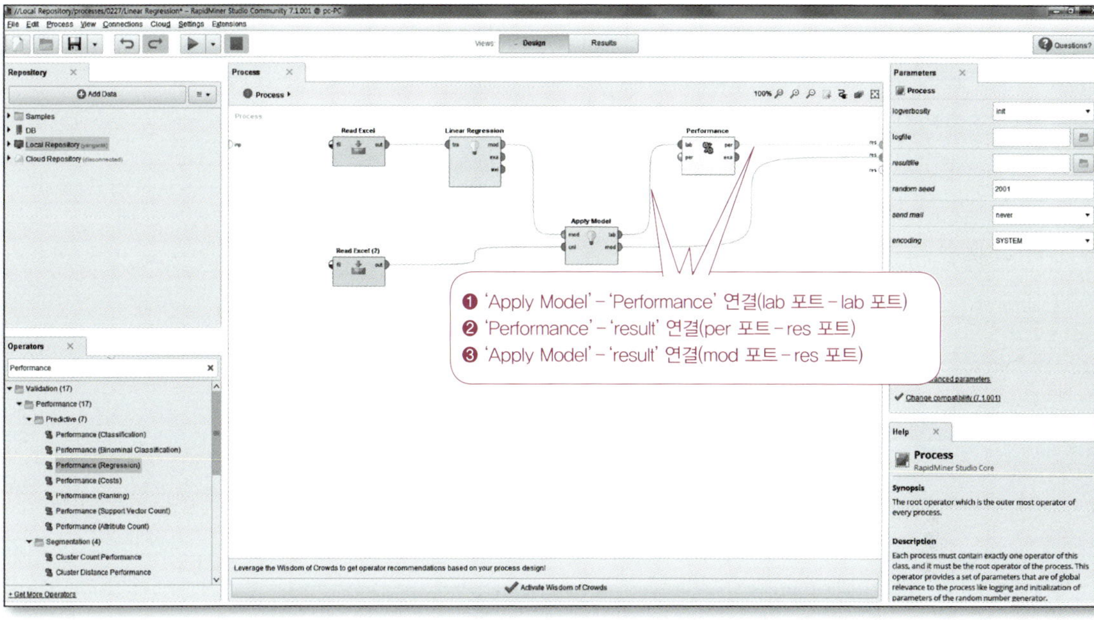
Read Excel
Linear Regression
Performance
Apply Model
Read Excel (2)
❶ 'Apply Model' – 'Performance' 연결(lab 포트 – lab 포트)
❷ 'Performance' – 'result' 연결(per 포트 – res 포트)
❸ 'Apply Model' – 'result' 연결(mod 포트 – res 포트)

부록 6–17

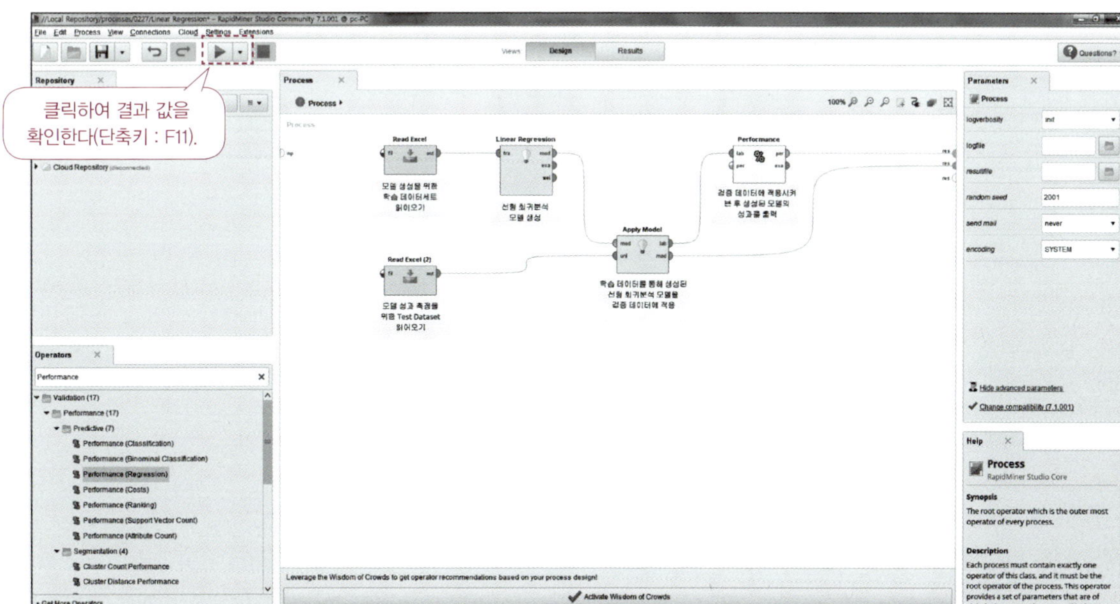
클릭하여 결과 값을
확인한다(단축키 : F11).
Read Excel
모델 생성을 위한 학습 데이터세트 읽어오기
Linear Regression
선형 회귀분석 모델 생성
Performance
검증 데이터에 적용시켜 본 후 생성된 모델의 성과를 출력
Apply Model
학습 데이터를 통해 생성된 선형 회귀분석 모델을 검증 데이터에 적용
Read Excel (2)
모델 성과 측정을 위한 Test Dataset 읽어오기

부록 6–18

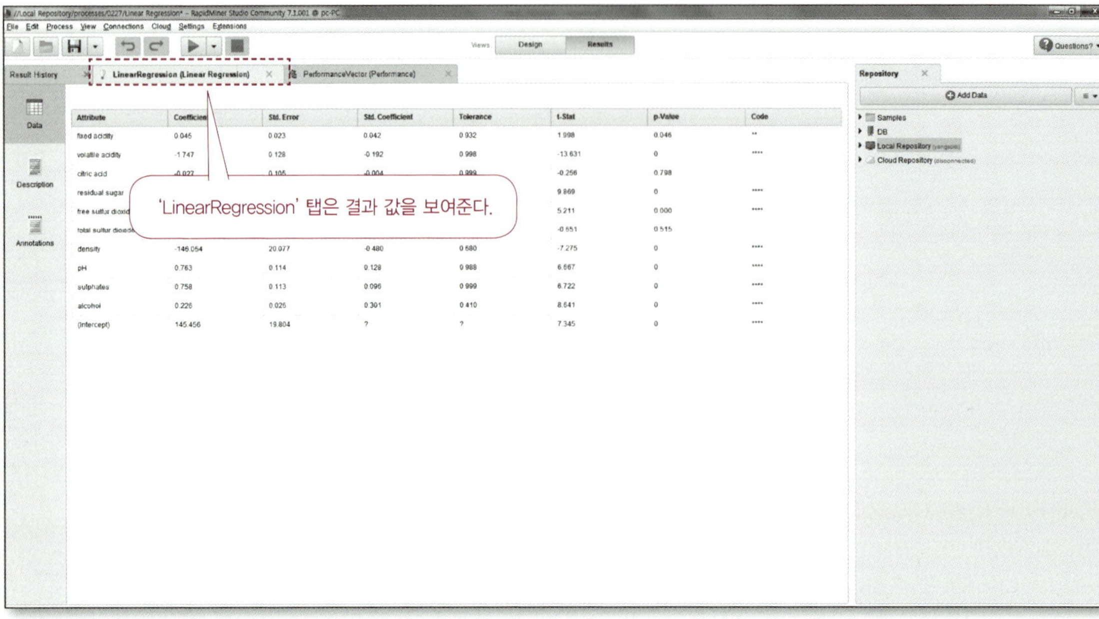
'LinearRegression' 탭은 결과 값을 보여준다.

부록 6-19

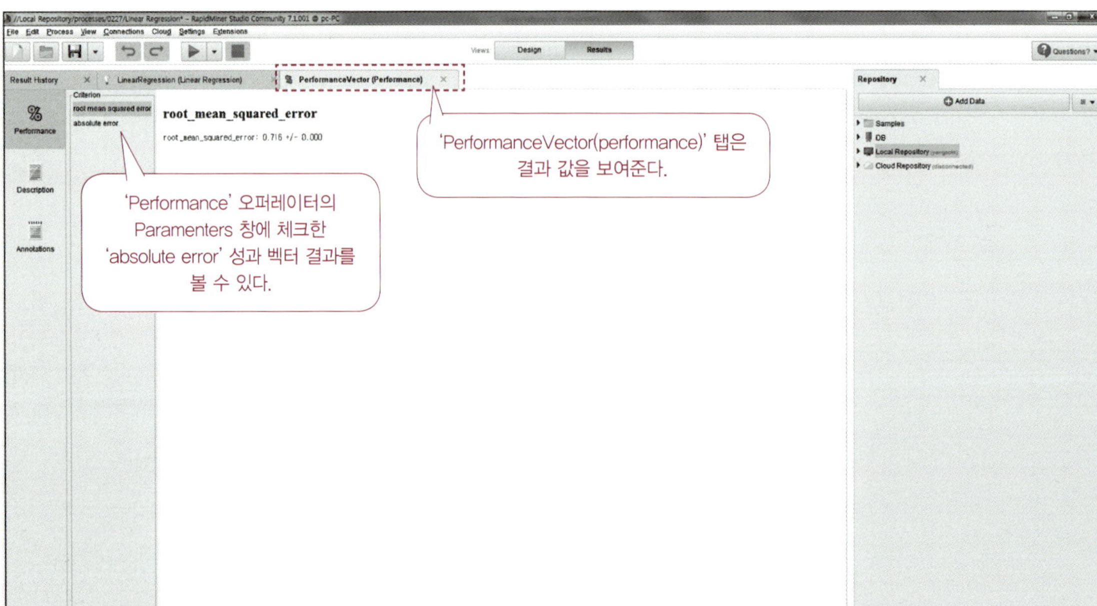
root_mean_squared_error
'PerformanceVector(performance)' 탭은 결과 값을 보여준다.
'Performance' 오퍼레이터의 Paramenters 창에 체크한 'absolute error' 성과 벡터 결과를 볼 수 있다.

부록 6-20

토 닥 토 닥
래 피 드 마 이 너
[기 초 편]

부록 7

K-means 알고리즘 분석 프로세스

K-means
분석 프로세스

부록 7-1

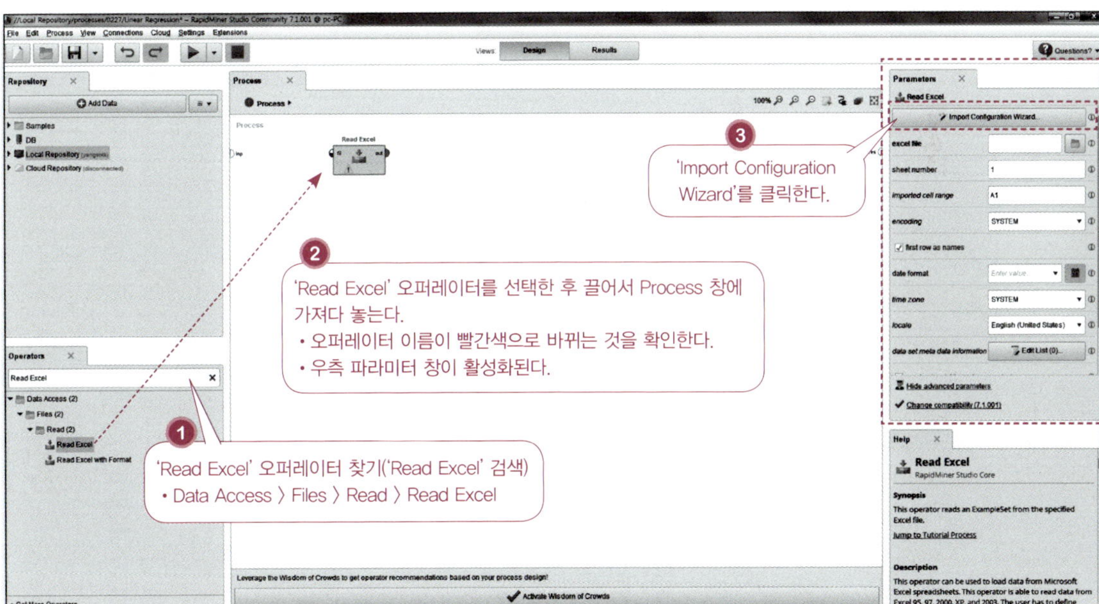
3
'Import Configuration Wizard'를 클릭한다.
2
'Read Excel' 오퍼레이터를 선택한 후 끌어서 Process 창에 가져다 놓는다.
• 오퍼레이터 이름이 빨간색으로 바뀌는 것을 확인한다.
• 우측 파라미터 창이 활성화된다.
1
'Read Excel' 오퍼레이터 찾기('Read Excel' 검색)
• Data Access 〉 Files 〉 Read 〉 Read Excel

부록 7-2

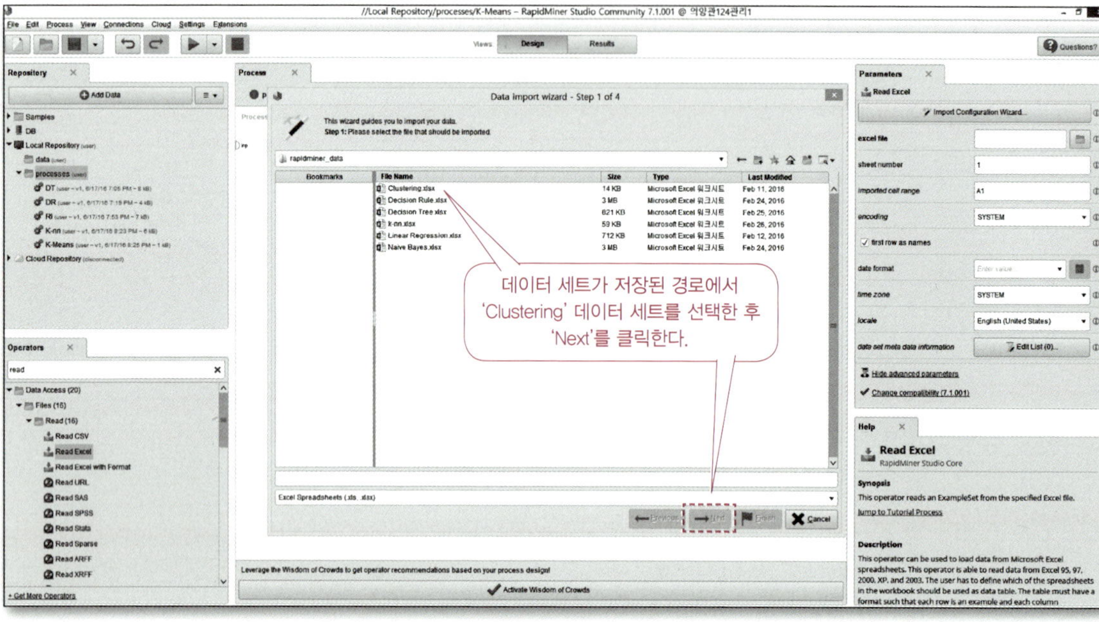
데이터 세트가 저장된 경로에서
'Clustering' 데이터 세트를 선택한 후
'Next'를 클릭한다.

부록 7-3

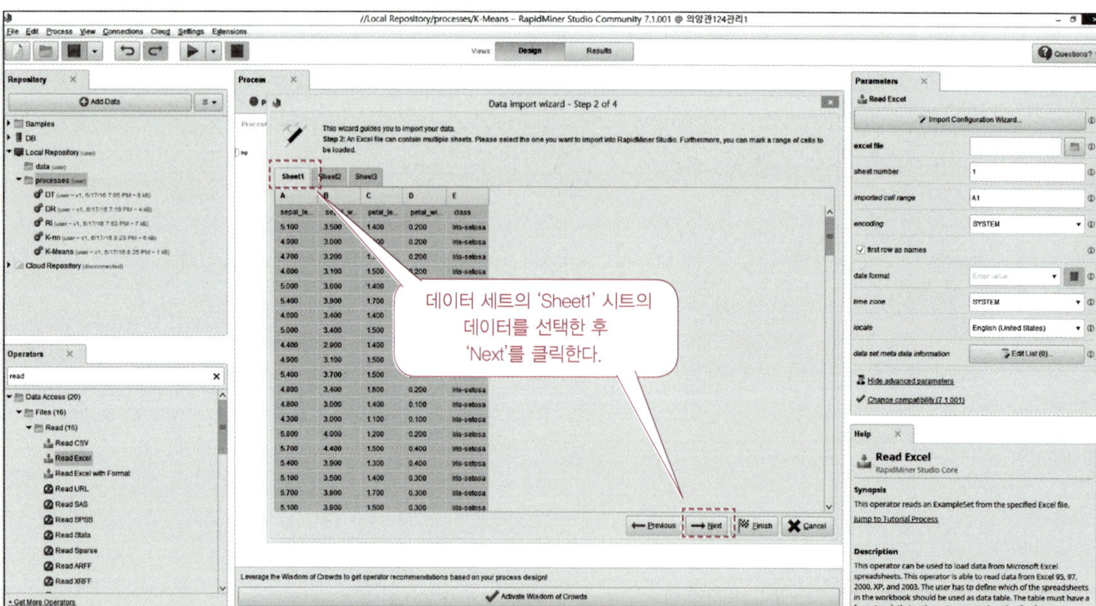
데이터 세트의 'Sheet1' 시트의
데이터를 선택한 후
'Next'를 클릭한다.

부록 7-4

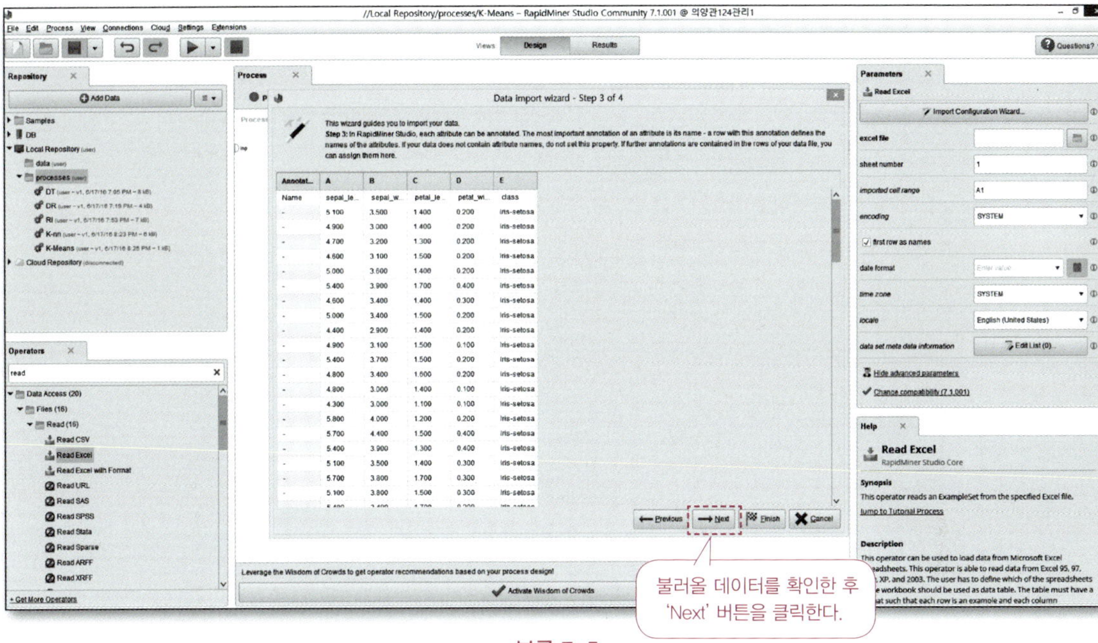
Data import wizard - Step 3 of 4
불러올 데이터를 확인한 후
'Next' 버튼을 클릭한다.

부록 7-5

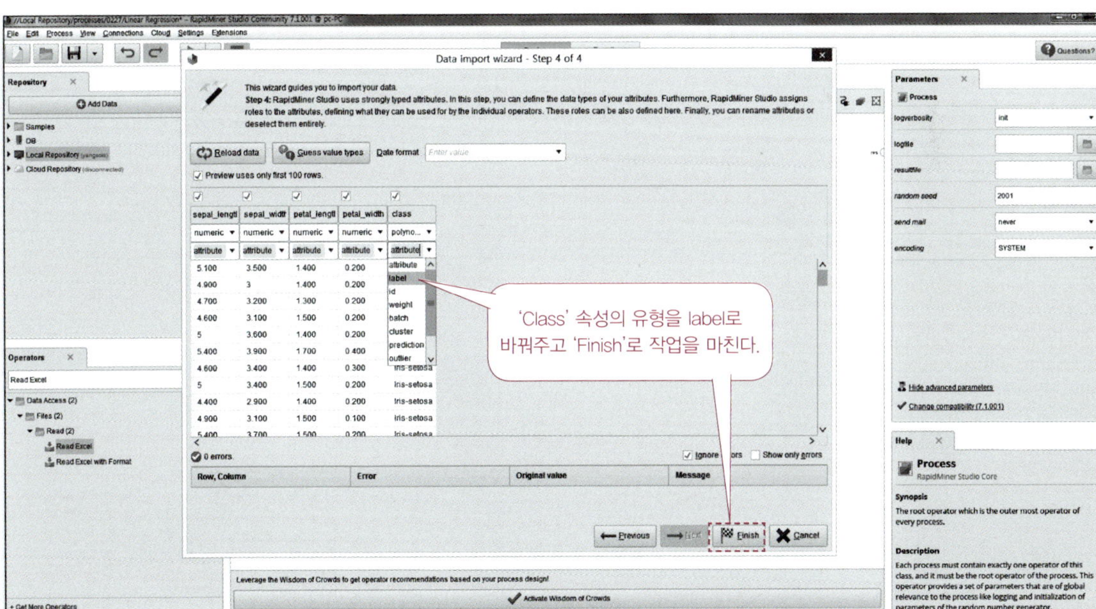
Data import wizard - Step 4 of 4
'Class' 속성의 유형을 label로
바꿔주고 'Finish'로 작업을 마친다.

부록 7-6

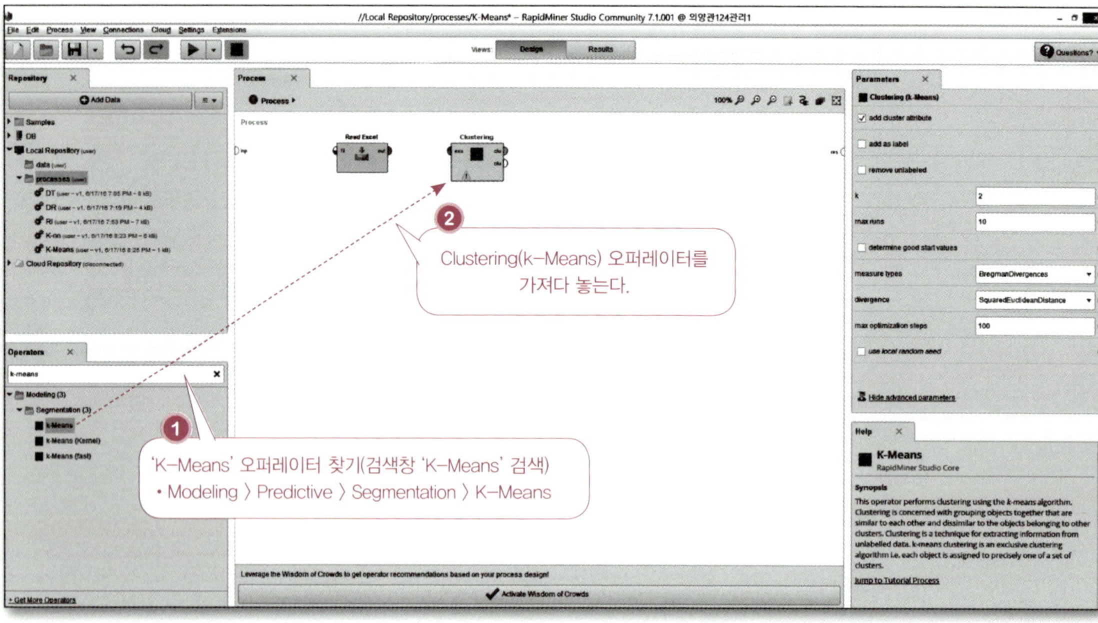
//Local Repository/processes/K-Means* – RapidMiner Studio Community 7.1.001 @ 의양관124관리1
'K-Means' 오퍼레이터 찾기(검색창 'K-Means' 검색)
• Modeling 〉 Predictive 〉 Segmentation 〉 K-Means
Clustering(k-Means) 오퍼레이터를
가져다 놓는다.
K-Means
RapidMiner Studio Core
Synopsis
This operator performs clustering using the k-means algorithm. Clustering is concerned with grouping objects together that are similar to each other and dissimilar to the objects belonging to other clusters. Clustering is a technique for extracting information from unlabelled data. k-means clustering is an exclusive clustering algorithm i.e. each object is assigned to precisely one of a set of clusters.
Jump to Tutorial Process

부록 7-7

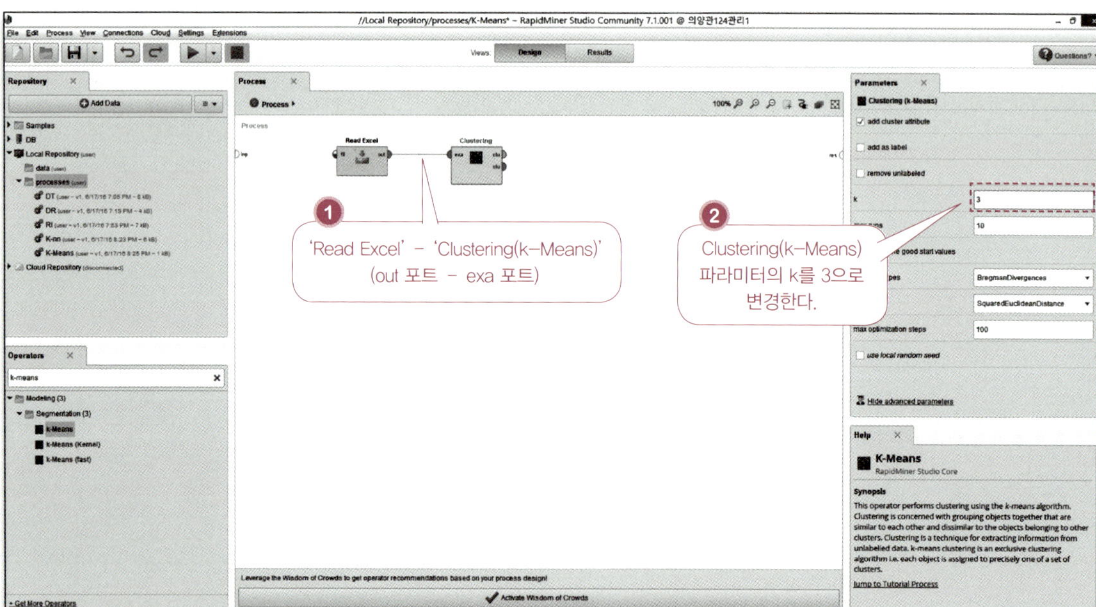
//Local Repository/processes/K-Means* – RapidMiner Studio Community 7.1.001 @ 의양관124관리1
'Read Excel' – 'Clustering(k-Means)'
(out 포트 – exa 포트)
Clustering(k-Means)
파라미터의 k를 3으로
변경한다.
K-Means
RapidMiner Studio Core
Synopsis
This operator performs clustering using the k-means algorithm. Clustering is concerned with grouping objects together that are similar to each other and dissimilar to the objects belonging to other clusters. Clustering is a technique for extracting information from unlabelled data. k-means clustering is an exclusive clustering algorithm i.e. each object is assigned to precisely one of a set of clusters.
Jump to Tutorial Process

부록 7-8

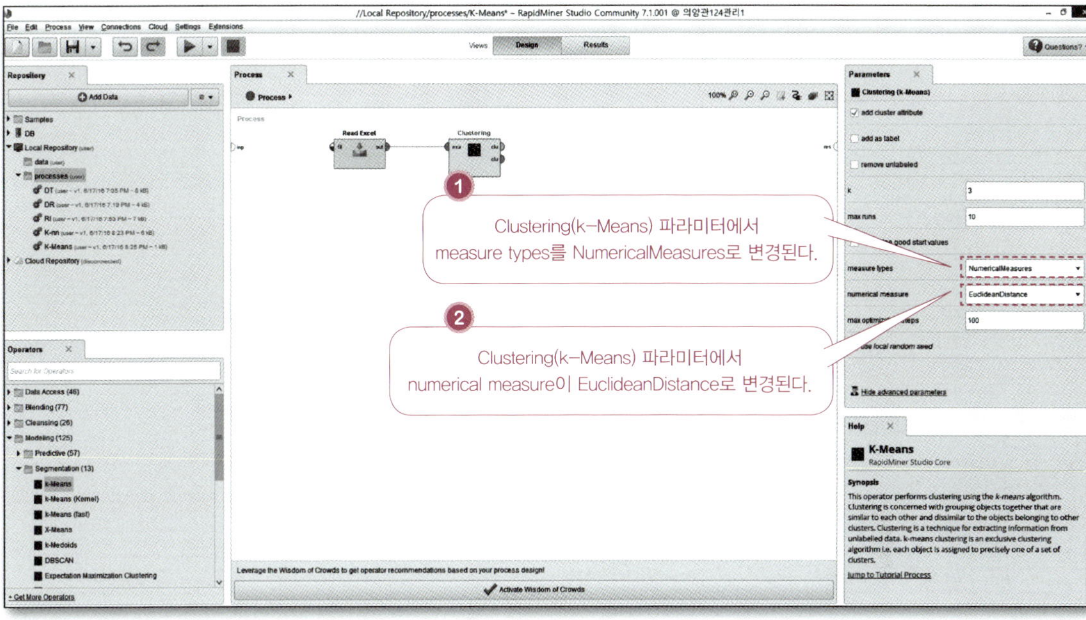

1
Clustering(k-Means) 파라미터에서
measure types를 NumericalMeasures로 변경된다.
2
Clustering(k-Means) 파라미터에서
numerical measure이 EuclideanDistance로 변경된다.

부록 7-9

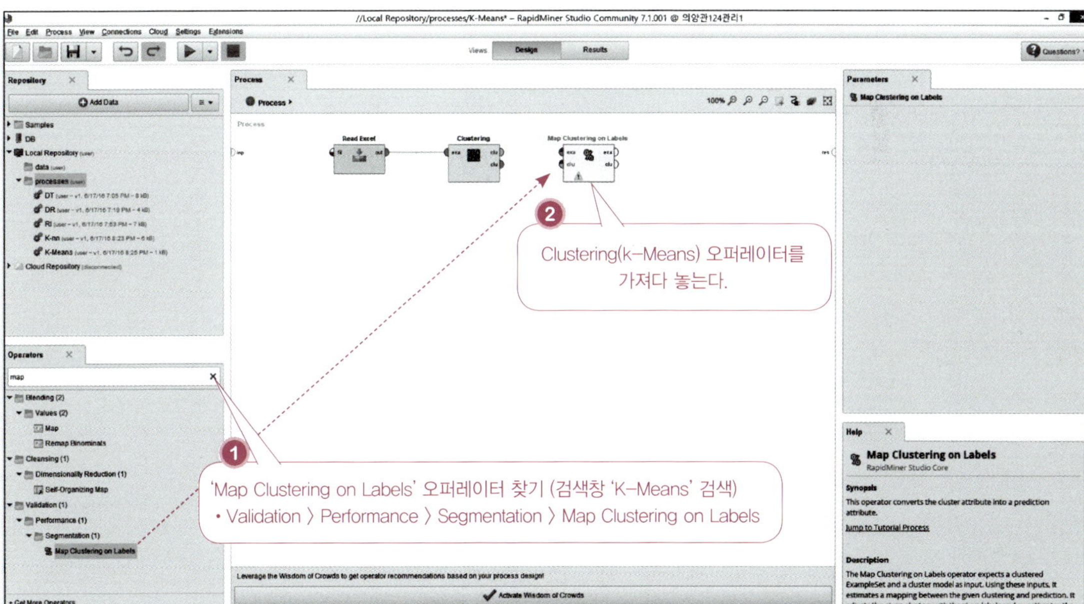

1
'Map Clustering on Labels' 오퍼레이터 찾기 (검색창 'K-Means' 검색)
• Validation 〉 Performance 〉 Segmentation 〉 Map Clustering on Labels
2
Clustering(k-Means) 오퍼레이터를
가져다 놓는다.

부록 7-10

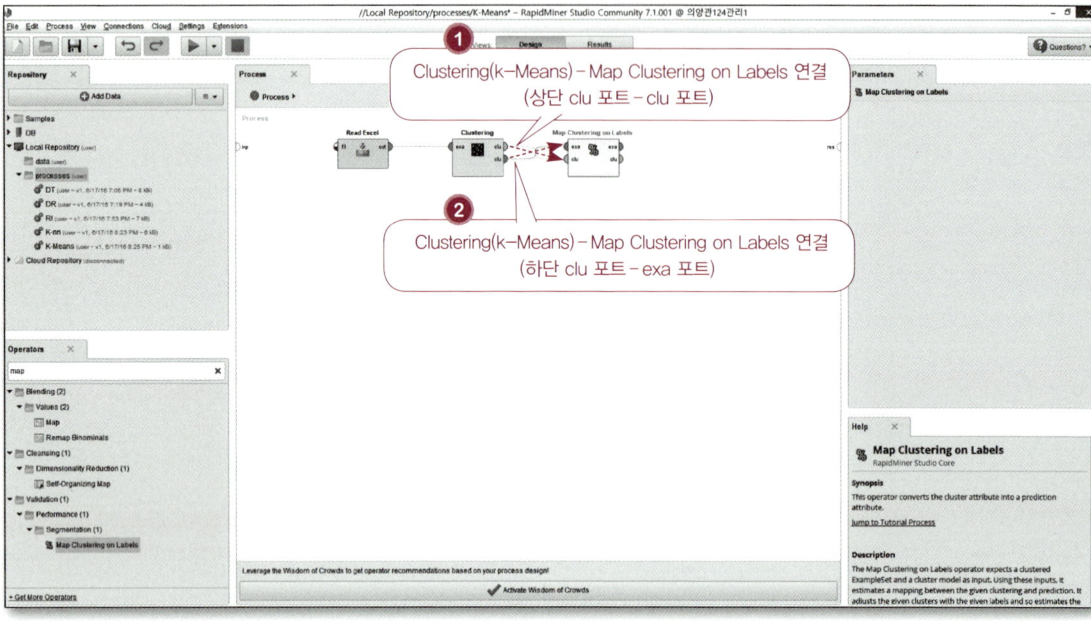
Clustering(k-Means) - Map Clustering on Labels 연결
(상단 clu 포트 - clu 포트)
Clustering(k-Means) - Map Clustering on Labels 연결
(하단 clu 포트 - exa 포트)

부록 7-11

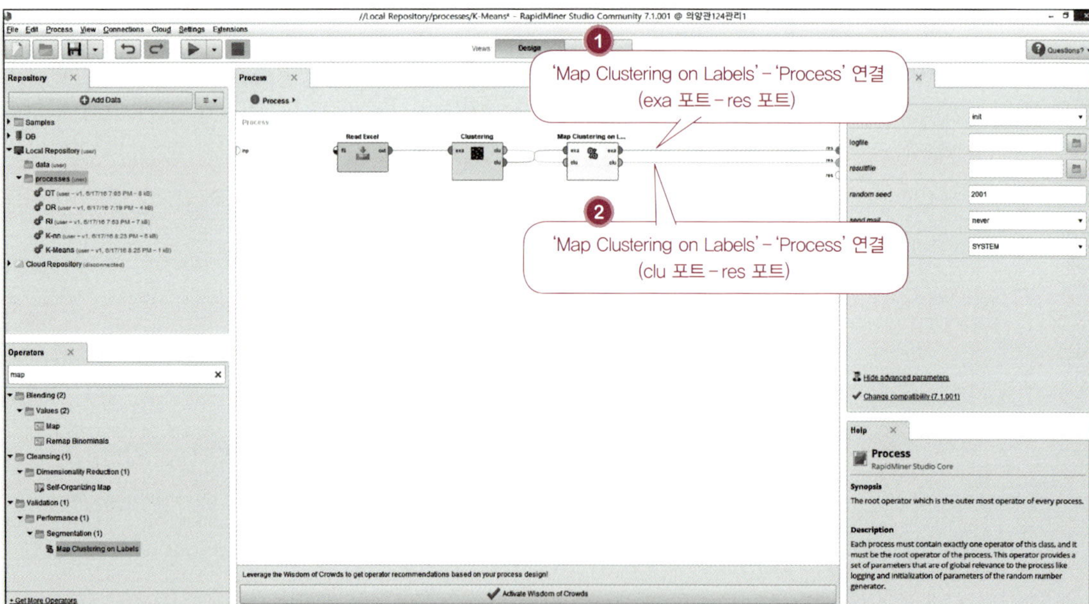
'Map Clustering on Labels' - 'Process' 연결
(exa 포트 - res 포트)
'Map Clustering on Labels' - 'Process' 연결
(clu 포트 - res 포트)

부록 7-12

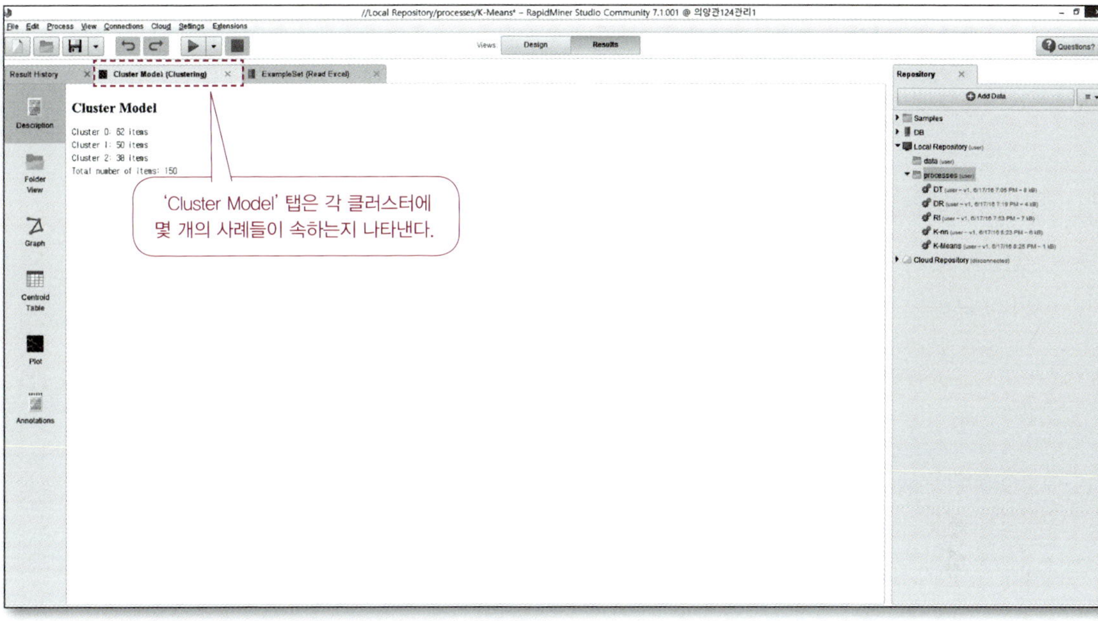
Cluster Model
Cluster 0: 62 items
Cluster 1: 50 items
Cluster 2: 38 items
Total number of items: 150
'Cluster Model' 탭은 각 클러스터에
몇 개의 사례들이 속하는지 나타낸다.

부록 7-13

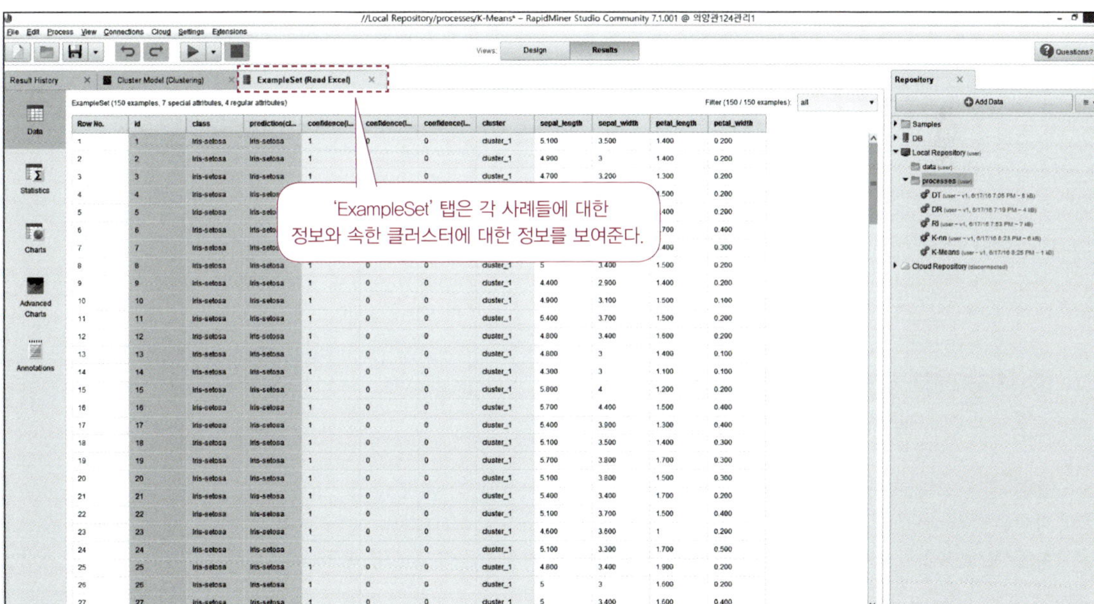
'ExampleSet' 탭은 각 사례들에 대한
정보와 속한 클러스터에 대한 정보를 보여준다.

부록 7-14

찾아보기

가

나

다

라

마

바

사